HISTOIRES INSOLITES DES CRIMES DE L'HISTOIRE

LAURENCE CATINOT-CROST

City
Document

Retrouvez tous les titres City Éditions :

www.city-editions.com

Visuel de couverture : *L'Assassinat de Marat*
par Jean-Joseph Weerts (1880).
ISBN : 978-2-8246-2943-8
Code Hachette : 82 9276 7

Collection dirigée par Christian English & Frédéric Thibaud
Catalogues et manuscrits : city-editions.com

Dépôt légal : Juin 2025

Sommaire

L'Antiquité

Ramsès III et la conspiration du harem (1155 av. J.-C.) 9
Remus. Hors limite (753 av. J.-C.) 16
Pompée. Le meilleur ennemi (48 av. J.-C.) 18
Jules César. Fatales ides (44 av. J.-C.) 20
Caligula. L'ultime conjuration (37) 23
Messaline, la putain impériale (48) 27
Britannicus. Les mixtures de Locuste (55) 30
Agrippine la Jeune (59) Octavie (62) Poppée (65) 33
Commode. Dévissé par Narcisse (192) 37
Fausta Flavia Maxima. Cuite à feu doux (326) 42

Le Moyen Âge

Brunehaut. Un sépulcre de flammes (613) 45
Wou Tsö-T'ien. Tuer pour régner (655) 49
Jeanne de Navarre. Pour deux livres et demie de cire (1305) 53
Louis le Hutin et l'ombre de Mahaut d'Artois (1316) 56
Édouard II d'Angleterre. Un fer de plombier (1327) 62
Inès de Castro. La reine morte (1355) 66
Blanche de Bourbon, reine de Castille. La dame de Medina Sidonia (1361) .. 71
Jeanne, reine de Jérusalem, de Naples et de Sicile.
Un matelas trop lourd (1382) 75
Louis Ier d'Orléans. L'origine de la guerre civile (1407) 81

Jean sans Peur. Armagnac ou Bourguignon ? (1419) 84
Jacques Ier d'Écosse. L'égout bouché (1437) 88
Vlad III. La forêt des empalés (1462) 92
Giuliano de Medicis. Une messe de trop (1478) 97
George, duc de Clarence, et sa barrique de vin (1478) 103

La Renaissance

Alfonso d'Aragon. Le gendre du pape (1500) 109
Pape Alexandre VI. La Cantarella (1503) 115
Ibrahim Pacha. Jalousie au harem (1536) 123
Anne Boleyn (1536) et Catherine Howard (1542). La tête sur le billot 125
Alexandre de Médicis. Serait-il légitime d'éliminer un tyran ? (1537) 131

Les Temps Modernes

Henri III poignardé sur sa chaise percée (1589) 135
Dimitri Ivanovitch. Il y a quelque chose qui cloche (1591) 137
Ercole Ier de Monaco. Meurtre sur le Rocher (1604) 141
Henri IV. Victime des haines religieuses (1610) 144
Giovanni Monaldeschi. Un cadavre dans la galerie des Cerfs (1657) 147
Alessandro Stradella. Le Billet du Calice (1682) 153
Le tsarévitch Alexis Petrovitch. La mort du fils (1718) 156
Hans von Katte. L'impensable affection (1730) 163
Marc-Antoine Calas. Intolérance religieuse (1761) 170
Tsar Ivan VI. Un certain prisonnier (1764) 174

Époque contemporaine

Paul Ier. Le tsar de trop (1801) 179
Abraham Lincoln. Quand le rideau tombe (1865) 184
Maximilien Ier du Mexique. La tragédie de l'ambition (1867) 187
Alexandre II. La mort aux trousses (1881) 190

Rodolphe de Habsbourg. Les brumes de Mayerling (1889) 195
Sitting Bull. Le « dernier homme » sioux (1890) 198
Sadi Carnot. Assassinat chez les Gones (1894) 201
Élisabeth d'Autriche. Rendez-vous à Genève (1898) 205
William McKinley. Tragique rencontre (1901) 208
Alexandre Ier Obrenovitch et Draga.
Vendetta dans les Balkans (1903) 211
Carlos Ier de Portugal. Le bouquet de Dona Amélia (1908) 220
Sophie Chotek et François-Ferdinand. La Main noire (1914) 223
Grigori Raspoutine. Duperie au cyanure (1916) 229
Les Romanov. Tuez-les tous (1918) 236
Talaat Pacha. Opération Némésis (1921) 245
Walther Rathenau. Le bouc émissaire (1922) 250
Symon Petlioura. La victime devenue l'accusé (1926) 256
Yang Kai-hui. Laissez voguer le Grand Timonier (1930) 260
Le Dictateur vert assassine Paul Doumer (1932) 264
Alexandre Ier de Yougoslavie et Louis Barthou.
Deux pour le prix d'un (1934) 268
Trotski. Le piolet autrichien (1940) 273

La Guerre froide

Folke Bernadotte. Mort pour l'ONU (1948) 281
Abdallah de Jordanie. Sanglante mosquée (1951) 283
Lavrenti Beria. L'exterminateur exterminé (1953) 285
John Fitzgerald Kennedy. Les roses rouges de Dallas (1963) 288
Martin Luther King. Le rêve assassiné (1968) 291
Lord Mountbatten. 50 livres d'explosifs (1979) 294
Indira Gandhi. La vengeance des sikhs (1984) 297

À Michel
À Joëlle
À Clara et Eléa.

« Il n'est point de secrets
que le temps ne révèle. »

Racine

L'ANTIQUITÉ

RAMSÈS III ET LA CONSPIRATION DU HAREM (1155 AV. J.-C.)

Il est considéré comme le dernier des grands pharaons d'Égypte. Né Ramsès *Heqaiounou*[1] (le Dieu Rê l'a créé, Seigneur d'Héliopolis), son nom de couronnement à lui seul témoigne de ses talents : *Ousermaâtrê Mérymen* (puissantes sont les manifestations de Rê, l'aimé d'Amon). Âgé d'une quarantaine d'années, il fut désigné comme successeur de son père Sethnakht, le 26 du premier mois de la saison *shémou* de la deuxième ou de la troisième année du règne de Sethnakht, probablement en janvier de 1184 av. J.-C. Il faut savoir que l'année égyptienne était divisée en trois saisons comprenant quatre mois. *Akhèt* (inondations et crues), de juillet à novembre, marquait le début d'une nouvelle année. *Péret* (émergence des terres, semailles, germination) de novembre à mars. *Shémou* (chaleur, moissons) de mars à juillet. Au décès de Sethnakht, après les soixante-dix jours traditionnellement nécessaires à la momification de la dépouille, la dignité du roi lui fut transmise et il assuma les fonc-

1. Ramsès III (règne : 1184 av. J.-C.-1155 av. J.-C.) : fils du pharaon Sethnakht et de la reine Tiyi-Merenaset.

tions de pharaon. Cependant, pour la cérémonie d'investiture, Ramsès III attendit deux cents jours afin que la date coïncidât avec le premier jour de la saison de *péret* au lendemain de la grande fête de Sokar (mort et résurrection symbolique du dieu, renouveau de la nature). Il fut ceint du diadème symbolisant le transfert de la royauté détenue par le défunt roi, assimilé à Osiris[1], au nouveau pharaon, incarnation d'Horus[2]. Il était identifié à un fils du dieu suprême Rê[3], sous sa forme trinitaire de soleil naissant, au zénith et à son couchant. Il fit ériger un groupe statuaire à Medînet Habou qui le représente en taille réelle, la main droite tenant le *mékès*[4], au moment où les dieux Horus et Seth[5], personnifiant les deux parties constitutives du pays, le coiffaient de la couronne de Haute-Égypte.

Ramsès, polygame comme ses prédécesseurs, contracta des mariages endogames. L'endogamie royale recouvre la notion de pureté du sang. Il avait dans son harem royal de nombreuses épouses avec différents statuts, épouses principales, épouses secondaires, favorites, concubines tant égyptiennes qu'étrangères. Elles lui donnèrent plus de trente fils. Elles sont représentées pour certaines sur les murs du migdol menant à son temple funéraire de Medînet Habou. Les reines veuves, les reines mères, les filles et sœurs de roi, la parentèle, les enfants royaux formaient une communauté organisée, régie par des règles strictes, au système économique autonome.

Selon les croyances égyptiennes, Pharaon, descendant d'Horus, s'inscrivait dans la légitimité d'une filiation divine. Il renforçait son pouvoir et perpétuait sa lignée

1. Osiris : dieu du royaume des morts.
2. Horus : dieu du ciel, dieu tutélaire de la Basse-Égypte. Fils d'Osiris et d'Isis.
3. Rê, premier dieu du panthéon égyptien, dieu du soleil.
4. Mékès : étui contenant l'acte rédigé par les dieux lui délégant le droit de régner sur l'Égypte.
5. Seth : divinité tutélaire de Haute-Égypte. Dieu de la guerre et du chaos.

en s'unissant avec sa sœur ou une proche parente, en « transmettant la substance divine ». Selon les anciens Égyptiens, le père transmet « la chair » et la mère « les os ». La moelle osseuse est considérée comme la source du sperme. Donc, la transmission de la « substance créatrice » ne peut être léguée que par la mère, l'héritier du trône ne pouvant être que le fils de la grande épouse royale appartenant à la famille des dieux. Selon la théogamie, c'est à elle de donner la vie à l'héritier de Pharaon. L'héritier désigné de Ramsès III, Ramsès Heqamaât Mériamon (futur Ramsès IV), était né de Iset-Tahemdjeret titrée Grande épouse royale « Bien aimée de son corps. Dame des Deux Terres. Mère du Roi. Épouse du Dieu. ».

Comme tout mortel qu'il était, le 14e jour du 3e mois de la saison *Shémou*, Ramsès III perdit la vie. Assassiné ! L'accusation se répandit en écho.

Des sources exceptionnelles témoignent de la conspiration ourdie pour écarter l'héritier légitime, Ramsès Heqamaât Mériamon, et placer sur le trône le prince Pentaour, fils de la reine Tiyi : le papyrus judiciaire conservé au Musée égyptien de Turin ; les papyrus Lee et Rollin écrits par le même scribe. Ils rendent compte du procès de ceux qui complotèrent contre Ramsès III et décidèrent de son trépas. Tiyi fomenta un coup d'État et entraîna à sa suite une kyrielle de complices tous identifiés et traduits en justice. Son fils Pentaour : « Il fut traduit [en justice] à cause du fait qu'il s'était mis de mèche avec Tiyi, sa mère, quand elle ourdissait les projets avec les femmes du harem, faisant rébellion contre son maître. On le fit comparaître devant les échansons pour son interrogatoire. On constata qu'il était coupable. On l'abandonna à sa place. Il se donna la mort lui-même[1]. » Le chambellan Pabakkamon : « Il fut traduit [en justice] à cause du fait qu'il s'était mis d'accord avec Tiyi et les femmes du harem. Il s'associa avec elles. Il se mit à faire passer à l'extérieur leurs messages pour leurs mères et leurs frères qui étaient là-bas, à savoir : "Rassemblez des gens, menez une guerre pour faire rébellion contre votre maître[2] !" » Pen-houï-ban, le chef des prêtres, avait circonvenu le majordome Paï-baka-Kamen et Atirmà, qui « avec l'aide des prétendus talismans dont le livre de la bibliothèque de Ramsès II lui avait révélé le secret, il avait essayé de faire entrer dans le gynécée plusieurs malfaiteurs, sans toutefois y parvenir, ni se hasarder à y pénétrer lui-même. » Pen-houï-ban « … se mit à entrer en contact avec la divinité, en faisant l'obscurité pour les gens (pendant un endormissement ou à l'insu des gens). Il se mit à faire des écrits magiques pour désorganiser et jeter la confusion. […] Il accéda au côté du harem et aussi à la grande place profonde. Il se mit à faire des dieux de cire et quelques philtres pour rendre sans force les membres humains, et les remettre à Paï-baka-Kamen […] afin de les faire porter à l'intérieur par l'intermédiaire du contrôleur Idrem, et aux autres grands ennemis avec ces mots : "Introduisez-les", jetant la confusion dans une équipe, ensorcelant les autres, faisant passer certains messages à l'intérieur, en emportant d'autres à l'extérieur, […] bien entendu, ils les introduisirent. Et quand il les fit rentrer, furent faites les mauvaises actions qu'il fit[3]. » « Le grand criminel Sam-Apet, employé

1. Papyrus judiciaire de Turin.
2. Papyrus judiciaire de Turin.
3. Papyrus Rollin.

au gynécée, fut traduit [en justice] pour le discours qu'il y entendit et qu'il cacha. Il a été mis en présence des magistrats du lieu du jugement ; ils l'ont trouvé en culpabilité et lui firent appliquer son châtiment[1]. » « Le grand criminel Beyenemouese, qui fut capitaine des archers de Nubie. Il a été amené [devant le tribunal], car sa sœur, qui appartint au harem lui avait écrit ces mots : « Soulève le peuple, recrute des ennemis et reviens pour organiser une rébellion contre ton maître. » Furent aussi inculpés de hauts dignitaires du harem, des scribes du gynécée royal : Pa-anaouk (intendant du gynécée royal au harem) ; Pen-douaouou (scribe du gynécée royal au harem) ; Pairy (scribe de la chambre du roi) ; Pa-niwou-m-doua-Amon (employé du harem) ; Imenkhâou (lieutenant du harem) ; les contrôleurs du harem Patchaouemdiimen, Karpous, Khâmopet, Khâemmal, condamnés pour non-dénonciation du complot ; Sethyemperdjehouty, un échanson ; « Six femmes des hommes de la porte du harem », les épouses des gardes.

Vingt-deux personnes convaincues de crime furent exécutées. Onze furent incitées au suicide dont le prince Pentaour. Le sort de Tiyi n'est pas connu.

Restait une question demeurée sans réponse. Comment Pharaon avait-il été assassiné ?

Pouvait-on se fier à ces récits remontant à la nuit des temps ?

Archéologues et scientifiques apportèrent la réponse.

La momie de Ramsès III fut découverte dans la vallée des Rois, en 1886, dans un lieu appelé Cachette royale de Deir el-Bahari. Les momies y avaient été stockées dans le but de les protéger des voleurs de tombes. Le procès-verbal de l'ouverture des momies est des plus précis : « La momie n° 5229 était enveloppée proprement d'une toile de couleur

1. Papyrus judiciaire de Turin.

orange, fixée par des bandelettes de toile ordinaire. Elle ne portait aucune inscription apparente, on voyait seulement autour de la tête un bandeau couvert de figures mystiques. [...] La toile orange détachée, on aperçut, sur le linceul en toile blanche qui venait immédiatement au-dessous, une inscription en quatre lignes : “L'an XIII et le second mois de Shomou, le 28, ce jour-là, le premier prophète d'Amon, roi des dieux, Pinotmou, fils du premier prophète d'Amon, Piônkh, le scribe du temple Zosersoukhonsou, et le scribe de la nécropole Boutehamon, allèrent restaurer le défunt roi Ousirmarî-Mîamoun et l'établir pour l'éternité.” Ce qu'on avait pris jusqu'alors pour Nofritari était donc le cadavre de Ramsès III. [...] Deux pectoraux se dissimulaient sous les plis de l'étoffe : le premier, en bois doré, n'avait que la représentation ordinaire d'Isis et Nephthys adorant le Soleil ; mais l'autre, en or pur, était au nom de Ramsès III[1]. » La momie portait un détail notable : une sorte d'écharpe ou de bandage autour du cou qui empêchait son examen complet.

Grâce à la technologie du scanner, une équipe multidisciplinaire a découvert une profonde incision à la gorge de Ramsès III sous le larynx. Ce qui tendrait à prouver qu'il a été égorgé en 1155 avant J.-C. : « Il s'agit d'une ouverture de 7 centimètres de long, réalisée à l'aide d'une lame extrêmement tranchante. L'entaille, très profonde, va jusqu'aux vertèbres cervicales [...] lésant tous les tissus mous de la partie antérieure du cou. La lame a coupé les tissus de la face antérieure du cou ainsi que la trachée, l'œsophage et tous les vaisseaux sanguins. Ramsès III a été égorgé et sa mort a été quasiment immédiate. » Les radiologues ont détecté sur les images un petit objet d'environ 15 millimètres de diamètre, inséré

1. Procès-verbal de l'ouverture des momies de Ramsès II et Ramsès III, séance du 18 juin 1886.

dans la blessure. Il s'agit d'une amulette de curation, en forme d'œil d'Horus, placée là par les embaumeurs. De telles amulettes étaient insérées dans les incisions pratiquées pour vider le corps de ses entrailles, pour faciliter la guérison de la plaie afin d'assurer la vie du souverain dans l'au-delà.

Les scientifiques ont aussi étudié la momie d'un homme inconnu, enveloppée d'une peau de chèvre, trouvée à côté de celle du pharaon. Gaston Maspero[1], qui l'avait examinée en son temps, remarquait ceci : « C'est celle d'un sujet mâle, de vingt-cinq à trente ans, bien constitué et sans lésion, qui a été enseveli sans avoir subi les opérations ordinaires de l'embaumement, la masse cérébrale n'a pas été extraite, les organes internes étaient intacts. Jamais visage ne retraça plus fidèlement le tableau d'une plus poignante et plus épouvantable agonie. Les traits horriblement convulsés indiquent presque d'une façon certaine que le malheureux a dû succomber à une asphyxie voulue et causée par un ensevelissement de son vivant ». D'après le scanner, elle serait celle d'un homme jeune, âgé de 18 à 20 ans. Ni son cerveau ni ses autres organes n'avaient été retirés. Il n'y a aucune trace d'embaumement. Le fait qu'elle soit recouverte d'une peau de chèvre signifie que cet homme était puni et que sa momie est « rituellement impure ».

Les analyses génétiques, malgré l'absence de matériel génétique de Tiyi, suggèrent « un lien de parenté père-fils entre Ramsès III et l'inconnu. Notamment ADN du chromosome Y identique ». L'inconnu pourrait donc être son fils Pentaour. Pharaon serait parti pour l'éternité accompagné de son probable meurtrier…

1. Gaston Maspero (1846-1916) égyptologue.

Remus. Hors limite (753 av. J.-C.)

Énée, fils de Vénus et du troyen Anchise, contraint de fuir Troie, s'arrêta par hasard sur les bords du Tibre (Italie). Il fonda la ville de Lavinium. Après son décès, son fils Ascagne établit la ville d'Albe-la-Longue, métropole du Latium. Une légende narre que parmi ses descendants, la vestale Rhéa Silva fut fécondée par le dieu Mars. Le poète romain Virgile écrivit : « C'est là que pendant trois cents ans la royauté sera aux mains des descendants d'Énée, jusqu'au jour où Ilia [Rhéa Silva], fille d'un roi et prêtresse de Mars, aura deux fils jumeaux, Romulus et Remus. »

Amulius, qui avait renversé son frère Numitor et usurpé son trône de roi d'Albe-la-Longue, avait contraint la fille de celui-ci, sa nièce Rhéa Silva, à devenir vestale afin qu'elle n'ait point de descendance. Or, un beau jour, il apprit qu'elle avait mis au monde des jumeaux. Furieux qu'une vestale, réputée vierge, ait succombé aux avances d'un dieu, Amulius la fit emmurer et voulut tuer les nouveau-nés. Or, il craignait de réveiller le courroux des dieux et s'attirer leur vengeance. Il confia à un domestique la sinistre besogne d'aller jeter les bébés dans le Tibre en crue. L'homme incapable d'accomplir sa tâche plaça les jumeaux dans une corbeille d'osier. L'onde les mena au pied du mont Palatin, sous un figuier. Une louve, privée de ses petits, attirée par leurs vagissements, descendit de la montagne et leur donna son lait. Faustulus, intendant d'Amulius, témoin du prodige, s'approcha des deux frères, les mit à l'abri. Il demanda à sa femme d'en prendre soin. Voyant cela, la louve s'en fut dans la grotte du Lupercal. D'après un autre récit légendaire, Larentia, à qui furent confiés les enfants, était une prostituée. Des bergers l'avaient surnommée « la louve ». Il faut savoir qu'en latin, « *lupa* » signifie à la fois « louve » et « prostituée ».

Romulus et Remus apprirent à l'âge adulte les secrets de leur naissance. Ils décidèrent eux aussi de fonder une ville. Lequel des deux en serait le roi ?

Ils s'en remirent aux auspices en observant le vol des oiseaux depuis le Palatin pour Romulus, et l'Aventin pour Remus, deux des sept collines s'offrant à leur ambition. Remus fut le premier à voir six vautours. Ce signe bénéfique fut connu de tous, mais le double d'oiseaux passa sous les yeux de Romulus. Ayant reçu le titre de souverain, Romulus opta pour le Palatin, le lieu où le Tibre les avait déposés. Il emprunta un araire et traça aussitôt un fossé délimitant les murs de sa future cité. Remus humilié, n'acceptant pas sa défaite, par provocation, franchit cette limite. Romulus se jeta sur lui et lui fendit le crâne. « Qu'il en soit de même à l'avenir pour tout homme qui franchira mon enceinte ! » déclara-t-il.

Rome venait de naître dans le sang.

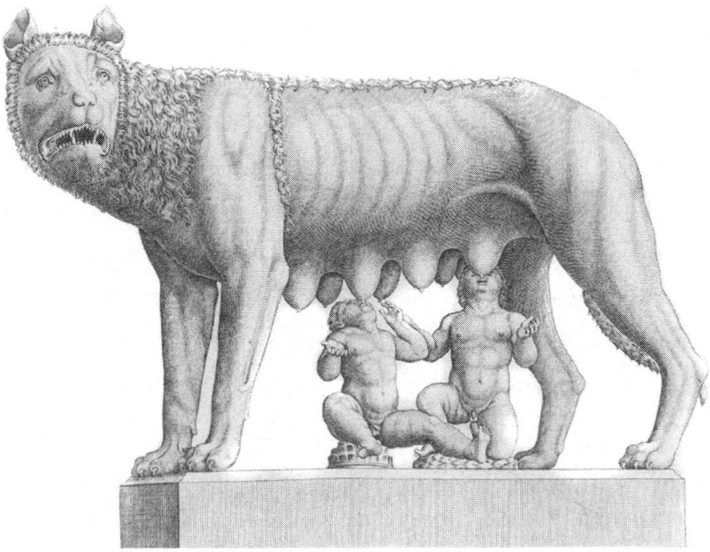

Pompée. Le meilleur ennemi
(48 av. J.-C.)

L'union entre Pompée[1] et Jules César[2] avait volé en éclat. Jadis alliés durant le triumvirat formé en 60 av. J.-C., renouvelé en 56 av. J.-C., les deux chefs militaires se traitaient désormais en ennemis. La brouille était consommée et la guerre engagée entre eux. Le 12 janvier 49 av. J.-C., César franchit le Rubicon avec ses légions et marcha sur Rome à la rencontre de Pompée. Celui-ci quitta la ville et rejoignit Brindisi où il embarqua pour la Grèce avec ses partisans. En juillet 48 av. J.-C., leurs troupes s'affrontèrent à Pharsale, en Thessalie. Malgré une infériorité numérique évidente, César l'emporta et Pompée prit la fuite. Il partit pour l'Égypte afin de solliciter l'aide de Ptolémée XIII, le frère-époux de Cléopâtre. « Le roi Ptolémée, qui sortait à peine de l'enfance, nous dit Plutarque, […] devait à Pompée tant de reconnaissance pour les services et les témoignages d'amitié que son père en avait reçu ». Le 28 septembre, sa galère jeta l'ancre près de la plage de Péluse, à l'extrémité nord-est du delta du Nil. Il apprit que Ptolémée était en guerre contre sa sœur. Pothin, ministre de Ptolémée, réunit un conseil afin de décider de l'attitude à adopter vis-à-vis du romain. Plutarque indique : « Le plus terrible était que le sort de Pompée le Grand fût discuté par un eunuque, Pothin, par le professeur de rhétorique du roi, Théodote de Chios, et un Égyptien, Achillas, personnages clés parmi les domestiques attachés à la maison et à l'éducation du roi, chez qui il recrutait ses conseillers. C'était là

1. Cnaeus Pompeius dit Pompée (106 av. J.-C.-48 av. J.-C.).
2. Jules César : Caius Julius Caesar (100 av. J.-C.-44 av. J.-C.).

le tribunal dont Pompée, à l'ancre près de la côte, attendait la sentence, alors qu'il jugeait indigne de devoir son salut à César ! »

Quelle attitude adopter ? Accorder l'asile à Pompée serait se faire un ennemi de César. Refouler le général risquait de provoquer son courroux et qui sait, certainement provoquer un conflit armé. Inviter Pompée à passer sa route et le laisser libre engendrerait la colère de Jules César pour l'avoir délibérément soustrait à sa vengeance. Théodote trancha. On recevrait le Romain puis on l'éliminerait.

Le conseil chargea le général Achillas de cette délicate mission. Flanqué des Romains Septimius et Salvius, « l'un chef de cohorte, et l'autre centurion sous Pompée », il emprunta un esquif de pêcheurs et vogua vers la galère de Pompée. Parvenu à flanc de bateau, il salua Pompée du titre d'*imperator* et l'invita à monter dans la barque. L'affranchi Philippe et l'esclave Scythès accompagnaient leur maître. Se tournant vers son épouse Cornélie et son fils, il cita ces vers de Sophocle : « Dans la cour d'un tyran quiconque s'est jeté, Quelque libre qu'il soit, y perd sa liberté. »

« Cornélie qui depuis la galère observait les événements dans l'angoisse, narre Plutarque, commença à se rassurer en voyant les officiers du roi courir vers le point de débarquement, comme pour réserver à son mari un accueil convenable. Mais au moment où Pompée saisissait la main de Philippe, Septimus le premier, lui planta par-derrière son épée dans le corps. » Salvius et Achillas firent de même. On vit alors Pompée ramener « à deux mains sa toge sur son visage, sans rien dire ni faire qui fût indigne de lui ». Il tomba sans un cri aux pieds de ses assassins. L'un d'eux trancha la tête et fit basculer le corps dans l'onde.

Lorsque César parvint en Égypte on lui présenta la tête de son ennemi. « … il ne put soutenir la vue du scélérat qui la lui présentait et se détourna avec horreur. On lui remit son cachet, qu'il reçut en pleurant : il avait pour empreinte un lion qui tient une épée. Il fit mettre à mort Achillas et Pothin. » Jules César organisa des funérailles dignes du grand Pompée et lui fit élever un tombeau. Furieux contre Ptolémée, il s'empara du palais royal d'Alexandrie où il retint prisonnier Ptolémée et son épouse et sœur Cléopâtre VII Philopator. « Le roi Ptolémée, défait dans un combat près du Nil, disparut et ne fut pas retrouvé depuis. Théodote le Sophiste se déroba à la vengeance de César : ayant trouvé moyen de s'enfuir d'Égypte, il fut longtemps errant, réduit à la dernière misère et détesté de tout le monde. Mais, dans la suite, Marcus Brutus, après avoir tué César et s'être rendu le maître en Asie, y découvrit Théodote et le fit expirer au milieu des tourments les plus cruels. Les cendres de Pompée furent portées à Cornélie, qui les déposa dans un tombeau à sa maison d'Albe. »

Jules César. Fatales ides (44 av. J.-C.)

Au début du mois de mars 44 av. J.-C., alors qu'il offrait un sacrifice aux dieux, Jules César fut averti par l'haruspice Titus Vestricius Spurinna : « Méfie-toi des Ides de mars ».

Reconduit dans ses fonctions consulaires, César avait été acclamé roi par la foule le 26 janvier 44 av. J.-C. Lors d'une séance du Sénat, il était déclaré dictateur à vie, le 14 février. Le lendemain, le consul Marc-Antoine lui offrait le diadème royal, insigne des monarques hellénistiques, durant les fêtes des Lupercales.

Les inquiétudes augmentaient, les critiques se propageaient, le mécontentement s'amplifiait parmi les sénateurs. Ce conseil, composé des chefs des grandes familles, d'où leur nom de « *patres conscripti* », exerçait une tutelle sur l'assemblée des curies en ratifiant tous leurs actes. Un petit groupe réuni en catimini imagina de supprimer César le jour où le Sénat devait lui permettre de prendre le titre royal en Orient. Parmi la cinquantaine de sénateurs prêts à en découdre, on trouvait à la tête du complot Caius Cassius Longinus, Marcus Junius Brutus, Caius Servilius Casca.

Cornelius Balbus, intime du dictateur, rapporta : « La veille même de ces Ides, un roitelet avec un rameau de laurier dans le bec, qui se dirigeait vers la curie de Pompée, y fut attaqué et mis en pièces par des oiseaux de différentes espèces, sortis du bois voisin. La nuit qui précéda le jour du meurtre, il se vit lui-même, en dormant, tantôt voler au-dessus des nuages, tantôt serrer la main de Jupiter. Son épouse rêva que le faîte de la maison s'effondrait et que son mari était percé de coups sur son sein, quand soudain les portes de la chambre s'ouvrirent toutes seules. » Plutarque dans sa *Vie de César* conte :

« La veille de ces ides, il soupait chez Lépidus, où, suivant sa coutume, il signa quelques lettres à table. Pendant qu'il faisait ces signatures, les convives proposèrent cette question : Quelle mort était la meilleure ? César, prévenant leurs réponses, dit tout haut : “C'est la moins attendue.” »

Le lendemain, Calpurnia, son épouse, voulut le retenir. Il était prêt à céder pour demeurer en sa compagnie. C'est alors que son ami Decimus Junius Brutus Albinus, dont il ignorait la duplicité, insista pour qu'il se rende comme convenu au Sénat. César sortit vers la cinquième heure (onze heures du matin) et monta dans sa litière pour se rendre au Champ de Mars et la Curie de Pompée.

Le Grec Artémidore de Cnide, un ami, l'interpella avant qu'il n'entre dans l'édifice. Il lui tendit un document sur lequel étaient inscrits les noms des conspirateurs. César le prit, mais négligea de le lire. Il venait d'apercevoir Spurinna :

— Les ides de mars sont là, lui lance-t-il un brin narquois, et il ne m'est rien arrivé de grave.

— Oui, elles sont venues, mais elles ne sont pas encore passées, rétorque l'haruspice.

Dans sa tenue d'apparat, Jules César marcha en direction du trône. Les sénateurs se levèrent pour l'accueillir avant qu'il ne s'assît. Marc-Antoine qui l'accompagnait avait été retenu à l'extérieur afin qu'il ne s'interposât pas. Les conspirateurs se groupèrent autour du dictateur. Lucius Tullius Cimber venu demander la grâce de son frère saisit le haut de la toge et la rabattit sur les épaules de César empêchant le moindre mouvement. Casca sortit son arme et frappa dans le dos. Ses complices plongèrent leur poignard à leur tour, percèrent et taillèrent en tous sens. Des témoins rapportèrent que lorsque César vit Brutus au premier rang de ses meurtriers, il s'exclama :

« Tu quoque fili[1]. » Puis il s'abandonna à la mort. Une curée abominable s'ensuivit. Le médecin dénombra vingt-trois blessures.

Les conjurés partirent s'enfermer au Capitole. « Ils sortirent en criant qu'ils avaient tué un roi et un tyran. L'un d'eux mit le "*pileus*" [bonnet porté par les esclaves affranchis] au bout d'une épée, comme symbole de liberté, et exhorta le peuple à restaurer le gouvernement de leurs pères et à se souvenir du premier Brutus et de ceux qui se soulevèrent contre les anciens rois », raconte l'historien Appien d'Alexandrie. « Ils espéraient que le peuple se joindrait à eux pour restaurer la République. Ils pensaient que le peuple romain était encore ce qu'ils avaient appris qu'il était quand le premier Brutus chassa les rois. »

Contraints de fuir, les assassins trouvèrent la mort sur le champ de bataille de Philippes. Marcus Junius Brutus se suicida, non sans avoir exprimé son amertume : « Vertu, tu n'es qu'un mot. »

Caligula. L'ultime conjuration (37)

Que n'a-t-on écrit, inventé, amplifié concernant l'existence et les outrances de Caius Augustus Germanicus[2], fils du général Germanicus ?

Si rien ne le destinait au titre suprême, il n'en était pas moins le petit-neveu et fils adoptif de l'empereur Tibère[3]. Son père Germanicus, premier dans l'ordre de succession, disparaît dans des circonstances suspectes en 19. Sa mère Agrippine et ses frères aînés sont empri-

1. Toi aussi mon fils !
2. Caligula : Caius Augustus Germanicus (12-41), empereur en 37.
3. Tibère : Tiberius Claudius Nero (42 av. J.-C.-37), empereur en 14.

sonnés puis tués (29-33) sur ordre de Lucius Séjan, préfet de la garde prétorienne. Ce proche de Tibère, sans nul doute, seconda l'empereur dans son entreprise d'éradication des descendants d'Auguste et de la maison de Germanicus.

Au pouvoir depuis plus de vingt ans, Tibère, âgé, affaibli, n'a pour éventuels successeurs que son petit-fils Tiberius Gemellus, son neveu Claude, et Caius Augustus Germanicus, alias Caligula. Ce surnom lui avait été donné dans l'enfance par les soldats de son père. Caligula, autrement dit « petit *caliga* », se référait au *caligae,* les sandales en cuir portées par les soldats romains.

Retiré sur l'île de Capri, en mars 37, Tibère est à l'agonie. A-t-il été empoisonné ? Certains vont se charger de hâter sa fin. Est-ce Naevius Macro, chef de la garde prétorienne, favorable à Caligula, qui l'étouffa ? N'est-ce pas plutôt Caligula lui-même ? Quoi qu'il en soit, il est désigné pour lui succéder, puis investi du pouvoir souverain par le Sénat. Les premiers temps, comme il n'a reçu aucune formation, n'a aucune compétence politique, Caligula se montre proche du peuple, fait voter des aides, augmente la solde des soldats, libère les prisonniers politiques, organise des jeux. Tout cela n'est pas du goût des sénateurs qui commencent à s'opposer à lui. Le soutien du peuple lui vaut la haine des élites qui lui reprochent sa prodigalité, son impiété à l'égard des dieux, son mépris à l'égard du Sénat.

À la fin de l'année 37, Caligula contracte une maladie qui n'est pas sans conséquences sur sa santé mentale. Il adopte un comportement tyrannique et imprévisible proche de la démence. Ses ennemis politiques font circuler des rumeurs à propos de ses mœurs dépravées et sa

cruauté. Il entretiendrait des relations coupables avec ses sœurs Julia Livilla et Agrippine la Jeune[1], participerait à des orgies durant lesquelles il imposerait des relations sexuelles aux épouses des aristocrates qui lui déplaisent ou ceux qu'il exècre. Il aurait commandité l'assassinat d'un grand nombre de personnes. On lui attribue la mort de sa grand-mère Antonia la Jeune, de son cousin Tiberius Gemellus et de son beau-père.

Caligula a déjà fait l'objet de deux conspirations pour l'écarter du pouvoir. Une troisième est en gestation par les tribuns de la garde prétorienne. Cassius Chaerea, tribun des prétoriens, Valerius Asiaticus, les deux préfets du prétoire, quelques autres tribuns, Cornelius Sabinus et Calliste, des sénateurs ont choisi d'attenter à sa vie lors des Jeux palatins donnés en l'honneur du divin Auguste le 24 janvier 41.

Suétone rapporte : « On avait décidé d'attenter à sa vie au moment des jeux palatins, à sa sortie du spectacle, à midi, et Cassius Chaerea, tribun d'une cohorte prétorienne, réclama pour lui le premier rôle. [...] La veille de sa mort, il [Caligula] rêva qu'il se tenait au ciel à côté du trône de Jupiter, que celui-ci le repoussait du gros orteil de son pied droit et le précipitait sur la terre. [...] Le neuvième jour avant les calendes de février, vers la septième heure, après s'être demandé s'il allait se lever pour déjeuner, car son estomac était encore

1. Julia Agrippina dite Agrippine la Jeune (15-59), sœur de Caligula, mère de Néron.

dérangé par les excès du repas de la veille, il finit par sortir sur les instances de ses amis. » Une représentation théâtrale privée est prévue au palais. Il emprunte une galerie pour rejoindre le lieu des festivités. Des enfants répètent le spectacle qu'ils doivent donner. Il s'arrête pour les saluer et les observer. Cassius Chaerea surgit par-derrière et le blesse grièvement au cou avec le tranchant de son glaive, en prononçant la formule « *hoc age* ». Ces mots sont d'habitude criés par un héraut lorsqu'un gouvernant ou un prêtre exécute un rituel lors d'un sacrifice aux dieux. L'expression signifie « fais attention ». Elle engage l'officiant à respecter les rites attachés aux cérémonies. Le tribun Cornelius Sabinus qui fait face à Caligula lui transperce la poitrine. L'empereur est achevé par les autres conjurés. C'est la curée ! Les Germains de la garde accourent à son secours. Il est trop tard. Le combat s'engage, des conjurés et des sénateurs innocents perdent la vie. Le cadavre est transporté jusqu'aux jardins de Lamia où il est dépecé et certains morceaux sont consommés… Quelques heures plus tard, Cæsonia Milonia, sa dernière épouse, fut transpercée par l'épée d'un centurion, et sa fille Julia Drusilla écrasée contre un mur.

L'historien romain Dion Cassius, se référant aux méthodes d'abattage des animaux, assimile cet assassinat à un sacrifice : « C'est par la main de ceux qui en paroles ou en écrits l'appelaient Jupiter ou Dieu que Caligula devint une victime sacrificielle ».

Claude, le nouvel empereur, décrète une amnistie générale. Cassius Chaerea est exécuté. Cornelius Sabinus est gracié, mais il se donne la mort par solidarité avec son complice.

Messaline, la putain impériale (48)

Caligula, mort assassiné, n'avait pas de successeur. Il fallut en trouver un. Dans la plus grande confusion, les prétoriens investirent le palais et déboulèrent dans les appartements de Tiberius Claudius Nero Drusus, dit Claude, qu'ils trouvèrent tremblant de peur, dissimulé sous une tenture. Après l'avoir extrait de sa cachette, ils le saluèrent du titre d'Auguste. Quatrième César, Claude est désormais empereur des Romains. Un curieux spécimen âgé de cinquante-deux ans, loin de détenir la superbe de ses prédécesseurs. Suétone le décrit ainsi : « Lorsqu'il marchait, ses genoux, qui n'étaient pas assez solides, se dérobaient sous lui, et quand il parlait, soit en plaisantant, soit de manière sérieuse, bien des choses le déshonoraient : un rire inconvenant, une colère plus hideuse encore, qui faisait écumer sa bouche largement ouverte, et mouillait ses narines, en outre, une façon de parler bégayante et un perpétuel hochement de tête, qui redoublait au moindre de ses actes. » En revanche, cet érudit possède les qualités et aptitudes pour gouverner.

Ses handicaps ne l'ont pas empêché de contracter plusieurs unions dictées par des alliances politiques des plus favorables. Sa toute jeune femme Valeria Messalina, dite Messaline, lui a donné une fille Octavie en 40, et peu de temps après son avènement un fils, Tiberius Claudius Germanicus. L'empereur, épris de son épouse, comblé et heureux, entretient malgré tout quelques relations extra-conjugales. « Il avait pour les femmes une passion effrénée, mais s'abstint de tout commerce avec les hommes », explique Suétone. Cette liberté de mœurs encourage Messaline à mener elle aussi une vie dissolue. Au sein du palais, elle a pour complices Calliste, Pallas, et Narcisse qui couvrent ses débauches. Il se dit qu'elle aime se déguiser en esclave pour se prostituer dans les lupanars de Rome. Elle court le guilledou, collectionne les conquêtes. La liste de ses amants est impressionnante : Titius Proculus, Mnester, Vettius Valens, Plautius, Sulpicius Rufus... Au palais, personne n'ose informer l'empereur.

Été 47, l'empereur suit l'évolution des travaux du port qu'il a ordonné de construire à 4 km au nord d'Ostie. Étant donné que Claude s'éternise en province, Messaline, éprise du consul Caius Silius qu'elle comble d'honneurs et de richesses, s'installe dans sa demeure. Elle organise des fêtes et festins d'un luxe inouï. Elle simule, dit-on, un mariage. Cette mise en scène doit lui servir à rallier les partisans de Silius, prendre le pouvoir et renverser l'empereur. Le bruit court que les deux amants sont parvenus à convaincre Claude d'accepter le divorce et le mariage « pour rire » en le persuadant que cette union éloignera les mauvais augures prédisant « la mort du mari de Messaline ». Les noces fictives sont célébrées le 24 août !

Narcisse ne peut continuer à couvrir les débauches de Messaline. Il charge les prostituées préférées de Claude, Calpurnia et Cléopâtre, de dénoncer l'impératrice. Claude refuse d'ajouter foi à tant de bassesses. Il émet des doutes : sa femme ne peut se conduire comme une dévergondée. Narcisse rive le clou : « César, tu as été répudié. Le peuple de Rome, le Sénat et l'armée ont été témoins du mariage de Silius. » Claude s'informe auprès de ses amis. Ils confirment les faits et le pressent de s'entourer de cohortes prétoriennes pour sa sécurité. Pendant ce temps, Messaline et Silius célèbrent la fête des vendanges. « Messaline, plongée plus que jamais dans la débauche, célébrait, dans le domaine de Silius, au cœur de l'automne, un simulacre de vendange. [...] des femmes couvertes de peaux de bêtes, bondissaient, telles des Bacchantes au milieu de leurs sacrifices ou de leur délire. Messaline les cheveux défaits, agitait son thyrse ; à ses côtés, Silius, couronné de lierre, des cothurnes aux pieds, secouait la tête aux accents d'un chœur impudent. »

Claude rentre en hâte à Rome. Avertie de son courroux, Messaline se porte au-devant de son mari. « Elle traversa la ville à pied, puis monta dans le chariot à ordures du jardin et se lança sur la route d'Ostie sans recevoir nulle part de marques de compassion, tant ses infamies, partout, inspiraient l'horreur. » Elle tente d'envoyer ses enfants Octavie et Britannicus intercéder auprès de leur père, mais Narcisse les écarte. Parvenue au camp des prétoriens, « Une grande clameur s'éleva alors des cohortes, réclamant les noms et le châtiment des accusés. » L'empereur ordonne la mise à mort des amants de sa femme. Que faire de son épouse ? Quel sort lui réserver ? Elle est la mère de ses enfants. Il accepte de la recevoir le lendemain et de lui laisser plaider sa cause. La nuit porte conseil. L'entourage du couple sent bien que l'empereur se radoucit. Il se laissera attendrir par Messaline réfugiée aux Jardins de Lucullus.

L'occasion de se débarrasser d'elle est trop belle. Qui en donna l'ordre ? Nul ne le sait. Un tribun et des centurions sont chargés d'exécuter Messaline sur « ordre de l'empereur ». Ils la trouvent recroquevillée dans les bras de sa mère « Elle se laissait aller aux larmes et à de vaines plaintes. » Les centurions la voient se saisir d'un poignard « comme l'égarement l'empêchait de se le plonger dans la gorge ou la poitrine, un tribun la transperça d'un seul coup ». L'empereur se sustentait quand on vint lui annoncer la mort de son épouse. « Sans poser aucune question, il réclama une coupe et fit, comme d'habitude, honneur au banquet. Les jours suivants non plus il ne donna aucun signe de haine, de joie, de colère, de tristesse, ni aucun autre sentiment humain… »

Point d'inquiétude, l'empereur ne tarde pas à éprouver des sentiments… pour sa nièce, la fille de Germanicus, la sœur de Caligula, Agrippine la Jeune. Claude obtient du Sénat une nouvelle loi l'autorisant à épouser Agrippine « dans l'intérêt supérieur de l'État », car dans le monde romain le mariage d'un oncle avec sa nièce est assimilé à un inceste. L'union est conclue en 48. Agrippine n'a qu'une ambition : voir son fils Néron, issu de son premier mariage, devenir empereur. À sa demande, Claude l'adopte. En guise de remerciements, elle l'empoisonne… L'empereur Claude meurt le 13 octobre 54.

Britannicus. Les mixtures de Locuste (55)

À la tête de l'Empire romain, voici proclamé, en 54, le successeur de Claude. Lucius Domitius Ahenobarbus[1] est un descendant d'Antoine par son ambitieuse mère Agrippine. Intrigante et sans scrupules, elle a convaincu

1. Nero Claudius Caesar Augustus Germanicus, né Lucius Domitius Ahenobarbus (37-68), fils de Cnaeus Domitius Ahenobarbus et d'Agrippine la Jeune.

Claude de l'adopter. Légitimé le 25 février 50, Lucius est devenu Nero Claudius Caesar Augustus Germanicus.

Éduqué par de remarquables savants et professeurs, Néron pouvait se targuer d'une érudition littéraire et artistique des plus vastes pour son temps. Ce goût pour le raffinement n'occultait pas sa passion pour les jeux du cirque et les courses de chars. Agrippine, sa mère, occupée à ourdir des intrigues et supprimer ceux qui entraveraient sa trajectoire vers le pouvoir, lui apprit la duplicité et l'art du mensonge. Ce fils qu'elle juge faible, capricieux, orgueilleux et pétri de vices, n'en servira pas moins ses ambitions. Elle l'a vu à l'œuvre. Il est capable de massacrer son entourage pour la moindre défiance.

Le décès soudain de Britannicus[1], fils de l'empereur Claude et de Messaline, choqua Rome, car rien ne suggérait qu'il s'agisse d'une mort naturelle. Aussitôt, les suppositions les plus terribles assaillirent les sénateurs qui le tiennent pour fou et le savent sujet à la paranoïa.

Avec sa disparition, Néron s'affranchit de la tutelle d'Agrippine qui envisageait depuis peu de faire allégeance à Britannicus et priver Néron de sa légitimité. « Agrippine se précipita tête baissée dans la terreur et les menaces, attestant, sans épargner les oreilles du prince, que Britannicus, désormais adulte, était l'authentique prétendant, le mieux placé pour assurer le pouvoir de son père qu'un intrus, un adopté, exerçait, outrageant sa mère », narre Tacite.

Lorsque Néron réalisa que son demi-frère allait voir quatorze ans, l'âge de la majorité à Rome, et qu'il repré-

1. Tibérius Claudius Cesar Germanicus dit Britannicus (41-55), fils de l'empereur Claude et de Messaline.

sentait un danger pour lui, il redoubla de haine à son égard. Aidé de Pollio Julius, tribun de la cohorte prétorienne, en relation avec la prisonnière Locuste, écrouée pour empoisonnement, il ordonna que du poison soit préparé et administré à Britannicus. Néron avait pris des dispositions : « … on avait veillé depuis longtemps à ce que, dans l'entourage de Britannicus, il n'y eût plus personne de respectable ni d'estimable. […] Ses précepteurs en personne lui administrèrent un premier poison, mais il l'évacua par l'intestin, qu'il fût trop faible où qu'on l'eût dilué pour lui éviter d'agir trop vite. » À refaire ! La préparation de Locuste avait déclenché une diarrhée sans gravité. Après cette tentative de meurtre infructueuse, Néron se fâcha. Comment cette sorcière avait-elle osé le défier ? Sous les coups et les menaces, elle confessa qu'elle avait eu peur que son acte ne la condamnât à la mort. Néron lui proposa un marché : un poison efficace contre sa liberté.

Une nouvelle opportunité se présenta durant un banquet en février 55. L'habitude à la cour de Néron était de faire manger les enfants assis à une table à part où étaient servis des mets plus simples. Britannicus, comme tous les princes, demanda à un serviteur de goûter ses plats et ses boissons. Il lui fut servi une boisson inoffensive mais brûlante. La trouvant trop chaude, il y fit verser de l'eau froide, laquelle contenait certainement une décoction mortelle. La fulgurance de la toxine fut telle qu'il tomba au sol et commença à convulser. Néron ne fit aucun geste pour secourir le garçon et choisit de maquiller le crime. Il dit aux convives qu'il s'agissait d'une attaque de haut mal (épilepsie) auquel il était sujet. L'assistance figée de stupeur observa l'empereur occupé à se nourrir. Britannicus mourut par asphyxie. Britannicus fut enterré le soir même discrètement. Les témoins constatèrent que le corps du jeune garçon était recouvert de gypse, une sorte de talc, pour voiler les signes d'empoisonnement. Or, il plut cette nuit-là, et ils remarquèrent que, la pluie ayant fait couler le gypse, des taches sur la peau du mort apparurent… signe de l'action d'un poison. Locuste à l'origine de la potion fatale aurait utilisé de la ciguë séchée. Preuve de son implication, Néron lui offrit peu de temps après une propriété.

Agrippine la Jeune (59) Octavie (62) Poppée (65)

Grâce à l'enseignement de son tuteur Sénèque[1], ses conseils et ceux de Burrus[2], Néron gouverna d'abord avec sagesse avant de basculer dans l'outrance après la mort de Britannicus[3]. Ses extravagances, sa mégalomanie, sa paranoïa le poussent à commander non seulement l'assassinat de ses opposants, mais aussi celui de ses proches sans la moindre hésitation. Sa cruauté ne connaît pas de limite.

L'ascendant d'Agrippine sur son fils n'avait cessé de croître. Il lui doit le pouvoir et à ce titre elle s'autorise tous les moyens pour consolider sa toute-puissance et inspirer sa politique. Tombé sous la dépendance de Poppée[4], Néron s'éloigne peu à peu de sa mère et tente de contrecarrer son influence. Il hésite sur les moyens pour parvenir à une totale libération. Nos principaux informateurs Tacite et Suétone nous éclairent : « Bientôt il lui ôta tous ses honneurs et toute sa puissance, lui enleva sa garde et ses Germains ; enfin il la bannit de sa présence et de son palais. Il eut recours à tous les moyens pour la tourmen-

1. Sénèque : Lucius Annaeus Seneca (4 av. J.-C.-65), philosophe et homme d'État.
2. Sextus Afranius Burrus (?-62), préfet du prétoire.
3. Britannicus : Tiberius Claudius Cæsar Germanicus (41-55), fils de l'empereur Claude et de Messaline.
4. Poppée : Poppaea Sabina (30-65), seconde épouse de Néron.

ter[1]. » « Elle lui devint même tellement insupportable, qu'il résolut sa mort. Il n'hésite plus que sur le choix du poison ou du fer, ou de tout autre moyen violent. D'abord il préféra le poison : mais si on le donnait à la table du prince, on ne pourrait en accuser le hasard, Britannicus ayant déjà reçu une mort pareille ; et il paraissait très difficile de séduire les serviteurs d'une femme qui, par l'habitude des crimes, était en garde contre toute embûche ; de plus, elle-même, par l'usage des antidotes, s'était fortifiée contre les poisons[2]. »

Jusqu'à ce que n'y tenant plus, il élabore un plan réglé avec précision pour la faire disparaître. Le préfet de la flotte de Misène est mis à contribution. « Un moyen fut offert par Anicetus l'affranchi, préfet de la flotte à Misène, gouverneur de l'enfance de Néron, et qu'une haine réciproque rendait odieux à Agrippine. Il démontre “qu'on peut fabriquer un navire dont une partie, en se brisant avec art dans la mer, noierait Agrippine subitement. Rien, dit-il, n'est plus fécond en hasards que la mer ; et si un naufrage la fait périr, qui serait assez audacieux pour attribuer à un crime ce dont les vents et les flots seraient seuls coupables[3]” ? »

Néron célèbre les fêtes de Minerve, à Baïes, auxquelles il invite sa mère. Il prolonge le festin jusqu'à une heure avancée et accompagne Agrippine au bateau à l'heure convenue avec ses complices. « La nuit était calme, brillante d'étoiles, la mer paisible comme par ordre des dieux pour rendre le crime évident. Le navire s'était peu avancé. Deux personnes de la cour d'Agrippine l'accompagnaient : l'une d'elles, Crepereius Gallus, se tenait non loin du gouvernail ; l'autre, Acerronia, au pied du lit où reposait la princesse. […] au signal donné, s'écroule le toit de la chambre, que pressait,

1. Suétone.
2. Tacite.
3. Tacite.

une masse de plomb ; Crepereius en est écrasé et meurt aussitôt. Agrippine et Acerronia furent préservées par les côtés élevés du lit, assez forts par hasard pour résister à la charge. [...] Agrippine reçut toutefois une blessure à l'épaule : en nageant, elle rencontra des barques qui la transportèrent par le lac Lucrin à sa campagne[1]. » Néron, informé de l'échec de l'opération, envoie une troupe armée : « Anicetus investit de gardes la maison d'Agrippine, brise la porte, saisit les esclaves qui se présentent, et pénètre jusqu'au seuil de sa chambre. [...] La chambre était éclairée d'une faible lumière ; il n'y avait qu'une seule suivante ; [...] Comme la suivante s'éloignait, “Et toi aussi, tu m'abandonnes,” dit-elle ; puis, voyant Anicetus, accompagné d'Herculeus, commandant de galère, et d'Oloaritus, centurion de la flotte : “Si c'est pour me voir, que tu viens, annonce que je suis rétablie ; si c'est pour commettre un forfait, je ne croirai pas que ce soit par ordre de mon fils : il n'a pu commander un parricide.” Les meurtriers entourent le lit, et Herculeus, le premier, lui assène à la tête un coup de bâton ; lorsque le centurion tira son épée pour la tuer, elle lui présenta ses flancs, et s'écria : “Frappe mon ventre !” ; elle expira sous de nombreuses blessures. [...] Elle fut brûlée la même nuit sur un lit de table[2]. »

Il est bon de se souvenir qu'Agrippine par ses manigances était parvenue, en 53, à unir son fils à Octavie[3] la fille de Claude, lui apportant la légitimité des Julio-Claudiens. L'union était un désastre. Néron, après avoir cherché des

1. Tacite.
2. Tacite.
3. Octavie : Claudia Octavia (42 ?-62), fille de l'empereur Claude et de Messaline.

consolations auprès de diverses compagnes, était amoureux de Poppée. L'annonce de sa grossesse le détermina à répudier Octavie, affirmant qu'elle était stérile, puis obtenir le divorce. Onze jours après, il épousait Poppée. « Néron n'eut pas plus tôt reçu le décret du Sénat, que, voyant tous ses crimes érigés en vertus, il chasse Octavie sous prétexte de stérilité ; ensuite il s'unit à Poppée[1]. » Néron la relègue en Campanie. Le peuple, rassemblé au forum, s'insurge et exige le retour d'Octavie, la fille de Claude, très populaire. Face à l'agitation, l'empereur la rappelle à Rome. « Alors, ivre de joie, la multitude monte au Capitole et adore enfin la justice des dieux ; elle renverse les statues de Poppée ; elle porte sur ses épaules les images d'Octavie, les couvre de fleurs, les place dans le Forum et dans les temples. » Fausses accusations, mensonges, trahisons salissent la réputation d'Octavie qui est finalement exilée sur l'île de Pandeteria. Néron n'est pas tranquille pour autant. Il s'agit tout de même de la fille de Claude et ses partisans pourraient œuvrer à sa perte, le renverser. Il donne l'ordre à Octavie de se suicider. Comme elle ne peut s'y résoudre : « On la lie étroitement, et on lui ouvre les veines des bras et des jambes. Comme le sang, glacé par la frayeur, coulait trop lentement, on la mit dans un bain très chaud, dont la vapeur l'étouffa. » L'abomination ne cesse pas pour autant : « … par une cruauté plus atroce encore, sa tête ayant été coupée et apportée à Rome, Poppée en soutint la vue. »

Les joies du mariage avec Néron seront de courte durée pour Poppée. « Après la fin des jeux Poppée décéda suite à un coup de colère fortuit de son mari, dont elle reçut un coup de pied alors qu'elle était enceinte », nous dit Tacite. Suétone donne quelques explications : « Il chérit par-

1. Tacite.

dessus tout Poppée [...] et pourtant elle aussi il la tua d'un coup de pied, parce que, enceinte et malade, elle l'avait accablé de reproches tandis qu'il rentrait tard d'une course de char. »

Tenté par une nouvelle alliance avec la dynastie Julio-Claudienne, Néron envisagea d'épouser Claudia Antonia[1], la sœur d'Octavie. Elle refusa. Il la fit exécuter !

Commode. Dévissé par Narcisse (192)

Marc-Aurèle, l'empereur philosophe, modèle de tant de vertus, laissa le peuple romain désemparé à sa mort en 180. Son fils Commode[2] saurait-il se montrer digne de son héritage ? Le doute était permis. L'historien Hérodien[3] convenait qu'il fut formé par son père de la plus sage façon. Serait-ce suffisant ? : « Marc-Aurèle eut deux fils, Commode et Verissimus : ce dernier mourut étant encore enfant ; pour se consoler de sa perte, son père donna tous ses soins à l'éducation de celui qui lui restait. Il fit venir de toutes les provinces de l'empire les personnes les plus célèbres par leur doctrine, et les mit auprès de lui en qualité de gouverneurs et de précepteurs. »

L'entourage fut très vite fixé : « Ne pouvant souffrir, à cause de la pureté de leurs mœurs, les surveillants qu'on lui avait donnés, il s'entoura des hommes les plus corrompus ; et quand on les lui ôta, il tomba malade de chagrin.

1. Claudia Antonia (30-66), fille de l'empereur Claude et de Aelia Paetina.
2. Lucius Aelius Aurelius Commodus (161-192), fils de Marc-Aurèle (121-180) et Faustine la Jeune.
3. Hérodien (175-250), historien romain.

La faiblesse de son père les lui ayant rendus, il fit du palais une taverne et un lieu de débauche ; il ne mit plus de bornes à son impudeur, à sa dépense. Il tint chez lui maison de jeu. Il achetait, comme de viles prostituées, les plus jolies femmes, pour tous les caprices de son impudicité. [...] Il faisait violer ses propres concubines sous ses yeux. [...] Il s'habillait en cocher, et conduisait des chars ; il vivait avec les gladiateurs. » Ses troubles du comportement ne cessaient de se manifester : « Il mêla souvent des excréments humains aux mets les plus recherchés et même qu'il en goûta [...] faisant le médecin, il saignait jusqu'à la mort ceux qui se disaient malades. [...] On le vit très souvent, tant son impudence était grande, boire publiquement et en plein théâtre, habillé en femme. Il combattit aussi contre les gladiateurs. » Sa mégalomanie atteignit des sommets « Sa folie fut telle qu'il voulut que la ville de Rome fût appelée colonie Commode. [...] Le Sénat s'appela lui-même commodien, prodiguant à Commode les noms d'Hercule et de Dieu. » Il avait pour manie de se déguiser en gladiateur : « Il quittait souvent l'habit à la romaine et la pourpre impériale, et se montrait en public avec une peau de lion et une massue à la main. Il portait par-dessous une veste brochée d'or ; et c'était une chose ridicule et bizarre de le voir faire parade en même temps de l'afféterie des femmes et de la force des héros. » Au physique il n'avait rien de fascinant : « Il avait le regard téméraire, comme l'ont d'ordinaire les hommes ivres, le langage grossier, les cheveux toujours teints et saupoudrés de limaille d'or ; redoutant le fer du barbier, il se brûlait la barbe et la chevelure. »

Lucilla, sa sœur aînée, veuve de Lucius Verus, obligée de s'effacer devant Bruttia Crispina[1] épousée par Commode en 177, malade de jalousie, mais aussi horrifiée par la vie de

1. Bruttia Crispina (164-191), fille du sénateur Caius Bruttius Praesens.

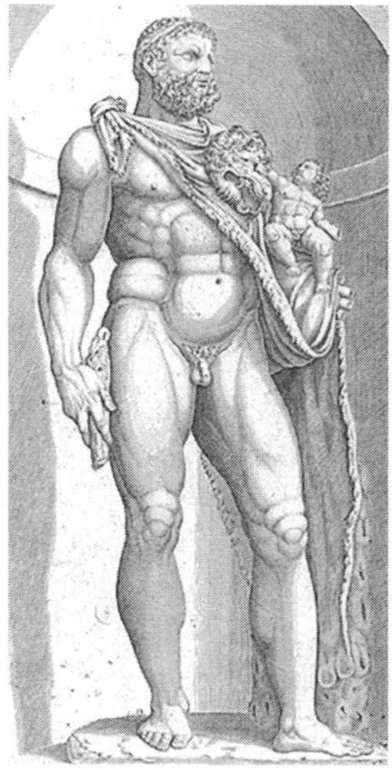

débauches de son frère, fomenta un complot contre lui vers 182. Réunie avec Quadratus, et Tarrutenus Paternus, préfet du prétoire, Lucilla confia l'exécution du tyran à Claudius Pompeianus. Parent de Commode, il put l'approcher sans difficulté et dans *Histoire d'Auguste*[1] pouvons-nous lire : « étant arrivé jusqu'à lui, tira son glaive, et ayant toute facilité d'agir, se contenta de s'écrier : "Le sénat t'envoie ce poignard" découvrant ainsi son crime sans l'accomplir, le sot, tandis que tant de conjurés faisaient cause commune avec lui. » La fureur de Commode fut sans égale. S'il avait par le passé supprimé avec volupté ses adversaires, il redoubla de cruauté envers ses opposants. Lucilla fut envoyée en exil. Il fit périr son secrétaire Vitruvius Secundus et Paternus, ami intime de Vitruvius. Quintilius et toute sa famille furent exterminés. Il poussa l'abomination à son comble : « Il fit mourir sa sœur Lucilla après en avoir abusé ; ayant ensuite déshonoré, dit-on, ses autres sœurs. » Bruttia Crispina, répudiée et bannie en 188, Commode la fit assassiner en 191. D'importantes célébrations se préparaient à Rome le 31 décembre 192 pour honorer le lendemain le jour de Janus, le premier janvier. L'envie vint à Commode de sortir ce jour-là des arènes, escorté des gladiateurs des écoles de la cité : « … sortir en cérémonie, non de son palais selon la coutume, mais du lieu des exercices, et de quitter la robe impériale pour se montrer au peuple armé de pied en cap et précédé de tous les gladiateurs. » Que mijotait-il ? Aspirait-il à exterminer ses proches, les sénateurs ? Par le passé, il

1. Histoire d'Auguste, Aelius Lampridrius, *Scriptores Historiae Augustae.*

avait déjà mis à mort quantité de ceux qui le servaient... Marcia, sa maîtresse, envisageait le pire. Elle l'implora de renoncer à se donner ainsi en spectacle. Ce n'était pas digne d'un empereur. Quintus Aemilius Laetus, chef des cohortes prétoriennes, et Electus, son chambellan, appelés à la rescousse, ne parviennent pas davantage à le raisonner. La découverte d'un billet sur lequel l'empereur avait listé les personnes dont il voulait se défaire alarma Marcia d'autant que son nom y figurait aux côtés de Laetus et Electus. Hérodien poursuit son récit : « Il [...] les renvoya et s'en alla dans sa chambre vers midi, comme pour y dormir à son ordinaire. Il prit une cédule faite d'une petite peau de tilleul fort mince, repliée en deux et roulée des deux côtés. Il écrivit dessus les noms de tous ceux qu'il voulait faire tuer la nuit suivante. À la tête étaient Marcia, Laetus et Electus ; suivait après une grande liste des sénateurs les plus distingués. Il voulait se défaire de ce qui restait des anciens amis de son père : leur présence le gênait, il appréhendait leur censure, et il était bien aise de n'avoir plus pour témoins de ses indignités des personnages si graves et si sérieux. Il avait mis sur la même cédule plusieurs personnes riches dont il voulait confisquer les biens pour en faire des largesses aux gladiateurs et aux soldats. » Marcia se serait écriée : « Voilà le prix de ma tendresse et de la longue patience avec laquelle j'ai supporté tes brutalités et tes débauches ! Mais il ne sera pas dit qu'un homme toujours enseveli dans le vin préviendra une femme sobre et qui a toute sa raison. » Laetus, Electus mis dans la confidence, Marcia se procura du poison. Au cours des agapes, elle servit copieusement son amant en vin empoisonné. « Après qu'il eut un peu dormi, et que le poison eut commencé à agir sur l'estomac et sur les entrailles, il s'éveilla avec un tournoiement de tête qui fut suivi d'un grand vomissement ; soit que le vin et les viandes dont il s'était rempli repoussassent le poison ou que suivant la coutume des princes, il eût pris quelques préservatifs avant de se mettre à table. Cet incident épouvanta les complices ; ils ne doutaient point qu'il ne les fît mourir sur-le-champ, s'il en réchappait. » Désemparée, Marcia fit venir l'esclave Narcisse, un lutteur fameux qui entraînait Commode à combattre dans les arènes de Rome. L'athlète saisit l'empereur à la gorge. Il n'eut aucune difficulté à lui ôter la vie. « Cet homme, hardi et vigoureux, trouva l'empereur affaibli par les efforts du vomissement, et lui serra si fort le cou qu'il l'étrangla. » Le cadavre fut dissimulé avant que la mort ne soit annoncée aux sénateurs et aux prétoriens dont Marcia redoutait la réaction. Elle fut heureusement surprise lorsque « Le sénat et le peuple demandèrent que son corps, traîné avec un croc, fût jeté dans le Tibre ; mais dans la suite, il fut, par l'ordre de Pertinax, transporté au tombeau d'Adrien. » L'affaire était loin d'être réglée. Le Sénat n'était pas satisfait. Cinglas Severus exprima le sentiment général : « C'est à tort qu'il a été enseveli. Ce que je dis comme pontife, le collège des pontifes le dit avec moi. [...] je suis d'avis que, puisque cet homme n'a vécu que pour la perte des citoyens et pour sa propre infamie, il faut abattre les statues qu'il a fait ériger de force en son honneur ; il faut les abattre partout où il s'en trouve, et enlever son nom de tous les monuments publics et particuliers ; il faut aussi que les mois reprennent les noms qu'ils portaient avant que ce fléau ne vînt opprimer la république. » La disparition brutale de Commode, le dernier Antonin, fut une libération. Le général Helvius Pertinax[1], approché par Laetus et Electus, rejoignit le palais impérial sur le Palatin. À l'aube, il se rendit au Sénat où il fut acclamé empereur.

1. Publius Helvius Pertinax (126-193).

Fausta Flavia Maxima. Cuite à feu doux (326)

La perfide Fausta[1] mariée à l'empereur Constantin Ier, souhaitait écarter de la succession son beau-fils Crispus[2], né d'une concubine, pour favoriser ses propres fils. « Elle ne pouvait supporter, sans dépit, de voir, en 326, le fils de la concubine prendre le pas, pour toujours, sur elle et sur ses fils », explique Jules Maurice[3].

Pour ce faire, elle tenta de le séduire. Il repoussa ses avances avant de partir en Istrie. Craignant qu'il ne la dénonce à son père, elle usa de calomnies, prétendit que le jeune homme avait tenté d'abuser d'elle. « Fauste sa belle-mère étant devenue éperdument amoureuse de luy, et n'en ayant pu obtenir ce qu'elle desiroit, l'accusa devant Constantin d'avoir attenté à son honneur, narre Jean Zonare. Ce Prince trop crédule en ce point le condamna à la mort. » La marâtre, parvenue à persuader son époux de perdre son fils du premier lit, l'écartait ainsi de la succession. « Une mise en scène de tentative d'adultère ou d'adultère monstrueux dut être nécessaire, pour obliger l'empereur, à livrer son fils. Enfermé à Pola, Crispus dut être jugé. Le sénat romain connaissait encore sous le bas empire des crimes de lèse-majesté. La mort était obligatoire. » Philostorge affirme que « Crispus est tombé sous les calomnies de sa belle-mère ».

Sans recueillir les explications de son fils, Constantin ordonna que Crispus soit empoisonné. Il paraît douteux que Crispus ait commis l'adultère, car il connaissait la

1. Fausta Flavia Maxima (v.289-326).
2. Flavius Julius Crispus Caesar (v.303-326), fils de l'empereur Constantin Ier et de la concubine Minervina.
3. Jules Maurice, *Les capitales impériales de Constantin et le meurtre de Crispus*, 1914.

rigueur des lois impériales et la législation de Constantin le punissant de la peine de mort. Prévenu par Hélène, sa mère, qu'il avait été abusé par les accusations mensongères de Fausta, Constantin opta pour une condamnation redoutable. Toujours selon Jean Zonare « ... ayant depuis reconnu la fausseté de l'accusation, il en tira une terrible vengeance en faisant étouffer Fauste dans un bain qui pour cet effet avoit été extraordinairement échauffé. Voilà quel fut le châtiment de son impudicité, et de sa calomnie. » Constantin contraignit Fausta à prendre un bain surchauffé dans lequel elle fut maintenue et cuite grâce au feu entretenu sous la cuve !

Qui a dit que la vengeance est un plat qui se mange froid ?

Zosime conte : « Lorsqu'il [Constantin] arriva à Rome tout plein de jactance, il crut nécessaire d'inaugurer son impiété dans ses propres lares. En effet son fils Crispus qui avait été jugé digne du rang de César, [...] ayant été soupçonné d'avoir une liaison avec sa belle-mère Fausta, il le fit mourir sans aucun égard pour les lois naturelles ; comme Hélène, la mère de Constantin, s'indignait d'une telle violence et ne pouvait admettre le meurtre du jeune homme, Constantin, comme pour la consoler, porta remède à ce mal par un mal pire ; après avoir en effet ordonné de chauffer outre mesure un bain et y avoir placé Fausta, il ne l'en ressortit que morte [...] après lui avoir reproché un adultère. » Une autre hypothèse pourrait être avancée. Il faut savoir qu'alors l'usage de bains chauds pour favoriser un avortement était préconisé par les médecins. Fausta, convaincue d'adultère avec un cocher, fut-elle poussée par Constantin à cette pratique ? L'ébouillantage a-t-il mal tourné ?

L'interprétation de la mort de Fausta véhiculée par les auteurs antiques et les historiens relève en grande partie de la légende. Cependant, presque toutes les versions s'accordent sur le châtiment et sa signification symbolique : « On punit en la plongeant dans une eau excessivement chauffée celle qui a révélé, par sa folie érotique, qu'elle avait le sang excessivement échauffé », nous dit Georges Forestier[1]. Certains n'en font pas mention, d'ailleurs. Dans son *Breviarium* composé vers 369, Eutropius indique que Constantin devint arrogant : « il persécuta d'abord ses proches et tua son fils, un homme remarquable, et le fils de sa sœur, puis sa femme et ensuite de nombreux amis ». Jérôme écrivit vers 380, dans sa Chronique de 325 : « Crispus, le fils de Constantin, et Licinius Junior, le fils de Licinius et de Constantia, la sœur de Constantin, sont tués de la manière la plus cruelle [...] Constantin tue sa femme Fausta ». Pour quelle raison Constantin fit-il mourir en même temps son neveu Licinianus [Licinius le jeune], fils de sa demi-sœur Constantia et de Licinius, jeune cousin de Crispus qui n'avait que onze ans ? L'historien Orosius nota vers 417 : « Constantin tourna l'épée de la vengeance et le châtiment destiné aux impies contre ses proches parents. Il tua en effet son propre fils, Crispus, et le fils de sa sœur, Licinius ».

1. Georges Forestier, *Mythe, histoire, et tragédie : de Crispus à La Mort de Chrispe*, Littératures classiques, 2002.

LE MOYEN ÂGE

Brunehaut. Un sépulcre de flammes (613)

Au décès de Clovis Ier, en 511, le royaume franc avait été partagé entre ses quatre fils. Quatre royaumes aux quatre capitales. Thierry hérita de Metz, Clodomir d'Orléans, Childebert de Paris et Clotaire de Soissons. Clotaire Ier, à la mort de ses frères, récupéra Soissons (511), Orléans (524), puis devint roi des Burgondes (534), roi des Francs de l'Est (555), et roi de Paris (558). Seul survivant, il réunifia le royaume des Francs (558). À son décès, en 561, le royaume franc fut partagé entre ses quatre fils. Caribert reçut Paris. Gontran héritera du royaume d'Orléans, future Burgondie ; Chilpéric de Soissons, future Neustrie, et Sigebert de Metz, future Austrasie. Caribert décédé sans héritier mâle en 567, Paris fut divisée entre ses trois frères.

Pour chacun d'entre eux, il s'agit désormais de pérenniser la dynastie et de légitimer son pouvoir. Les alliances avec les puissants sont des plus recherchées. Ainsi Brunehaut[1], fille cadette du roi wisigoth Athanagilde Ier, quitte Tolède

1. Brunehaut (v.547-613).

en 566 pour rejoindre son futur époux. Elle est mariée, en 567, à Sigebert Ier[1], roi d'Austrasie. « La jeune vierge, dit Grégoire de Tours, avait de la noblesse dans ses actions ; elle était belle à voir, ses manières respiraient la politesse et la grâce ; elle était bonne pour le conseil, et ses discours charmaient. » Elle sait que sa position demeure délicate tant qu'elle n'a pas donné naissance à un garçon. En effet, chez les Francs, si le souverain meurt sans héritier, ses frères se partagent son royaume et enferment la veuve dans un monastère. À l'inverse, si elle est mère de l'héritier, elle conserve certaines de ses prérogatives et peut participer à la régence. Déception, Brunehaut donne la vie à une fille, Ingonde[2], et une nouvelle grossesse se fait attendre.

Chilpéric Ier[3], roi de Neustrie, épouse, en 568, Galswinthe[4], la sœur aînée de Brunehaut. Il la délaisse vite pour reprendre la vie commune avec son épouse précédente et s'accoquiner avec Frédégonde[5], une suivante de la reine Audevère, première épouse de Chilpéric. Déçu par cette union, Chilpéric ordonne à un esclave d'éliminer Galswinthe qui est égorgée pendant son sommeil. Il épouse aussitôt Frédégonde. Pour Brunehaut, ce crime mérite vengeance. Elle pousse Sigebert à affronter Chilpéric. Il obtient en compensation les territoires donnés en douaire à Galswinthe : Bordeaux, Limoges, Cahors, le Béarn et la Bigorre, territoires hérités de leur frère Caribert. L'hostilité entre les deux frères ne cessait de croître. Heureusement, Brunehaut, en 570, met au monde un fils, Childebert[6]. Chlodoswinthe[7], sa seconde

1. Sigebert (v.535-575), fils de Clotaire Ier.
2. Ingonde (v.567-v.585).
3. Chilpéric Ier (? v.525–584), fils de Clotaire Ier.
4. Galswinthe (v.550-568).
5. Frédégonde (v.545-597), suivante, concubine puis reine de Neustrie.
6. Childebert (570-596).
7. Chlodoswinthe (v.571– ?).

fille, naîtra l'année d'après alors que la rivalité entre les deux frères reprend de plus belle. Chilpéric, en 573, s'empare de Tours et de Poitiers. Sigebert fait alliance, en 574, avec les barbares pour le combattre. Il conquiert une partie de son royaume, obligeant Chilpéric à trouver refuge à Tournai. Au moment de son triomphe, en novembre 575, alors que Sigebert vient d'être acclamé roi par les sujets de Chilpéric, à Vitry-sur-Scarpe, en Artois, il est assassiné par deux émissaires de Frédégonde. Childebert II, âgé de 5 ans, devient roi d'Austrasie.

Sigebert, Gontran, Caribert passés de vie à trépas, Chilpéric accède au trône après avoir envoyé Brunehaut à Rouen sous la surveillance de l'évêque Prétextat. Le Néron ou l'Hérode des rois mérovingiens, comme le surnomme Grégoire de Tours, a les mains libres. Brunehaut ne s'en laisse pas conter ; pour s'échapper elle épouse, en 576, Mérovée[1], le fils de Chilpéric qui le fait illico assassiner. Elle prend les rênes du royaume d'Austrasie. Chilpéric, en septembre 584, lors d'une chasse dans la forêt de Chelles, est poignardé par un homme connu sous le nom de Falco. Son dernier fils, né en mai, est reconnu lors d'une assemblée des grands de Neustrie. Il est baptisé et reçoit le nom de Clotaire[2]. À quatre mois, il est roi sous la tutelle de sa redoutable mère Frédégonde.

Childebert, toujours sous la coupe de Brunehaut, règne à partir de 584 sur l'Austrasie, puis hérite du trône de Burgondie. À sa mort, en 596, très certainement empoisonné sur ordre de Frédégonde, Brunehaut conserve le pouvoir et exerce la régence au nom de ses petits-fils Théodebert et Théodoric. À partir de 597, Brunehaut cherche à affirmer l'autorité royale sur l'ensemble des

1. Mérovée (?-577), fils de Chilpéric Ier et d'Audovère.
2. Clotaire II (584-629), roi de Neustrie puis de tous les Francs.

Francs. Elle s'impose comme la véritable maîtresse du *Regnum Francorum*. Théodebert[1] se délivre de sa tutelle en 599. Elle se réfugie auprès du second fils de Childebert, Théodoric, roi de Bourgogne, sur lequel elle exerce une grande influence. Elle rencontre une forte opposition de la part de saint Colomban, installé à Luxeuil, et saint Didier, évêque de Vienne. Après le décès de Théodebert, une partie de la noblesse d'Austrasie se révolte et se tourne vers Clotaire II. Brunehaut fuit vers le Jura suisse où elle est faite prisonnière puis livrée à Clotaire II en 613. Il mène un procès où elle est accusée du « meurtre de dix rois ». Cette accusation était mensongère, confirme Champagnac : « … lui reprochant le meurtre de dix rois, et comprenant dans ce nombre ceux que Frédégonde et lui-même avaient fait assassiner […] il l'accusait d'avoir fait périr les enfants de Thierry [Théodoric], dont lui-même avait ordonné le massacre[2]. » Il la condamne à la déchéance et la mort. Pour l'humilier publiquement, l'avilir, on lui enlève ses vêtements royaux devant l'armée, à Renève. Elle est soumise aux pires tortures avant d'être promenée à dos de chameau à travers la foule. Elle est attachée par les cheveux, un bras et un pied à la queue d'un cheval indompté qui brise son corps, puis elle est brûlée. « Bientôt ses cheveux, que pendant

1. Théodebert (585-612).
2. J.-B. J. Champagnac, *Chronique du crime et de l'innocence*, chez Ménard, Libraire, Paris 1833.

si longtemps avait couronnés le diadème, servent de liens pour l'attacher au coursier, qui l'emporte en se cabrant à travers les pierres et les ronces. L'animal fougueux, dont le sang et les lambeaux marquent la trace, s'arrête enfin au bout de son horrible carrière, et y laisse quelque chose d'immobile et défiguré, qui avait été la grande Brunehaut. » Ses cendres sont enterrées à l'abbaye Saint-Martin d'Autun qu'elle avait fondée. *Les Chroniques de Saint-Denis ou Grandes chroniques de France (XIIIe – XVe siècles)* commentèrent l'abominable fin de la reine Brunehaut par ces mots « son corps brûlé n'eut droit qu'à un sépulcre de flammes ».

Wou Tsö-T'ien. Tuer pour régner (655)

L'empereur des Tang, T'ai-tsong[1] sage et bienveillant, aimé de son peuple, avait ramené la prospérité dans son royaume. Il avait veillé à ce que son neuvième fils, le prince héritier Li Zhi[2], reçut le meilleur des enseignements et surtout il lui transmit ses principes. Il lui rappelait : « L'eau peut porter un bateau, mais elle peut aussi le faire chavirer. Les gens du peuple sont comme l'eau, et le monarque est comme le bateau. Si le monarque traite le peuple avec gentillesse et vertu, le peuple aimera le monarque ». Peu avant de quitter ce monde, il conseillait encore ce fils qu'il savait faible : « Mon fils, soyez bon, régnez sur vous-même, ayez un empire absolu sur vos passions ainsi vous régnerez sans peine sur les cœurs de vos sujets. Votre bon exemple, mieux que les ordres rigoureux, leur fera remplir avec exactitude tous leurs

1. T'ai-tsong : nom de naissance Li Shimin (598-649).
2. Li Zhi (628-683), futur empereur Kao-tsong.

devoirs. Punissez rarement et avec modération, répandez les bienfaits à pleines mains. » T'ai-tsong était inquiet pour l'avenir du prince héritier Li Zhi qui ne dominait pas son cœur ni la passion qu'il nourrissait pour l'une des concubines impériales, la machiavélique Mei-niang[1].

Lorsqu'il succéda à son père, Li Zhi prit le nom de règne de Kao-tsong des Tang. Dès que le deuil officiel fut terminé, il rappela auprès de lui la captivante Mei-niang, car comme toutes les concubines de l'empereur défunt, elle avait été enfermée dans le monastère de Ganyesi environ trois ans. De modeste extraction, Mei-niang était entrée au harem à l'âge de douze ans avec l'un des plus petits grades, celui de « talentueuse » et elle rêvait de revanche. L'empereur fut très vite sous la domination de celle qu'il appelait désormais Dame Wou. Ses charmes et son intelligence gardaient le Fils du Ciel sous son emprise, le détournaient de son épouse stérile, l'impératrice Wang. Le poète Lo Pin-wang redoutait cette femme : « Ses sourcils arqués comme des antennes de papillon ne consentaient pas à céder aux autres femmes. Se cachant derrière sa manche, elle s'appliquait à calomnier. Son charme de renarde avait le pouvoir particulier d'ensorceler le maître. » La détermination de la concubine ne s'embarrassait d'aucun scrupule. Après avoir mis au monde sa première fille, elle l'étouffa et accusa l'impératrice Wang. Kao-tsong sourd à ces accusations, Dame Wou lui attribua, ainsi qu'à Xiao, la seconde épouse, des crimes dont ces deux femmes étaient innocentes et de s'adonner à la sorcellerie. Elle obtint leur répudiation. Le 27 novembre 655, l'impératrice Wang et la concubine Xiao furent réduites au rang de roturières. Elle les fit battre et torturer. On leur coupa pieds et mains. Elles furent jetées dans des

1. Née Wou Zhao, aussi prénommée Mei-niang (624-705), future impératrice Wou Tsö-t'ien.

tonneaux emplis de vin. « Que la moelle des os de ces garces se dissolve dans l'extase et l'ivresse », annonça Dame Wou en observant leur horrible agonie. Sa haine n'avait aucune limite. Or, Xiao, avant d'expirer, maudit Dame Wou : « Wou est une monstrueuse traîtresse. Que je sois réincarnée en chat, et elle en souris, afin que je puisse pour toujours l'agripper par la gorge. »

Elle accédait enfin au rang d'impératrice, en 655, après avoir donné quatre fils à Kao-tsong. Elle fit déposer le prince héritier, puis poussa au suicide les autres fils de son mari. À partir de 660, elle géra les affaires de l'État et dirigea le pays au nom de l'empereur. Elle obtint que ses fils soient désignés comme héritiers. Mais elle fit empoisonner l'aîné, Li Hong, et assassiner le second, Li Xian. Aucune femme susceptible d'attirer les regards de l'empereur ne survécut dans son entourage. Très habile dans le maniement des drogues et poisons, elle fit passer de vie à trépas sa sœur et sa nièce. Pourtant, non sans humour, elle s'était choisi comme nouveau nom « Zetian » qui signifie « conforme à la volonté du ciel ». Kao-tsong, en son pouvoir, la laissait diriger l'empire dissimulée derrière un rideau de soie pourpre. Grâce à ses « douze décrets », en 674, elle institua des examens pour accéder aux emplois de fonctionnaires, imposa des funérailles publiques pour les femmes sans-abri, ordonna de prendre soin des veuves, de porter à trois ans la période de deuil pour rendre hommage à la mère. Elle dicta aussi une méthode de torture autour de dix supplices aux noms évocateurs « dernière convulsion du porc ; arrêt des pulsations ; suprême horreur ; imploration pour que toute la famille soit détruite ».

À la mort de Kao-tsong, en 683, elle exerça la régence au nom de son fils Tchong-tsong. Il ne conserva le pouvoir

que cinquante-quatre jours. Elle le déposa, le remplaça par le cadet, Hui-tsong, qu'elle fit aussitôt séquestrer, puis elle s'employa à organiser l'extermination d'une grande partie de la famille impériale. Les princes de sang, contraints de se soumettre à l'ancienne concubine, se révoltèrent sous l'influence du poète Lo Pin-wang, auteur de la *Proclamation contre l'impératrice Wou*, en 686. Elle ordonna qu'on lui apportât leurs têtes. Ce qui fut fait. Elle abolit la dynastie des Tang. Elle prit le nom de Zhou et s'auto-proclama « empereur de la dynastie Zhou » en 690. Elle opta pour le nom d'empereur « Shengshen Huangdi » et fit nommer son père empereur Xiaoming à titre posthume. Elle menait une vie de débauche et de luxure au milieu de moines bouddhistes et de ses favoris, les frères Zhang Yi Zhi et Zhang Chang Zong. De nuit, le 22 février 705, les partisans de Tchong-tsong, menés par le Premier ministre Zhang Jian, envahirent le palais. Ils se saisirent des frères Zhang, investirent la chambre de l'impératrice et la contraignirent à assister au supplice de ses amants. Sous la menace d'être égorgée, Wou Tsö-T'ien fut contrainte à abdiquer. Elle se retira au palais de Shang Yang où elle mourut le 16 décembre 705. L'empereur Tchong-tsong, rétabli sur le trône, fut empoisonné par son épouse avant qu'elle n'ait la tête tranchée par le prince Li Long-ki, en 710.

Jeanne de Navarre. Pour deux livres et demie de cire (1305)

Tenaillé par les remords, Regnaud de Langres, résidant en l'ermitage de Saint-Flavit de Villemaur, au diocèse de Troyes, rencontra le confesseur du roi Philippe le Bel, en février 1308. Il lui avoua qu'à l'époque où la reine Jeanne[1] était morte, il avait vu l'évêque de Troyes, déguisé en paysan, occupé la nuit, avec une sorcière du pays, à des pratiques de sorcellerie. Ensuite, l'évêque voulut le forcer à « donner du poison à Monseigneur Charles, comte d'Anjou, frère du roi, au jeune roi de Navarre et aux autres enfants du roi. [Charles de Valois et Louis le Hutin] »

Une rancune tenace animait messire Guichard[2], évêque de Troyes. La reine Jeanne était parvenue à faire chasser le prélat du conseil du roi. Elle l'accusait d'avoir grugé sa mère la reine Blanche de Navarre[3] et couvert la fuite du chanoine Jean de Calais soupçonné de détournements de fonds (1302). Quelques jours plus tard, Blanche de Navarre avait succombé à un mal mystérieux (2 mai 1302). L'évêque Guichard, cupide et ambitieux, s'était vanté d'avoir hâté sa fin. Il se murmurait qu'il se livrait à des pratiques de sorcellerie. La reine Jeanne ordonna une action en justice. Si elle ne fit pas la lumière sur cette affaire, elle en mit d'autres en évidence. Guichard aurait assassiné le curé de Laubressel et trois autres hommes. Une nouvelle enquête fut diligentée. L'évêque forma aussitôt le projet de supprimer la reine de France.

1. Jeanne de Navarre (1273-1305), reine de France, épouse de Philippe IV le Bel.
2. Guichard de Troyes (v.1250-1317).
3. Blanche d'Artois, dite Blanche de Navarre (1248-1302), comtesse de Champagne, mère de Jeanne de Navarre.

Il fit appel au frère Jean de Fay, un moine jacobin, à Margueronne de Bellevillette, une « sorcière », et à Regnaud de Langres, surnommé l'ermite de Saint-Flavit. Celui-ci vivait dans le bois de Coudray, près de Marcilly-le-Heyer. Rendez-vous fut pris en ce lieu pour le 4 janvier 1305. Tout ce beau monde, rejoint par Perrotte, une accoucheuse, s'y retrouva pour pratiquer l'envoûtement d'une figurine représentant la reine Jeanne. Jean de Fay utilisa « Deux livres et demi de cire », selon le procès-verbal du tribunal, pour façonner la statuette qui « avait à peu près un pied de long et n'était pas très grosse ». Puis, il procéda au baptême selon le rite catholique, avec pour parrain Regnaud de Langres et pour marraine l'accoucheuse Perrotte. « Ce faisant, tous les cinq se tenaient tantôt debout, tantôt assis. Frère Jean posa sur l'image un "chrémeau" de lin blanc. »

Ensuite, Margueronne s'occupa de l'envoûtement. « Frère Jean et la sorcière enroulèrent la figure dans une autre pièce de drap avec son chrémeau. Mais bientôt la sorcière la déroula, enleva le chrémeau, et la présenta au feu : quand elle fut échauffée, avec un style que lui donna le Jacobin, elle la perça plusieurs fois à la tête en disant : "Celle pour qui ceci est fait, cette semaine n'aura pas sa tête". Elle enveloppa de nouveau l'image dans la pièce de toile, et frère Jean la porta dans le solier [grenier]. [...] L'évêque défendit à l'ermite de toucher à la figure ; et ils s'en allèrent vers le milieu de la nuit. »

Étrangement, la reine tomba malade. L'évêque Guichard apprit qu'un médecin venu de Poitiers déployait toute sa science pour la soigner. Pas question qu'elle en réchappe, il délégua Regnaud de Langres et Margueronne et ceux-ci renouvelèrent à plusieurs reprises le rituel d'envoûtement. « La semaine d'après le milieu du carême (28 mars-4 avril), elle vint encore... » indiquera un témoin du procès. Le 2 avril 1305, la reine Jeanne s'éteignait à Vincennes. La pire ennemie du prélat était passée de vie à trépas. Il se croyait à l'abri. C'était compter sans la dénonciation de l'ermite de Saint-Flavit.

Philippe le Bel, terriblement affligé par son deuil, car il aimait son épouse, adressa une requête au pape pour ester en justice. Une bulle de Clément V donna commission à l'archevêque de Sens, aux évêques d'Orléans et d'Auxerre, d'enquêter *summarie sine strepitu et figura judicii* sur les crimes dénoncés. « Il est venu jusqu'à nos oreilles que notre vénérable frère l'évêque de Troyes – s'il mérite toutefois d'être ainsi appelé – s'est laissé aller à des actes damnables et dignes d'exécration, en trempant, à sa honte, pour la perte de son renom et de son salut, dans les œuvres malignes des sortilèges – que, par l'effet de ces pratiques, Jeanne, reine de France, d'illustre mémoire, a souffert une cruelle mort – que ledit évêque de Troyes, tombant de mal en pire, [...] qu'il a commis encore beaucoup d'autres crimes énormes et sacrilèges, pour l'offense de la majesté divine... »

Ainsi donc « ... au milieu d'août 1308, comme l'évêque se trouvait à Saint Hilaire, près de Pont-sur-Seine, il fut saisi par ordre de l'archevêque de Sens et emmené dans la prison archiépiscopale, puis transféré à Paris et mis à la Tour du Louvre. Avec lui, le jour de l'Assomption, les gens du roi arrêtaient une sorcière, une accoucheuse et son fils, le chambellan de Guichard et le clerc servant d'un ermite, les enfermaient à Troyes, puis, les conduisaient à Sens, dans la prison royale. » Les complices sont cités : Margueronne de Bellevilletlo, Perrote de Pouy, Feliset, Lorin, Pierre de Grancey.

En octobre 1308, le procès de l'évêque s'ouvrit dans le jardin de la Cité (Paris). Il fut procédé à l'interrogatoire des témoins, le valet de l'évêque fut torturé. L'affaire mise en suspens fin 1309, finalement Guichard, faute de preuves, fut déclaré innocent en 1313.

Louis le Hutin et l'ombre de Mahaut d'Artois (1316)

À l'occasion de l'adoubement de ses trois fils, Philippe IV le Bel donne une grande fête pour la Pentecôte 1313. Ses belles-filles jeunes et enjouées s'y amusent beaucoup et se font remarquer par leur caractère primesautier. Peu après une rumeur se propage à la cour, ces trois princesses entretiendraient des liaisons adultères avec les frères Philippe et Gautier d'Aunay, des chevaliers de l'Hôtel royal. Il semble que la jalouse et perfide Isabelle[1] terriblement malheureuse auprès de son époux les ait dénoncées à son père. Philippe le Bel fait arrêter ses belles-filles convaincues d'adultère.

1. Isabelle de France (v.1295-1358), mariée à Édouard II d'Angleterre en 1308.

Marguerite de Bourgogne[1] avait été donnée en mariage, en 1305, à Louis de Navarre[2]. Mahaut d'Artois[3], princesse de sang au fort caractère, descendante de Robert Ier d'Artois, le frère de Saint Louis, avait succédé à son père Robert II d'Artois à la tête du comté d'Artois. La petite nièce de Louis IX et cousine de Philippe IV ne jouit pas d'une formidable réputation. Elle a un fort caractère, est plutôt rusée. Elle a manœuvré habilement pour marier ses deux filles aux fils de Philippe IV. Jeanne[4], âgée de seize ans, avait épousé Philippe de Poitiers[5] en 1307. Blanche[6] à douze ans épousa Charles de la Marche[7] en 1308.

Le scandale attaché à la Tour de Nesle, lieu présumé des débauches princières, fait vaciller le souverain et trembler la couronne. Philippe le Bel ordonne l'arrestation des frères d'Aunay. Soumis à la torture, ils avouent leurs liaisons qui duraient depuis deux ans et demi. La justice est expéditive. Sous les yeux des princesses, Philippe et Gautier d'Aunay sont écorchés vifs, émasculés, écartelés, décapités, dépecés et leurs dépouilles pendues au gibet de Pontoise le 5 avril 1314. Blanche, reconnue coupable d'avoir été la maîtresse de Gauthier d'Aunay, est enfermée à Château-Gaillard ainsi que Marguerite, qui est opportunément retrouvée morte dans sa geôle de Château-Gaillard le 30 avril 1315. Les causes de ce décès ne sont pas connues. Son corps aurait été inhumé dans l'église des cordeliers de Vernon, aujourd'hui disparue. L'affaire est rapportée par Godefroi de Paris, contemporain des faits, pour l'année 1315 :

1. Marguerite de Bourgogne (v.1290-1315), fille de Robert II (1248-1306), duc de Bourgogne, et d'Agnès de France (1260-1325). Sœur de Hugues V, duc de Bourgogne.
2. Louis de Navarre (1289-1316), futur Louis X de France.
3. Mahaut d'Artois (v.1269-1329), fille du comte Robert II d'Artois et d'Amicie de Courtenay. Régente de Bourgogne. Pair de France.
4. Jeanne de Bourgogne (v.1291-1330).
5. Philippe de Poitiers (v.1293-1322), futur Philippe V Le Long.
6. Blanche de Bourgogne (v.1296-1326).
7. Charles de la Marche (1294-1328), futur roi Charles IV.

« Après Pasques, en cele année,
Fu la royne trespassée,
Qui, por le cas desus dité,
Grant temps ja avoit habité
Dedans Gaillart, à Andely.
A Vernon fu enseveli
Son cors, chez les freres menors,
Qui li firent assez d'onnors ;
Sa sépulture noblement
Firent et moult dévotement. »

Entre-temps, à la mort du roi Philippe IV, le 29 novembre 1314, Marguerite était devenue reine de France. La fille qu'elle avait donnée à Louis X, la princesse Jeanne[1], avait été écartée de la succession en raison de la suspicion planant sur sa légitimité.

Jeanne, accusée de connivence dans l'adultère de ses belles-sœurs, est enfermée au château de Dourdan. Elle ne cesse de clamer son innocence et de supplier son époux de la libérer. Innocentée par le Parlement de Paris, elle est libérée en décembre 1314, revient à la cour et reprend sa place auprès de son époux. Louis X le Hutin ne règne que deux ans de 1314 à 1316. Officiellement, le 13 juin 1316, il trépasse d'une pneumonie, après avoir disputé une partie de jeu de paume au bois de Vincennes et avoir bu de l'eau glacée. Sa seconde épouse Clémence de Hongrie est enceinte. Le 15 novembre 1316, elle met au monde un fils, Jean Ier dit le Posthume[2]. Il meurt cinq jours plus tard. La comtesse Mahaut, marraine de l'enfant, est suspectée de lui avoir planté une aiguille en or dans la tête. Philippe de Poitiers, frère cadet de Louis X, assure la régence puis reçoit la couronne le 9 janvier 1317. Jeanne de Bourgogne,

1. Jeanne (1312-1349), fille de Louis X et de Marguerite de Bourgogne.
2. Jean le Posthume né le 15 novembre 1316, il meurt cinq jours plus tard.

revenue en grâce après le scandale de la Tour de Nesle, couronnée à Reims, monte sur le trône aux côtés de son mari. Mahaut d'Artois exulte. Elle est parvenue à ses fins. Sa fille est reine.

La disparition subite du Hutin, tout juste âgé de vingt-sept ans, soulève bien des questions auxquelles les médecins sont incapables d'apporter une réponse. Une hypothèse est envisagée. S'il avait été empoisonné ? La coupable est vite désignée : Mahaut d'Artois, belle-mère de son frère Philippe. Une enquête délie les langues. La justice est saisie. Des pratiques de sorcellerie sont dénoncées, des noms cités. Mahaut est accusée de pratiquer des sortilèges et des envoûtements. Les témoins se succèdent à la barre. Isabelle de Feriennes et son fils Jean, de leur propre chef, témoignent avoir fourni à la comtesse d'Artois le poison fatal à Louis X. Satisfaite d'un précédent travail d'Isabelle, Mahaut lui aurait versé 70 livres avant de lui confier cette nouvelle mission. Ils affirment aussi avoir préparé quelques années plus tôt un philtre d'amour destiné à réconcilier Jeanne avec son mari Philippe de Poitiers. Les juges n'en demandaient pas tant ! Ils racontent que Mahaut d'Artois, par l'intermédiaire de Denis de Hérisson, aurait utilisé leurs services pour obtenir la réconciliation de Philippe de Poitiers avec sa femme Jeanne. Isabelle de Feriennes aurait élaboré une préparation à partir du sang tiré du bras droit de la princesse Jeanne qu'elle aurait mélangé avec de la verveine, de l'amourette et de la livèche. Après avoir prononcé une formule magique, déposé le mélange sur une brique neuve, elle l'aurait brûlé avec du bois de frêne. La poudre obtenue devait être ingérée par Philippe de Poitiers ou bien lancée sur son côté droit. Après s'être mis à table, Isabelle et Jean de Feriennes se rétractent.

Philippe V mène sa propre enquête. Godefroy de Ménilglaise[1] rapporte dans « *Mahaud comtesse d'Artois Accusation de sortilège et d'empoisonnement* » : « Il apparaît que la comtesse envoya Denis de Hérisson, naguère son chevalier, membre de l'Hôtel, auprès de la dite Isabelle, pour qu'il la prie de travailler à restaurer la paix entre nous, qui étions alors comte de Poitiers, et Jeanne, notre chère compagne. Item, la dite Isabelle répondit alors qu'elle se donnerait cette peine avec plaisir, mais qu'on devait lui fournir un échantillon du sang de notre dite compagne, prélevé au bras droit, dans la veine du cœur. [...] Item, la dite Isabelle déposa le sang du dit échantillon dans un récipient, le nettoya soigneusement et le posa sur une brique neuve, le mêla avec trois herbes simultanément, à savoir de la verveine, de l'amourette et de la livèche, herbes au-dessus desquelles elle prononça une sorte de sortilège, appelé "charme" en français, qui commence ainsi : "Herbe, je te conjure, au nom de Jésus qui est aux Cieux, d'avoir le pouvoir", etc. Et ensuite elle brûla l'ensemble avec du bois de frêne sur la brique et le réduisit en poudre. Item, la dite Isabelle porta elle-même cette poudre à l'écuyer qui avait amené le sang. Lequel amena la dite poudre à la comtesse, et lui dit de nous la donner à manger ou à boire, ou de la jeter sur notre côté droit

1. Godefroy de Ménilglaise, *Mahaud comtesse d'Artois Accusation de sortilège et d'empoisonnement*. Arrêt d'absolution. Confédération des nobles du Nord de la France, Mémoires de la société Impériale des Antiquaires de France, t. 8 (1865).

[…]. » Concernant la fabrication du poison destiné à son frère le roi, il constate : « Item, la dite Isabelle demanda au dit écuyer qu'il lui apporte la queue d'une couleuvre et la vertèbre attenante ainsi qu'un crapaud séché à l'air libre, le tout réduit en poudre, puisque, comme il le sait, cela est du poison. Item, le même écuyer, revenu auprès d'elle, lui apporta, de la part de la comtesse, la poudre contenue dans une boîte. Item, Isabelle mélangea à cette poudre de la fleur de farine de froment et de la poudre d'encens. Le mélange du pur et de l'impur est censé décupler la force destructrice du produit. […] Item, quant le dit Jean apporta à la dite comtesse la dite boîte contenant la dite poudre, Henri, seigneur de Sully, se trouvait suffisamment près de la dite comtesse et vit clairement la dite boîte qu'on lui apportait. » Selon Jean de Feriennes, chargé par sa mère d'apporter la préparation à Mahaut, celle-ci aurait déclaré qu'elle la destinait au roi Louis X. D'après lui, trois des proches de la comtesse auraient été dans la confidence : Thierry de Hérisson, Robert du Plaissié et Henri de Sully.

Dans la grande chambre du Parlement, Philippe V tranche et rend son arrêt le 9 octobre 1317. Il a tout intérêt à ce que sa belle-mère soit innocentée sinon son accession au trône risquerait d'être entachée par des rumeurs de sorcellerie. Il prononce une sentence d'absolution au profit de Mahaut : « […] jurés et diligemment examinés au sujet de la mort de notre cher seigneur et frère, déclarèrent par leur serment qu'ils croyaient que notre cher seigneur et frère Louis dessus dit, autrefois roi des dits royaumes, était décédé d'une mort naturelle, et non à cause d'un venin ou d'un poison […] et dirent que la dite comtesse susdite était complètement innocente de la mort de Louis, et qu'ils ne croyaient pas qu'elle ait jamais perpétré de tels actes, par elle-même ou par l'intermédiaire d'autres personnes, ni même qu'elle y ait jamais réfléchi. »

Philippe V le Long meurt de dysenterie le 3 janvier 1322 sans descendant mâle. Son frère cadet Charles de la Marche ceint la couronne sous le nom de Charles IV. Son épouse Blanche, toujours emprisonnée à Château-Gaillard, est de fait reine de France… La comtesse Mahaut reprend espoir. Il est de courte durée. Charles n'accordera jamais son pardon à Blanche. Il parvient à arracher au pape la prononciation de la dissolution du mariage le 19 mai 1322. Blanche, libérée de sa geôle, est transférée au couvent de Maubuisson pour y faire pénitence. Le roi de France se hâte de convoler avec Marie de Luxembourg le 21 septembre 1322.

Édouard II d'Angleterre. Un fer de plombier (1327)

Depuis sa naissance, Isabelle de France[1] avait été façonnée pour servir les intérêts du royaume. Fille de roi, sœur de rois, sa destinée était toute tracée. Petite fille de Saint Louis, à deux ans, elle avait été « offerte » comme fiancée à l'héritier du roi d'Angleterre Édouard Ier pour prix des arrangements d'une trêve franco-anglaise qui résoudraient les conflits liés aux possessions continentales de Gascogne des rois d'Angleterre, et leurs prétentions sur l'Anjou, la Normandie et l'Aquitaine.

Édouard II débarquait à Boulogne le 23 janvier 1308 en compagnie de sa mère Marguerite de France, sœur de Philippe le Bel et veuve d'Édouard Ier. Deux jours plus

1. Isabelle de France (v.1295-1358), fille de Philippe IV et Jeanne de Navarre.

tard, le mariage était célébré en l'église Notre-Dame de Boulogne-sur-Mer. La nuit de noces fut un cauchemar pour la jeune fille obligée de subir les assauts de son mari, homosexuel notoire, en présence de son favori en titre Piers Gaveston ! Après le couronnement à Westminster, Isabelle dut faire face aux vexations et humiliations de son époux, de Gaveston, et des mignons de tous poils, garçons d'écurie, apprentis de cuisine. Les barons obtinrent le bannissement de Gaveston, puis ils le firent exécuter (1312).

Édouard jeta alors son dévolu sur son neveu par alliance Hugues le Despenser[1] [beau-frère de Gaveston] et entraîna le royaume dans une période de répression, connue sous le nom de Guerre des Despenser.

1. Hugues le Despenser (1286-1326), fils du baron Grand Justicier d'Angleterre.

Les barons indignés par les honneurs dont jouissaient les Despenser père et fils, les outrages subis par la reine, prirent les armes. Les Despenser, père et fils furent éloignés. Édouard obtint une sentence de haute trahison pour les grands seigneurs qui furent condamnés à la peine capitale. Le cousin du roi, Thomas de Lancastre, fut exécuté (1322). Or, Roger Mortimer[1], partisan de Thomas de Lancastre, parvint à s'échapper de la Tour de Londres pour se réfugier en France. Il plaida la cause de la reine Isabelle auprès de son frère, le roi Charles IV. En 1326, Isabelle et son amant Mortimer rallièrent à eux tous les mécontents du régime et levèrent une armée. À Londres, la foule décapita avec un couteau de boucher Walter Stapledon, évêque d'Exeter, le trésorier du roi. Sa tête fut envoyée à la reine ! Despenser l'Ancien fut pendu puis décapité à la potence de Bristol. Henri de Lancastre, comte de Leicester, s'empara du roi Édouard et de Despenser le Jeune, le 16 novembre 1326. Despenser le Jeune fut envoyé à la reine Isabelle, à Hereford, tandis que le roi était amené à Kenilworth. À l'occasion d'un grand banquet, le 24 novembre 1326, Isabelle fit supplicier Hugues le Despenser reconnu coupable de haute trahison. Il fut condamné à être « *Hanged, drawn and quartered* ». Cette expression, utilisée jusqu'en 1870 dans le Code pénal anglais, précise le menu des supplices : « Pendu, traîné sur une claie jusqu'à la potence et mis en quartiers ». Tout en raffinement. Les parties génitales de Despenser, réputé sodomite, furent coupées puis jetées dans le feu. Une fois éviscéré, Despenser fut exécuté. Sa tête fut exposée à Londres.

À l'issue de la guerre civile, Adam Orleton, évêque de Hereford, présenta nombre d'accusations contre le

1. Roger Mortimer (1287-1330), comte de March, baron de Wigmore, grand juge d'Irlande.

roi. Édouard II fut destitué et retenu prisonnier par le Parlement à Westminster Hall, le 20 janvier 1327. Il abdiqua en faveur de son fils, le 24 janvier 1327. Celui-ci fut proclamé roi le lendemain sous le nom d'Édouard III. John Maltravers et son beau-frère, Thomas de Berkeley Gournay, furent chargé du roi déchu. Ils emmenèrent leur prisonnier du château de Kenilworth au château de Berkeley dans le Gloucestershire. Il demeurait une menace pour la reine Isabelle. Elle aurait, dit-on, choisi de mettre fin à son existence de façon naturelle afin qu'aucune trace ne puisse être décelée sur son corps et qu'elle ne soit jamais incriminée. Elle écrivait des lettres acerbes aux gardiens, les blâmant de leur conduite trop courtoise envers leur prisonnier, d'être trop gentils et de ne pas le traiter plus sévèrement. John Maltravers et Thomas Gournay reçurent un billet sibyllin d'Adam Orleton qu'ils interprétèrent comme l'instruction de se débarrasser de l'ex-roi : « Ne craignez pas de tuer Édouard. C'est chose bonne. » Il fut rapporté, mais n'est-ce que pure imagination, qu'Édouard fut étendu sur une table tandis qu'une corne d'animal était introduite dans son rectum. Une tige de fer rougi à blanc y fut insérée au plus profond des entrailles. Thomas de la More laissa le récit suivant : « Dans la nuit du 11 octobre 1327, le roi reposant sur un lit fut soudainement agrippé, tandis qu'un grand matelas le maintenait et le couvrait... le tinrent plaqué, un fer de plombier, chauffé au rouge, fut introduit dans ses parties secrètes de façon qu'il brûla des parties internes au-delà des intestins ». Officiellement, Édouard serait mort le 21 septembre... Divers individus soupçonnés d'être impliqués dans son assassinat, Thomas Gournay, William Ockley et Maltravers, prirent la fuite...

La régente Isabelle gouverna jusqu'en 1330, date à laquelle son fils Édouard III déposa Roger Mortimer et prit le pouvoir de plein droit. Ne voulant pas laisser impuni l'abominable crime diligenté par sa mère, il vengea la mort de son père en ordonnant l'exécution de Mortimer. Condamnée à l'exil, internée à Castle Rising, Isabelle rendit à Dieu son âme noire le 22 août 1357.

Inès de Castro. La reine morte (1355)

Les splendides tombeaux gothiques du roi Pedro Ier de Portugal[1] et d'Inès de Castro[2] conservés en l'abbaye cistercienne d'Alcobaça nous rappellent un misérable crime survenu en 1355.

Une nuit de l'an 1362, le cercueil de la bien-aimée du roi Pedro Ier est extrait de l'église Santa Clara-a-Velha, construite à la demande d'Isabelle d'Aragon, pour être transporté vers le monastère d'Alcobaça, au nord de la ville de Lisbonne. Le long de la centaine de kilomètres, le convoi éclairé par des porteurs de torches est suivi par des membres du clergé chantant des cantiques. Le peuple portugais, dans une attitude mêlée d'effroi et de superstition, se signe à son passage. Parvenu à Alcobaça, la bière est ouverte. La dépouille d'Inès de Castro, en état de décomposition avancée, est parée de vêtements de sacre, de pourpre et d'or. Le 2 avril 1362, le cadavre est assis sur un trône près de celui du monarque. Celui-ci se saisit de la couronne royale et la

1. Pedro Ier de Portugal (1320-1367), fils d'Alphonse IV de Portugal et de Béatrice de Castille.

2. Inès de Castro (?-1355), fille naturelle de Pedro Fernandes de Castro, chambellan d'Alphonse XI de Castille, et d'une dame portugaise : Aldonça Lourenço Soares de Valadares.

pose sur la tête de la mère de ses enfants. Les évêques et seigneurs du royaume défilent. En signe d'hommage, ils baisent ce qu'il reste de la main rongée par les insectes et les bactéries.

Que signifiait cette mise en scène macabre ?

Le souverain, après l'assassinat de sa compagne, accomplissait enfin la vengeance qu'il mûrissait depuis sept ans.

Pour renforcer l'entente retrouvée avec son ancien ennemi castillan, Alphonse IV[1] de Portugal avait fiancé, en 1336, son fils Pedro à Constance de Castille[2]. (Le mariage ne fut célébré que le 24 août 1340.) Une suite nombreuse accompagna l'infante à la cour de Lisbonne. Une jeune fille à l'imposante chevelure blonde, à la plastique remarquable, retint immédiatement l'attention de Dom Pedro.

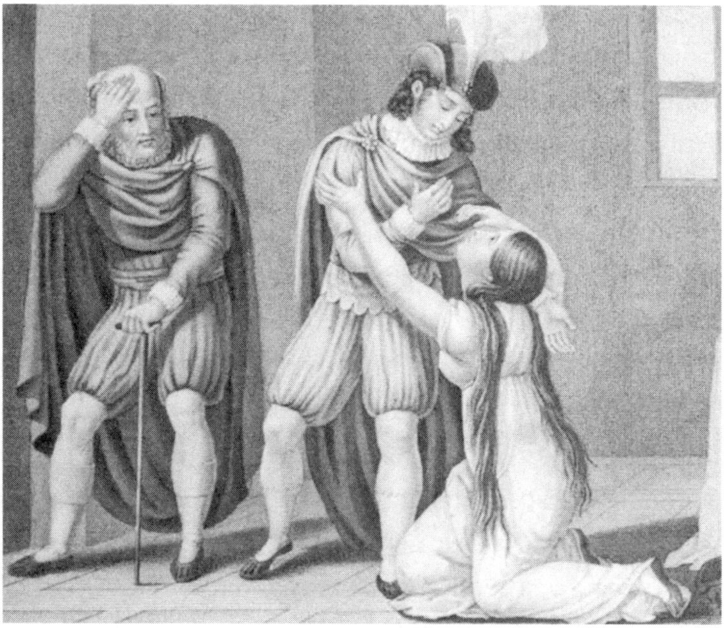

1. Alphonse IV de Portugal (1291-1357), fils de Denis Ier et d'Isabelle d'Aragon.
2. Constance Manuel de Castille (1323-1345), fille de João Manuel, une des grandes figures de l'opposition castillane.

Or, ce n'était pas sa promise ! Son cœur pris au piège de l'amour ne battit plus désormais que pour Inès de Castro, simple demoiselle de compagnie. Les devoirs d'un prince sont asservis de contraintes et d'obligations. Comme celle d'accepter l'épouse choisie par son père… À contrecœur, il se soumit, mais mena en parallèle une double vie avec Inès tandis que Constance donnait le jour à Marie (1342), Louis (1344) et Ferdinand (1345). Trois semaines après la naissance de l'infant Ferdinand, Constance rendit son âme à Dieu.

Dom Pedro s'installa officiellement avec sa maîtresse et annonça à son père son intention de l'épouser. Furieux le roi fit chasser la pécheresse. Elle trouva refuge dans une maison proche du monastère de Santa Clara-a-Velha, au bord du rio Mondego. Dom Pedro plaida sa cause : le père d'Inès, petit-fils de Sancho IV, roi de Castille et de León, était un cousin germain du roi de Castille. Alphonse IV campa sur ses positions. Pas d'union avec cette fille quand bien même elle avait donné naissance à quatre enfants. Le couple vivait en marge de la cour, la plupart du temps dans la province de Coimbra. Dom Pedro parti chasser le 7 janvier 1355, trois hommes attaquèrent Inès lors de sa promenade journalière au bord du Mondego. Son corps, retrouvé percé d'une multitude de coups de poignard, avait été décapité. Fou de douleur, son amant la fit inhumer dans l'église toute proche. Il baptisa la maison dans laquelle ils résidaient *Quinta das Lagrimas*, la Villa des Larmes.

« Decolata fuit Doña Enes per mandatum domini Regis Alfonsi IV », est-il inscrit dans le *Livro da Noa* (livre du couvent) de Santa Cruz de Coimbra. « Dona Enes a été décapitée sur ordre du seigneur Roi Alphonse IV » !

Dom Pedro avait la certitude que son père avait armé le bras des assassins bien qu'aucune preuve ne puisse le relier à ce crime odieux. Son ressentiment le poussa à la rébellion. Il prit les armes contre son père. Béatrice de Castille[1], la reine mère, parvint à imposer un pacte de réconciliation le 5 août 1355. Alphonse IV trépassé en 1357, Dom Pedro devint Pedro Ier de Portugal. Les trompettes du châtiment sonnèrent en 1360 pour les assassins d'Inès, réfugiés en Castille. Parjure au pardon promis à son défunt père, le souverain organisa un échange de réfugiés politiques avec le roi de Castille, Pedro Ier le Cruel[2]. Il demanda expressément l'extradition des trois meurtriers de son grand amour. Pero Coelho et Alvaro Gonçalves, arrêtés, furent conduits à la frontière puis à Santarém. Diogo Lopes Pacheco, averti, échappa au sort de ses acolytes. Fernão Lopes[3] rapporte dans sa Chronique : « Santarém, [...] où se trouvait le roi Dom Pedro : celui-ci, satisfait de leur arrivée, quoique affligé par la fuite de Diogo Lopes, vint à leur rencontre et dans une cruelle colère sans pitié, il les fit passer à la torture de sa propre main afin qu'ils avouassent quels étaient les responsables de la mort de dona Inès et ce que son père tramait contre lui, tandis qu'ils étaient brouillés à la suite de cette mort. Aucun d'entre eux n'apporta à ces questions une réponse qui satisfît le roi. Et l'on dit que, dans un gémissement, il donna un coup de fouet en plein visage à Pero Coelho, qui se répandit alors en paroles inconvenantes et honteuses contre le roi, le qualifiant de traître, parjure, bourreau et boucher humain. Le roi se fit alors apporter de l'oignon et du vinaigre pour le lapin

1. Béatrice de Castille (1293-1359), fille de Sanche IV de Castille et de Marie de Molina.
2. Pedro Ier de Castille, dit le Cruel (1334-1369).
3. Fernão Lopes, *Chronique du Roi D. Pedro I.*

[le supplicié se nomme Coelho et coelho signifie “lapin” en portugais] et, exaspéré par eux, donna l’ordre de les tuer. Leur exécution racontée en détail constituerait un récit bien étrange et cruel : le roi ordonna en effet d’arracher par la poitrine le cœur de Pero Coelho et par le dos celui d’Alvaro Gonçalves. Et les mots qu’il prononça, aussi bien que ceux prononcés par celui qui leur arrachait le cœur et pour lequel ce travail était peu habituel, seraient bien douloureux à entendre. Pour finir, il donna l’ordre de les brûler ; et tout cela fut fait devant les appartements qu’il habitait, si bien qu’il pouvait regarder, tout en mangeant, ce qu’il avait ordonné de faire. Le roi perdit beaucoup de sa bonne renommée à la suite de cet échange qui fut considéré comme une infamie, tant au Portugal qu’en Castille. » Dans la foulée, alors qu’il se trouvait à Cantanhede, le roi révéla et jura sur les Évangiles, devant témoins et notaires, qu’il s’était marié secrètement à Bragance avec Inès « alors qu’il était infant et que son père vivait encore ». Le doute subsiste quant à cette union. Il n’existe aucun document confirmant cette assertion.

Par testament, Pedro Ier avait ordonné que son tombeau et celui d’Inès soient placés face à face, afin qu’au jour du Jugement Dernier, lorsqu’ils se lèveront pour entrer dans la vie éternelle, leurs yeux se rejoignent en un regard d’amour. De même, il avait souhaité qu’à perpétuité, « six chapelains du monastère d’Alcobaça chanteraient pour lui et diraient chaque jour à son intention une messe chantée et se rendraient sur sa tombe, avec la croix et l’eau bénite[1] ».

1. Fernão Lopes, *Chronique du Roi D. Pedro I.*

Blanche de Bourbon, reine de Castille. La dame de Medina Sidonia (1361)

Le contrat de mariage entre Pierre Ier[1], roi de Castille, et Blanche de Bourbon[2] est signé le 2 juillet 1352 à Paris. Il est suivi de la confirmation du roi Jean le Bon[3]. Blanche n'a pas eu le choix, à 14 ans la voici mariée à Pierre, seul fils légitime du roi Alphonse XI et de Marie de Portugal. C'est un tel déchirement pour elle de quitter sa famille qu'elle met près d'un an pour organiser son installation définitive en Castille. Accompagnée d'ambassadeurs, de ses suivantes, de ses gens, elle parvient à Valladolid au temps choisi pour la célébration de l'union. Don Pèdre établi à Torrijos, près de Tolède, n'a pas jugé bon de se déplacer. Joao Afonso de Albuquerque, son ancien précepteur et conseiller se rend auprès de lui pour lui rappeler son engagement et le prier de rejoindre au plus vite Valladolid. L'affront fait à la France était à peine déguisé « mais, convaincu que son mariage était un devoir et une nécessité, il avait hâte de l'accomplir pour qu'on le laisse en paix ». À contrecœur, il laisse sa maîtresse Maria de Padilla. Le mariage est célébré le 3 juin 1353. « Chacun lisait sur la contenance du roi sa froideur et même son aversion pour sa jeune compagne, et, comme l'on s'expliquait difficilement qu'un homme de son âge, ardent et voluptueux, se montrât insensible aux attraits de la princesse française. » Le portail de la cathédrale franchi, Pierre Ier monte sur l'une des mules caparaçonnées pour le défilé à travers la ville ; sans s'occuper de son épouse, il prend

1. Pierre Ier dit le Cruel (1334-1369), fils du roi Alphonse XI de Castille.
2. Blanche de Bourbon, fille du duc Pierre Ier de Bourbon, fils de Louis Ier, premier duc de Bourbon et comte de la Marche (1311-1356) et d'Isabelle de Valois (v.1313-1383).
3. Jean II, dit Jean le Bon (1319-1364).

la tête du cortège. Glacial et raide durant les festivités, il quitte le festin, fait seller un cheval, part rejoindre sa maîtresse Maria de Padilla au château de Montalvan près de Tolède. Blanche conduite dans la chambre nuptiale en grande pompe y est abandonnée. Maria de Padilla conseille à son amant de retourner à Valladolid, de revoir sa femme afin d'éviter le scandale, tout au moins de sauver les apparences. Elle avait encore un peu d'influence sur lui. Elle venait de lui donner une fille, Beatriz. Après la naissance de Constanza, Isabel et Alfredo[1], Pierre Ier les fera reconnaître infants et infantes héritiers par les Cortes (1360).

Cela lui demanda un gros effort, mais le roi de Castille « reparut à Valladolid, et demeura deux jours dans le même palais que la reine Blanche. Le vicomte de Narbonne et les seigneurs français qui avaient accompagné la reine Blanche en Castille s'éloignèrent indignés et sans prendre congé du roi. La reine-mère conduisit l'épouse délaissée à Tordesillas, sur le Douro, à peu de distance de Valladolid. C'était la résidence ou plutôt l'exil que don Pèdre [Pierre Ier] lui assignait. » Blanche est reléguée dans le château d'Arévalo (province de Castille et Leon), le 16 août 1353. L'évêque de Séville, d'une cruauté sans nom, a ordre de l'empêcher de sortir, de lui infliger des brimades. Il lui conseille, entre deux prières, de broder une bannière pour son roi « le fond couleur de votre sang et la broderie couleur de vos larmes ». Pierre Ier, pris d'on

1. Beatriz (1353-1369), Constanza (1354-1394), Isabel (1355-1392), Alfredo (1359-1362).

ne sait quelle folie, force la retraite de Jeanne de Castro, veuve de Diego de Haro, et lui propose le mariage. Il affirme que son union avec la reine Blanche est entachée de nullité, qu'elle va être annulée par le pape. Dans l'euphorie, les évêques d'Avila et de Salamanque bénissent l'union de Pierre et de Jeanne de Castro, en avril 1354. Le lendemain, le bigame quitte sa seconde épouse. Elle ne le revit jamais ! Elle mit au monde un fils : Jean de Castille et Castro[1]. Le mariage de ses parents n'étant pas valide, Jean de Castille et Castro, déclaré illégitime au décès de son père, finira sa vie emprisonné au château de Soria. Pierre n'obtiendra jamais l'annulation de son mariage avec Blanche. Cette situation le rend fou de rage et il durcit davantage le régime carcéral qu'il lui impose au prétexte d'une faute grave. Pure invention. « On a prétendu que don Fadrique[2] était un des ambassadeurs chargés de demander au roi de France la main de sa nièce, et que, pendant le voyage de Paris à Valladolid, Blanche aurait succombé aux séductions de son beau-frère. Ainsi ce serait à la jalousie qu'il faudrait attribuer la répugnance du roi pour son épouse et sa haine contre don Fadrique. [...] Je me hâte de dire que toutes ces suppositions sont absolument fausses. Don Fadrique ne fit point partie de l'ambassade castillane et ne quitta pas la Péninsule à l'époque des négociations entre la France et la cour de Castille. [...] à l'époque du mariage du roi, il n'avait pas encore vu sa belle-sœur ». Par la suite, il accuse Blanche d'avoir trempé dans la conspiration tramée contre lui par les grands du royaume. Il la fait enfermer à Tolède, en août 1354. La prisonnière est transférée à Sigüenza (Castille) le 22 mai 1355, à Jerez (Andalousie)

1. Jean de Castille et Castro (1355-1405).
2. Don Fadrique Alphonse de Castille (1334-1358), frère naturel de Pierre Ier. Fils d'Alphonse XI et de Leonor de Guzman.

en avril 1359 puis à Medina Sidonia (Andalousie). « La jeune princesse, déjà traitée en prisonnière, quoi qu'on lui eût conservé une petite cour et une maison royale, fut conduite au château d'Arévalo et confiée à la surveillance de l'évêque de Ségovie. » Elle se plaint du mauvais traitement qu'elle subit au pape Innocent VI et au roi Jean II de France. « Ô France, mon noble pays, ô mon sang de Bourbon ! se lamente-t-elle. Je viens d'avoir dix-sept ans aujourd'hui. Le roi ne m'a point connue. Je m'en vais vers les vierges. Castille, dis-moi, que t'ai-je fait ? » Les interventions du pape, les menaces d'excommunication, n'aboutissent à rien. Le roi est maître en son royaume. Il dispose à sa guise de cette femme qu'on lui a imposé. Il a résolu de l'éliminer.

La sidération s'abat sur la cour de France à l'annonce du décès de la reine Blanche, en 1361. Les interrogations foisonnent. Mort naturelle ? Assassinat ? Le peuple murmure. Selon la chronique de Pero Lopez de Ayala : « Elle est mise à mort, dans la tour du château de Medina Sidonia, sur ordre de Pèdre par l'arbalétrier Juan Pérez de Rebolledo en juin ou juillet 1361 ». D'autres versions évoquent un empoisonnement diligenté par le roi : « Sa haine n'étant point assouvie par la captivité où il la retint pendant sept ans, il la fit mourir secrètement l'an 1361, à l'âge de 25 ans ». La dépouille de la reine Blanche est ensevelie dans l'église du couvent de San Francisco de Jerez.

Le roi Jean le Bon prend prétexte de la mort de la reine Blanche pour lancer une expédition contre Pierre Ier : « Coupable de nombreux forfaits, de parjures, de viols et de meurtres, il s'était aliéné le cœur de ses sujets et il ajoutait à l'horreur qu'il inspirait par ses crimes en éloignant de lui ses nobles et les hommes les plus considérés du pays ». Bertrand Du Guesclin marche à la tête des troupes à la rencontre d'Henri de Transtamare[1], frère naturel du roi Pierre, décidé à venger Blanche de Bourbon. Le pape Urbain bénit son entreprise. Il déclare Pierre Ier déchu du trône pour ses crimes. « Beaucoup de places furent prises d'assaut en même temps qu'assiégées d'autres se soumirent autant par l'horreur des forfaits de don Pèdre que par la terreur du nom de Du Guesclin ». Grâce à cette action, le demi-frère de Pierre le Cruel est élevé au trône de Castille, en 1366, dans la cathédrale de Burgos, capitale du royaume. Il meurt empoisonné, en mai 1379, après avoir partagé un repas avec Charles II de Navarre dit le Mauvais.

Jeanne, reine de Jérusalem, de Naples et de Sicile. Un matelas trop lourd (1382)

Robert d'Anjou[2] l'avait ainsi décidé : sa petite-fille Jeanne[3] régnerait seule sur Naples et serait, jusqu'à ses vingt-cinq ans, assistée et contrôlée par un conseil de régence.

Jeanne succède à son grand-père en 1343. Dix ans plus tôt, elle s'est unie à son cousin André de Hongrie[4]. Le pape Clément VI, suzerain du royaume, cède aux instances de la reine de Hongrie et accepte qu'André soit couronné roi, contrevenant aux dernières volontés de Robert d'Anjou. Jeanne n'est pas femme à se laisser faire. Elle n'a pas l'intention de partager le pouvoir avec son époux. Fort à propos, la veille de la cérémonie, dans la nuit du 18 au

1. Henri de Trastamare (1334-1379), frère naturel de Pierre Ier. Fils d'Alphonse XI et de Leonor de Guzman.
2. Robert d'Anjou (1278-1343), comte de Provence et roi de Naples (1309-1343).
3. Jeanne (1326-1382), comtesse de Provence, fille de Charles d'Anjou et de Marie de Valois, sœur du roi de France.
4. André de Hongrie (1327-1345), fils de Charles Robert, roi de Hongrie.

19 septembre 1345, à Aversa, André de Hongrie est assassiné sous les fenêtres de Jeanne. Nostradamus narre : « … ennuyée et merveilleusement lasse des imperfections d'André, parce que ce prince, de complexion peu vigoureuse et gaillarde, ne satisfaisait pas assez abondamment à son appétit et vouloir désordonné » développa envers lui « une haine toujours plus rude et barbare [et, comme] les mouvements de vengeance sont horribles et inapaisables à ce sexe […] elle délibéra et résolut d'en être tôt veuve et s'en dépêcher par le moyen de ses plus affidés et principaux amis et conseillers[1]. » Débarrassée du mari, elle épouse son cousin et amant Louis de Tarente[2]. Veuve, Jeanne se remarie. La roue tourne, elle « qui savait galantement et dextrement se dépêcher de ses maris quand elle en était saoule et ennuyée » se lasse de son troisième époux. Jacques IV d'Aragon[3] est emporté par la maladie, mais il se murmure qu'elle lui a fait « prendre une funeste et malheureuse fin ». Sans enfant, Jeanne choisit comme héritier son cousin Charles de Duras, fils de Louis de Tarente (1373). Elle l'adopte et lui fait épouser sa nièce Marguerite, fille de Marie d'Anjou et du premier Charles de Duras. Jeanne se remarie, en 1376, avec le capitaine Othon de Brunswick[4]. Cette union déplaît à Charles de Duras. Il se brouille avec sa mère adoptive et se rapproche du roi de Hongrie. Durant ces années le clan hongrois n'a pas désarmé. Louis Ier de Hongrie cherche par tous les moyens à venger son frère. Jeanne n'a toujours pas d'enfant. Le problème de sa succession servira à précipiter sa chute. La crise pontificale entre Rome et Avignon, connue comme *Le Grand Schisme*, débute en 1378. Elle procure

1. César de Nostredame, *L'Histoire et Chronicque de Provence*, Lyon, 1614.
2. Louis de Tarente (1320-1362).
3. Jacques IV d'Aragon, roi de Majorque (1336-1375).
4. Othon de Brunswick (1320-1399).

un prétexte à ses adversaires. Urbain VI, sans être cardinal, à peine élu, attaque les cardinaux. Ceux-ci contestent la validité de son élection et élisent Clément VII. Jeanne prend parti pour Clément VII installé en Avignon. Faute de soutiens pour maintenir l'ordre à Naples, Jeanne en appelle à Clément VII. Il lui suggère de préférer Louis d'Anjou[1] plutôt que Charles III de Duras[2] et de l'adopter. Ce qu'elle fait (29 juin 1380). Elle a désormais un héritier. Charles III de Duras, soutenu par les Hongrois, et avec la bénédiction du pape Urbain VI, fonce vers Naples à la tête d'une armée. Urbain VI excommunie Jeanne et couronne Charles III qui va quérir à Rome l'investiture des royaumes de Jérusalem et de Sicile (1er juin 1381).

La confusion est totale en Provence entre les partisans de Louis d'Anjou (les villes de Marseille et d'Arles) et de Charles de Duras (les villes d'Aix, de Nice et de Tarascon). À Naples, Othon de Brunswick ne parvient pas à contenir les assaillants. Le 16 juillet 1381, Charles III entre dans la ville. Il assiège la reine Jeanne repliée dans le Château-Neuf. Othon de Brunswick est battu et fait prisonnier le 25 août. Louis d'Anjou ne lève pas le petit doigt tout occupé qu'il est de la succession de son frère Charles V, tandis que son neveu Charles VI[3], âgé de douze ans, monte sur le trône de France. Jeanne capitule le 25 août. Une convention écrite est établie, à la suite de laquelle la reine « rentrant dans son château arbora en signe de capitulation la bannière de son vainqueur tandis que celui-ci retournait au palais du grand sénéchal où il avait établi ses quartiers ». Elle se rend le 2 septembre. Les secours partis de Provence arriveront trop tard devant Naples, le 22 septembre… Faite prisonnière, la reine est enfermée

1. Louis d'Anjou (1339-1384). Fils du roi de France Jean le Bon. Frère de Charles V.
2. Charles III, duc de Duras (1345-1386), fils de Louis d'Anjou, comte de Gravina.
3. Charles VI de France (1368-1422).

au château de l'Œuf. Étroitement surveillée, il lui est interdit de communiquer avec quiconque. Ses conditions de détention sont très dures, nourriture grossière, manque de vêtements. En décembre, Charles III la fait transférer dans la forteresse de Nocera. « Elle fut tirée du Château de l'Œuf et amenée par le temps le plus rigoureux avec les quelques personnes qui lui servaient de suite dans la forteresse de Nocera. » Le *Chronicon Siculum* fixe ce nouveau transfert au 28 mars 1382 : « L'infortunée souveraine avait été extraite du château de Nocera et enfermée dans une des forteresses que les Duras possédaient dans la Basilicate, le château de Muro. [...] lui laissant comme toute compagnie une de ses dames provençales et trois esclaves tartares, un homme et deux femmes. » Dans sa prison, la reine résiste malgré les mauvais traitements. Seule la mort pourrait venir à bout de cette femme, peste Charles de Duras.

Quatre hommes, le 27 juillet 1382, pénètrent dans la geôle de Jeanne Ire de Naples, se jettent sur elle, lui lient les mains et les pieds et l'étouffent entre deux matelas pour simuler une mort naturelle. Charles de Duras donne une large publicité à ce décès, présenté comme « naturel ». Il fait ramener le cadavre de Muro à Naples, l'expose pendant sept jours dans l'église de Santa Chiara pour montrer publiquement la dépouille de la reine afin que la succession soit ouverte et qu'il s'en proclame l'héritier. Il adresse une lettre circulaire aux seigneurs et aux villes d'Italie annonçant que sa tante est décédée après une longue maladie. Il pousse le cynisme jusqu'à commander un service religieux pour le repos de l'âme de sa prisonnière. Il est célébré le 31 juillet dans l'église de Santa Chiara. Les Chroniques révèlent : « on laissa pendant trois jours le corps de la reine sans sépulture sur une place de la ville ». Giornali del Duca di Monteleone rapporte : « Le cadavre de la reine fut placé au milieu du chœur de Santa Chiara abandon pour que chacun pût le voir. Il resta sept jours entiers. […] spectacle bien émouvant, une civière au pied du mausolée que Jeanne avait fait élever à son grand père et prédécesseur le roi Robert, des cierges nombreux peut-être pour permettre de mieux retrouver les traits royaux sur le visage livide. Point de prêtres, mais tout autour du corps une foule avide et épouvantée et la mort avait déjà fait à ce point son œuvre que tous ne reconnaissaient pas la souveraine qu'ils avaient vue pendant quarante ans. Puis le corps fut reporté à la sacristie. » Nous ignorons où il fut enseveli. Certains prétendent que la reine Jeanne fut inhumée sur le mont Gargan, d'autres à Sulmona.

Il existe une autre version de ce décès fournie par une lettre de la seigneurie de Florence à Pietro Gambacorti, capitaine général de Pise, dans laquelle nous apprenons que la reine Jeanne aurait abjuré l'obédience de Clément VII et reconnu la légitimité du pape Urbain VI avant de mourir de maladie : « Seigneur magnifié, mon plus cher ami. De l'instinct de chair et de sang avec lequel la nature nous unissait à l'illustre souveraine Jeanne, de Jérusalem et à la reine de Sicile, nous rapportons, non sans amertume, que, par la faveur divine, déprimée par une certaine maladie grave, elle habita le lit de son infirmité pendant plusieurs jours, et, par inspiration divine, avec la grâce de l'esprit, les yeux ouverts à la lumière de la vérité, retournant dans son cœur et se rendant compte qu'elle avait été trompée par les fausses suggestions des schismatiques, elle assuma l'état de pénitence, et se présenta comme le véritable pasteur de l'église, professant de bouche et de cœur la confession et la contrition à notre seigneur le pape Urbain VI. Et après avoir reçu les sacrements ecclésiastiques les plus sacrés, le 27 juillet, comme il plut au Seigneur, elle mourut de cette vie. Et bien qu'elle ait elle-même été couverte par ladite déviation de l'erreur, nous espérons encore que, lorsqu'elle a connu sa chute face aux schismes des autres, et qu'elle a elle-même vécu de manière catholique et exemplaire parmi les autres, elle s'est dirigée vers la gloire éternelle du Christ le Seigneur. Et du zèle d'amour et de dévotion avec lequel vous vous êtes toujours comporté et vous comportez envers la maison royale, nous supposons que vous pleurez désormais sa mort. »

La fin de la reine Jeanne demeure à jamais enveloppée de mystères.

Louis Ier d'Orléans. L'origine de la guerre civile (1407)

Charles VI[1], pris d'un soudain épisode de démence dans la forêt du Mans, de loin en loin sujet à des crises de folie et incapable de gouverner, avait été placé, en 1392, sous la régence de ses oncles avides de pouvoir, les ducs de Berry[2] et de Bourgogne. Ils avaient pris les rênes du royaume. La reine Isabeau de Bavière, quant à elle, assurait la tutelle de son fils mineur, le Dauphin Charles de France[3].

Louis de France[4], duc d'Orléans, frère cadet du souverain et Philippe II le Hardi, duc de Bourgogne[5], se disputaient la prééminence au Conseil de régence. Les rivalités imprimaient un climat délétère au sein de la famille royale. Philippe le Hardi, qui combattait l'influence croissante de Louis d'Orléans, à sa mort, en 1404, laissa son héritage à son fils Jean sans Peur[6]. Le nouveau duc de Bourgogne avait gagné son surnom à la bataille de Nicopolis (1396). Il prit rapidement de l'ascendant, mais son cousin Louis de France, à qui on attribuait une liaison avec sa belle-sœur Isabeau de Bavière, parvint à chasser les partisans de Jean sans Peur du Conseil et à l'écarter. La rivalité entre les deux hommes ne cessait de croître. De plus, en achetant le Luxembourg en gagère, Louis d'Orléans empêcha Jean de Bourgogne de réaliser une continuité territoriale entre les Flandres et la Bourgogne. En rage, Jean Ier de Bourgogne décida ni plus

1. Charles VI (1368-1422), fils de Charles V et de Jeanne de Bourbon. Marié à Isabeau de Bavière (1371-1435).
2. Jean de Berry (1340-1416), frère cadet de Charles V.
3. Charles de France, futur Charles VII (1403-1461).
4. Louis de France, duc d'Orléans (1372-1407), fils de Charles V.
5. Philippe II le Hardi, duc de Bourgogne (1342-1404), 4e fils de Jean le Bon.
6. Jean Ier de Bourgogne (1371-1419) dit Jean sans Peur. Fils de Philippe le Hardi et de Marguerite de Flandre.

ni moins d'occire son cousin. Il mit en place un traquenard. Au soir du 23 novembre 1407, le duc d'Orléans sortait de l'hôtel de la reine, rue Barbette et s'acheminait vers l'hôtel Saint Pol. Parvenu au coin de la rue des Poulies, il fut assailli dans l'impasse des Arbalétriers par un groupe d'une quinzaine de spadassins masqués à la solde du duc de Bourgogne. « Dix-huit hommes armés et masqués, après avoir tué les deux valets et l'écuyer allemand du duc, s'acharnèrent sur le prince qui tomba, la tête fracassée, le bras droit rompu et déchiré, le poing gauche coupé. La cervelle était répandue dans la boue[1]. »

Les serviteurs du duc d'Orléans portèrent le cadavre dans l'église des Blancs-Manteaux où il resta exposé quelques heures, revêtu d'un linceul blanc. De nombreux princes, dont son cousin, Louis II d'Anjou, des chevaliers et écuyers vinrent constater le décès et lui rendirent un dernier hommage. Ses partisans se rallièrent autour de son fils, Charles Ier d'Orléans[2].

Le prévôt de Paris, Guillaume de Tignonville, commença l'enquête aussitôt. « Elle ne pouvait manquer d'aiguiller bien vite la police du côté des ducs, affirme Alfred Coville[3]. [...] Ce qu'entendant au Conseil du surlendemain, Jean tira à part ses oncles d'Anjou et de Berry et leur dit que par "l'introduction du diable il avait fait faire cet homicide". Au matin suivant le duc de Bourgogne quittait Paris. » La *Chronique d'Enguerran de Monstrelet*[4] confirme : « à Jean de Berry [...] et le roi de Sicile Louis II d'Anjou [...] en bref leur confessa et dist que par l'introduction du dyable il avoit fait faire cet homicide par Raoulet d'Actonville et ses complices ».

1. Alfred Coville, *Jean Petit. La question du tyrannicide au commencement du xve siècle*, 1932.
2. Charles Ier d'Orléans (1394-1465), fils de Louis Ier, le frère de Charles VI.
3. Alfred Coville, *Jean Petit. La question du tyrannicide au commencement du xve siècle*, 1932.
4. Enguerran de Monstrelet (v.1400-1453).

Jean sans Peur, taraudé pour une fois de quelque anxiété, s'enfuit à Amiens, craignant des représailles, pour revenir l'année suivante afin de justifier ses actes grâce à un éloge du tyrannicide commandé à un docteur en théologie. Il arriva à Paris le 28 février 1408 pour organiser sa défense dans la grande salle de l'hôtel Saint-Pol. « Au jour dit, le jeudi matin 8 mars, la salle était bien gardée. Toutes les issues avaient été fermées, sauf une fenêtre. C'est par là que les invités entrèrent un à un. Entre six et sept heures arrivèrent le duc de Guyenne, le roi de Sicile, le duc de Berri et « autres royaux ». Cependant, le duc de Bourgogne était parti de son hôtel d'Artois « à très grand nombre de noblesse de seigneurs », en tête le duc de Lorraine, le cardinal de Bar, le comte de Nevers. Jean Sans-Peur était de belle humeur. Tout en chevauchant par les rues, « il saluoit petitz et grans ». [...] Jean Sans-Peur entra le dernier, tout seul ; après quoi la porte fut fermée. Dès qu'il fut entré, le duc ôta son aumusse et fit révérence aux « royaulx qui estoient assis au banq ».

Le théologien de l'université de Paris, Jean Petit (v. 1360-1411), se lança dans un plaidoyer demeuré célèbre lu devant le Conseil du roi : « [...] Il est permis à toute personne, et il est même louable et méritoire, de tuer de son autorité particulière, un tyran ; et on peut employer à cet effet toutes sortes de voies, jusqu'aux trahisons et aux flatteries. » Le duc de Bourgogne soutira des lettres de rémission au roi. Jean Gerson, chancelier de l'université protesta. Les gens de Jean sans Peur pillèrent sa demeure. Il parvint à se cacher pour ne pas être trucidé.

Rentré en grâce auprès de la reine, l'ambitieux Bourguignon n'en continua pas moins à s'opposer aux Armagnacs (parti Orléans), alliés à Jean de Berry, frère cadet de Charles V. Il avait rendez-vous avec la vengeance royale.

Jean sans Peur. Armagnac ou Bourguignon ? (1419)

Le roi d'Angleterre Henri V, profitant de la guerre civile dans laquelle avait sombré le royaume de France opposant les Bourguignons aux Armagnacs, avait renouvelé ses alliances avec la Bourgogne et mené ses navires à l'embouchure de la Seine en 1415. Le 14 octobre, les troupes anglaises écrasèrent les Français à Azincourt où plusieurs princes français furent tués ou capturés. Charles[1], duc d'Orléans, chef du parti Armagnac, fut fait prisonnier et emmené en Angleterre où il demeura captif durant vingt-cinq ans.

Deux ans plus tard, Henri V débarquait de nouveau et entreprenait la conquête de la Normandie, totalement envahie en juin 1418.

1. Charles Ier d'Orléans (1394-1465), fils de Louis Ier, le frère de Charles VI.

Chassé de Paris en 1413, Jean de Bourgogne, alias Jean sans Peur[1] populaire et rusé, s'allia aux Anglais et marcha sur Paris. Un marchand opposé aux Armagnacs, aux premières heures du 29 mai 1418, ouvrit la porte de Saint-Germain-des-Prés aux troupes bourguignonnes. Les partisans de Jean sans Peur soulevèrent la population, s'emparèrent du roi et arrêtèrent les principaux chefs du parti Armagnac. Les Parisiens, après avoir ouvert les portes des prisons, se ruèrent vers la Conciergerie où le comte Bernard VII d'Armagnac[2], gouverneur des Finances et connétable de France, s'était cloîtré avec ses partisans. Sorti de son refuge, il fut égorgé dans la cour du Palais le 12 juin puis son corps traîné dans les rues pendant trois jours.

1. Jean Ier de Bourgogne (1371-1419), dit Jean sans Peur. Fils de Philippe le Hardi et de Marguerite de Flandre.
2. Bernard VII d'Armagnac (v. 1360-1418), fils de Jean II d'Armagnac.

Charles de France[1], le Dauphin, grâce au prévôt Tanneguy Duchâtel, parvint à s'échapper et gagner Melun.

Jean sans Peur, qui avait délivré la reine Isabeau exilée à Tours, fit son entrée à ses côtés dans la capitale, le 14 juillet. La foule en liesse les accueillit avec des transports de joie. Le duc de Bourgogne devint de nouveau maître de la personne du roi Charles VI et du gouvernement royal. Réfugié à Bourges, capitale du duché de Berry, le Dauphin y établit son gouvernement, forma un Parlement à Pontoise et tenta d'organiser la résistance face aux Anglais et aux Bourguignons. En décembre 1418, il s'intitulait régent de France. La bonne ville de Rouen tentait de résister aux assauts anglais. Des milliers de personnes périrent durant l'infernal siège. En janvier 1419, Rouen capitula. Les troupes d'Henri V remontèrent la Seine et menacèrent bientôt Paris. La menace pesant sur la capitale nécessitait une réunification des princes français afin de lutter contre l'envahisseur. Pour le duc de Bourgogne, il n'était pas question de se soumettre aux Anglais. Que faire ? Tenter une réconciliation avec le Dauphin Charles ? Contre toute attente, ces ennemis d'hier se rencontrèrent le 8 juillet 1419, puis le 11, près de Melun. Multipliant les témoignages de pardon, ils parvinrent à un accord. Un traité d'alliance, signé à Pouilly-le-Fort, le 11 juillet 1419, scella leur entente. Après les rencontres de Corbeil les 13 et 15 juillet, les lettres de Charles VI – du 19 juillet – réglant les conditions de la paix conclue à Pouilly, le 11 juillet précédent, confirmaient : « Charles, par la grace de Dieu roy de France. Savoir faisons à tous presens et avenir que, comme pour l'extirpacion et appaisement des discors, guerres et divisions qui par longtemps ont esté en nostre royaume, aient nouvellement esté et convenu

1. Charles de France, futur Charles VII (1403-1461).

ensemble en leurs personnes, entre Corbuel et Meleun, et depuis à Corbuel, nostre très chier et très amé filz le daulphin et nostre très chier et très amé cousin le duc de Bourgongne de leur exprès consentement, avons voulu et ordonné, voulons et ordonnons par ces presentes que doresenavant bonne paix et union ferme et estable soit en nostre royaume perpetuelment tenue et gardée. »

Le dauphin proposa une nouvelle rencontre pour régler les questions matérielles à Montereau-fault-Yonne, pour le 26 août. Enguerran de Monstrelet[1] écrit : « Plusieurs Dauphinois et Bourguignons avaient grande confiance les uns avec les autres depuis le traité de paix [Traité de Pouilly-le-Fort], espérant qu'elle dût être pardurable, et souvent plusieurs s'assemblaient d'un commun accord pour faire la guerre aux Anglais, anciens ennemis du royaume de France ». Le duc de Bourgogne se montrait réticent. Il fallut plusieurs ambassades pour le convaincre. Date fut prise pour le 10 septembre. Il était prévu que sur le pont franchissant l'Yonne les deux hommes s'avanceraient avec une escorte de dix personnes dont les noms avaient été transmis à l'autre partie. Le duc de Bourgogne s'agenouilla devant le dauphin. Ils échangèrent quelques mots. Un geste mal interprété de Jean sans Peur engendra une réaction inopportune du chevalier breton Tanguy du Châtel qui frappa mortellement le Bourguignon d'un coup de hache. Archambaud de Foix, l'un de ses compagnons, fut tué, et les autres capturés. Les partisans du Dauphin vengeaient par ce crime le meurtre douze ans plus tôt du frère du roi, Louis d'Orléans. Les conseillers du Dauphin lancèrent aussitôt une campagne de diffamation affirmant que le duc de Bourgogne venu dans l'intention d'assassiner le Dauphin avait été éliminé. Charles écri-

1. Enguerran de Monstrelet (v.1400-1453).

vit à Philippe III de Bourgogne[1] porté au pouvoir par la disparition de son père, de fait régent du royaume, afin de l'engager à poursuivre dans la voie de la paix.

Le 25 septembre, quinze jours après l'assassinat, le nouveau duc de Bourgogne et comte de Flandre fit sa première entrée solennelle à Lille. Il entama des négociations en vue de s'allier aux Anglais contre le Dauphin et ses partisans. La querelle de famille relancée, Charles de France patienta jusqu'au décès de son père Charles VI, en 1422, pour s'emparer de la couronne d'un royaume toujours en proie à la guerre civile. Conduit à travers les territoires bourguignons jusqu'à Reims par Jeanne d'Arc, il y fut sacré en 1429.

Jacques Ier d'Écosse. L'égout bouché (1437)

Au lever du soleil, à la tête d'un groupe de cavaliers, William, comte d'Angus[2], arriva à Methuen, aux portes de la maison forte de Walter Stuart[3], comte d'Atholl, qu'il se fit ouvrir avec fracas. Walter Stuart, sorti de son lit sans ménagement, fut ficelé sur un cheval en chemise de nuit et emmené à Édimbourg. De fortes présomptions pesaient sur lui. Il était suspecté d'avoir soutenu les criminels ayant assassiné son neveu, le roi Jacques Ier d'Écosse[4], le 21 février 1437. Interrogé par les régents du jeune Jacques II[5], le comte d'Atholl déclara qu'effectivement il

1. Philippe III de Bourgogne (1396-1467), dit Philippe le Bon.
2. William Douglas, comte d'Angus (v.1398-1437), fils de Marie d'Écosse, fille du roi Robert III d'Écosse. Oncle du roi Jacques Ier d'Écosse.
3. Walter Stuart (v.1360-1437), comte d'Atholl, fils du roi Robert II d'Écosse.
4. Jacques Ier d'Écosse (1394-1437), fils de Robert III d'Écosse, né John Stuart (1336-1406).
5. Jacques II d'Écosse (1430-1460), fils de Jacques Ier d'Écosse et de Jeanne Beaufort.

se trouvait bien en compagnie du roi et de la reine durant la soirée précédant l'attaque. Il avait été vu par de nombreux témoins lorsqu'il repartait avec son escorte pour retourner à Methuen. Il ne pouvait être accusé de complicité, car il était au lit lorsque les messagers arrivèrent pour lui faire part du meurtre du roi. Il était innocent. Il avait vaguement entendu parler d'une rumeur de complot par son petit-fils, Robert Stuart[1], chambellan de Jacques Ier. On lui avait appris que son petit-fils encourageait et soutenait une bande de criminels à laquelle il aurait indiqué le moyen de pénétrer dans la résidence royale. Il l'avait sévèrement tancé et lui avait conseillé de se tenir à l'écart de ces gens. Que son petit-fils se soit laissé entraîner par les ruses de Robert Graham de Kinpont[2] ne prouvait pas qu'il était impliqué dans cette affaire. Il était prêt à jurer de son innocence sous serment devant ses pairs.

1. Robert Stuart (?-1437), fils de David Stuart (?-1434).
2. Robert Graham de Kinpont (v.1387-1437).

Or, Robert Stuart, détenu depuis le matin du meurtre et livré à la torture, avait fait des aveux complets et divulgué les noms de ses comparses ainsi que leur plan initial : tuer le roi, la reine et l'héritier pour ensuite s'emparer du trône.

Qu'advint-il en cette nuit de février ?

Deux récits nous sont connus : le *Scotichronicon*, écrit par l'abbé Walter Bower d'Inchcolm, et *The Dethe of the Kynge of Scotis and the right to resist in early fifteenth-century Scotland*, rédigée à l'origine en latin puis traduite par John Shirley[1].

Le roi Jacques Ier logeait au monastère dominicain de Blackfriars (Perth) où il avait célébré les fêtes de Noël 1436 en famille et participé au concile général du 4 février 1437 à Perth. Shirley écrit avec force détails que le monarque avait passé la journée en sa résidence en compagnie du comte d'Atholl et de Robert Stuart, petit-fils d'Atholl. Le soir, ses invités rentrés chez eux, le souverain se retira dans son cabinet privé avec sa femme[2], tandis que Robert Stuart – qui avait secrètement cassé les serrures de la chambre du roi pour qu'elle ne puisse pas être sécurisée – s'éclipsa vers North Inch (Perth) où ses complices étaient rassemblés. Il y avait là Robert Graham et son fils Thomas ; John Hall et son frère Thomas ; Les frères Chambers, Thomas Chambers était un familier du roi. Robert Stuart aurait reconduit les assassins jusqu'à l'abbaye de Perth, au couvent de Blackfriars, puis serait reparti seul afin de se ménager un alibi. Les serviteurs loyaux de Jacques Ier, surprenant des hommes armés à l'extérieur, prévinrent le roi. Il essaya de verrouiller la porte de ses appartements et tenta de briser une fenêtre.

1. John Shirley (v.1366-1456), auteur et copiste.

2. Jeanne Beaufort (1404-1445), fille de Jean Beaufort. Mariée à Jacques Ier d'Écosse. Elle est la nièce du roi Henri IV d'Angleterre, car son père est son demi-frère.

Avec un tisonnier, il souleva le plancher en bois du lieu d'aisance et voulut s'échapper par l'égout en pierre qui courait sous le bâtiment, mais quelques jours plus tôt celui-ci avait été fermé à son extrémité par une grille pour éviter aux animaux de s'y introduire. Les domestiques résistèrent comme ils purent aux assaillants, mais furent tués. Catherine Douglas, l'une des dames de compagnie de la reine, barrait la porte avec son corps, mais elle fut vite enfoncée. Plusieurs dames d'honneur de la reine furent blessées. Le page du roi fut poignardé. La souveraine blessée et son fils furent épargnés grâce à Thomas Graham qui dissuada ses complices et les envoya à la poursuite du monarque. Jacques Ier se battit avec vigueur contre John et Thomas Hall avant que Robert Graham ne plongeât son épée dans son corps et que d'autres ne le percèrent de coups. La reine parvint à s'échapper dans la nuit et alerta la garde royale. Jacques Ier fut touché seize fois avant que ses assassins ne s'enfuient.

Son fils Jacques II, âgé de 6 ans, placé sous la co-régence d'Archibald Douglas et de sa mère, fut couronné le 25 mars 1437, en l'abbaye de Holyrood. L'heure de la vengeance avait sonné pour la reine Jeanne. La chasse aux régicides ne dura que quelques jours. Le comte d'Atholl fut le premier cueilli. Après avoir été torturé pour obtenir ses aveux, on plaça sur sa tête une couronne de fer chauffée à blanc avec l'inscription « Roi de tous les traîtres ». Au bout du troisième jour de sévices, il fut éventré alors qu'il était encore en vie, aux côtés de son petit-fils Robert Stuart. Ses entrailles furent arrachées ainsi que son cœur et montrés au peuple le 26 mars 1437. Décapité, écartelé, ses restes furent exposés dans toute l'Écosse. L'abbé Walter Bower assura que « Le comte Walter n'était rien d'autre qu'un vieux serpent maléfique, dissimulant sa méchanceté derrière le masque d'un vieil homme bienveillant. » Christopher Chambers suivit. Les exécuteurs des basses œuvres d'Édimbourg le lièrent sur une croix, arrachèrent sa chair avec des pinces, le traînèrent dans les rues puis le décapitèrent à la hache. Sa tête fut exposée à l'entrée de la ville. Robert Graham découvert dans le Perthshire, emmené à Stirling, fut exécuté en avril. Auparavant, hissé sur un chariot sur lequel un arbre avait été placé, sa main y fut clouée avec le poignard qu'il avait utilisé pour tuer le roi. Le bourreau coupa la main avec l'arme puis arracha les vêtements de Graham, le promena nu dans les rues tout en le torturant avec des instruments de fer. Graham justifiait ses actes à l'envi : « Je ne doute pas que voyiez le jour et l'heure où vous prierez pour mon âme, pour le grand bien que je vous ai fait, à vous et à tout ce royaume d'Écosse, en tuant et en vous délivrant d'un tyran si cruel ». Emmené sur le lieu de l'exécution, il dut regarder le supplice de son fils qui fut éventré et décapité. Alors seulement, le bourreau arracha le cœur et les entrailles de Robert Graham. Les autres régicides furent écartelés.

Vlad III. La forêt des empalés (1462)

Vlad Basarab[1] – nous n'en avons pas la certitude – serait vraisemblablement né à Schässburg[2]. Son père, Vlad II[3], s'était exilé en Transylvanie. En 1431, il passe un accord avec Sigismond de Luxembourg, alors roi de Hongrie, de Germanie et de Bohême, qui le fait couronner prince

1. Vlad Basarab, Ladislaus Dragwlya (ou Drakulya), dit Vlad (v.1430-1476), prince de Valachie. Surnommé Dracula (fils du dragon).
2. Schässburg, aujourd'hui Sighisora, ville allemande sise au centre de la Roumanie, actuelle province de Transylvanie.
3. Vlad II Basarab, surnommé Dracul (Dragon), (v.1395-1447) prince de Valachie.

de Valachie. Il lui confère deux ordres de chevalerie : celui de Saint-Ladislas et celui du Dragon. Cet honneur lui vaut le surnom de *Dracul* « Dragon, Diable » et *Dracula* « Fils du Dragon » à ses fils. Vlad II occupe le trône de Valachie à partir de l'automne 1436. Capturé par les Turcs, il échange sa liberté contre celle de ses fils Vlad et Radu[1], en 1444. Trois ans plus tard, les Hongrois, l'assassinent avec son fils aîné Mircea qui est enterré vivant.

Envoyé par son père, avec son petit frère, comme otage chez le sultan Mourad II[2], Vlad est instruit dans la langue turque et se familiarise avec les cruelles coutumes locales. Le sultan infligeait à ses opposants les supplices les plus barbares. Il ne l'oubliera pas. Il revient en Valachie douze ans plus tard durant l'été 1456. Reconnu, il est désigné par le métropolite et les grands boyards, oint comme prince de Valachie et couronné en août sous le nom de Vlad III. Il entendait régner sans partage et tirer tout le parti possible des leçons apprises des Turcs qu'il abhorrait. Il lança tous azimuts des campagnes dévastatrices, ne reculant devant aucun massacre, aucune destruction. Il expérimenta ce qui allait devenir l'une de ses réjouissances favorites et sa marque de fabrique, sa signature, son label : le supplice du pal. Il y gagna son surnom : « *Tepes* » qui signifie « l'Empaleur » ! Afin de soumettre les populations et éliminer ses ennemis quelles que soient leurs origines, nobles ou

1. Radu (v.1438-1475).
2. Mourad II (1404-1451), sultan ottoman.

mendiants, il les invitait à un banquet. Lorsque les portes étaient fermées, il les faisait brûler vif. Les gitans étaient exterminés ou enrôlés de force dans l'armée. Les femmes et les vieillards, considérés comme inutiles, étaient mis à mort. Les valides asservis mouraient d'épuisement sur les chantiers de construction de ses citadelles.

Le dimanche de Pâques 1459, le Fils du Dragon convia à sa table, dans son palais de Târgoviste, une cinquantaine d'opposants et de boyards suspects à ses yeux – la légende parle de 500. Ils finirent tous sur le pal. Le chiffre est exagéré. Une ancienne chronique de Valachie donne le récit suivant : « Le voïévode Vlad Tepelus. Celui-ci bâtit le château de Poienari et également le saint monastère de Snagov. Il fit encore une chose, à l'encontre de Târgoviste, ayant appris que les boyards de Târgoviste avaient enterré vivant un sien frère [Mircea, son frère aîné, assassiné avec son père en 1447]. Et afin de savoir la vérité, il fit ouvrir la tombe et y trouva son frère la face contre terre. Et le jour de Pâques, lorsque tous les habitants festoyaient et dansaient la ronde, il les fit tous prisonniers à l'improviste. Et il fit empaler tous les gens âgés tout autour de la ville. »

Ce n'était qu'un début. « L'an 1460, narre un pamphlet allemand, le jour de la Saint-Barthélemy, au matin, Dracula vint avec ses gens au pays sis au-delà de la forêt [Amlas] il traqua tous les Valaques des deux sexes près du village d'Amlas, il rassembla en foule tous ceux qu'il put attraper et les fit hacher menu comme choux à l'épée, au sabre et au couteau. Il emmena chez lui le prêtre et ceux qu'il n'avait pas tués cette fois-ci et les empala. »

Mehmed II[1], le conquérant de Constantinople, de son côté, espérait renverser ce prétentieux, annexer son terri-

1. Mehmed II, dit le Conquérant (1432-1481), fils de Mourad II.

toire, comme il l'avait fait de la Serbie et de la Grèce, et placer un bey à sa tête. Il envoie à Vlad III une ambassade en 1461. Elle lui garantit la paix contre le versement d'un lourd tribut. Flairant un piège, Dracula empale les deux ambassadeurs turcs et leur escorte d'une quarantaine de personnes, puis il repart au combat. Il franchit le Danube et mène sur 800 kilomètres un raid dévastateur. Plus de 25 000 personnes sont tuées. L'année suivante, Mehmed II conduit son armée de 80 000 hommes contre la Valachie. Dracula, dans la nuit du 17 juin 1462, fond par surprise sur le camp ottoman dans l'espoir de tuer le sultan. Les troupes ottomanes subissent de lourdes pertes, mais tiennent bon. Vlad III sonne la retraite. Les Turcs continuent leur progression et arrivent en vue de Târgoviste. Mehemed ne voyant personne sur les remparts ne l'assiège pas : « Il marcha quelques vingt-sept stades [5 kilomètres] et vit les siens empalés. [...] sur un espace qui s'étendait sur une longueur de dix-sept stades [3 kilomètres] et une largeur de sept [1 kilomètre]. Et c'étaient de grands pals où étaient fichés des hommes, des femmes, des enfants, environ 20 000, disait-on. » La « forêt des empalés » saisit d'horreur les plus féroces combattants. « Il y avait aussi des petits enfants attachés à leurs mères, fichés aux pals, et les oiseaux avaient niché dans leur cage thoracique. » Dracula, insaisissable, à l'abri des forêts impénétrables, harcèle l'ennemi.

Mehmed II n'a pas dit son dernier mot. En quittant la Valachie, il laisse Radu, le frère de Vlad, dont il avait fait son « mignon » et avec lequel il entretenait des rapports très ambigus. C'est au palais impérial d'Andrinople qu'il avait rencontré, en 1451, celui qu'on surnommait « Le Bel », alors otage du sultan. « Il arriva à l'empereur [Mehmed II] qui voulait avoir commerce avec cet enfant... [...] Quand donc, amoureux de l'enfant, il l'invitait à des rapports intimes et buvait à sa santé et l'invitait sur son lit ; mais l'enfant qui ne semblait s'attendre à rien de pareil de la part de l'empereur, regardait l'empereur porter la main sur lui pour accomplir son acte, se débattit... » rapporte Chalkokondylès[1]. Passons sur les détails...

Radu Le Bel réunit une armée en juillet 1462, formée entre autres par les boyards hostiles et les opposants à la tyrannie de son frère. Il promet de rétablir la paix avec les Ottomans et d'établir un régime serein. « Il attaqua et se saisit du pouvoir et, ayant amené avec lui une armée de l'empereur [Mehmed II], il se soumit le pays. Alors son frère, quand les Daces furent passés du côté de son frère et qu'il eut compris qu'il avait vainement accompli auparavant un tel massacre, se rendit chez les Péoniens [Hongrois]. » Mathias Corvin[2], le roi de Hongrie, fait prisonnier Vlad III, en novembre 1462. Son cousin, Étienne III[3] de Moldavie intercède en sa faveur. Un arrangement est conclu. Dracula épouse la cousine de Mathias Corvin, Ilona Szilágyi[4] vers 1466. Le couple demeure « prisonnier » à la cour pendant 12 ans. En Valachie, c'est la chienlit. Étienne de Moldavie expulse Radu, place au pouvoir Basarab Laiota[5]. Au décès de Radu en 1475, Mathias Corvin libère Vlad III pour qu'il récupère la Valachie au profit de la Hongrie. Dracula, en novembre 1476, renverse Basarab Laiota. Il revient, vers Noël, à la tête de troupes ottomanes et affronte Vlad III. L'ambassadeur russe Kuritsyne narre : « Dracula les atta-

1. Laonicos Chalkokondylès (v.1423-1490), historien grec.
2. Mathias Corvin (1443-1490), roi de Hongrie.
3. Étienne III Musat (1433-1504), prince de Moldavie.
4. Ilona Szilágyi (v.1455-1497), seconde épouse de Vlad III.
5. Basarab Laiota, Basarab III (?-1480), fils de Dan II de Valachie.

qua et les mit en fuite. Son armée les tuait sans merci, et de joie Dracula monta sur une colline afin de mieux voir comment ses gens massacraient les Turcs. Il s'éloigna ainsi de son armée et ses proches, le prenant pour un Turc, l'un d'entre eux le frappa d'un coup de lance. Mais lui, se voyant attaqué par les siens, occit sur-le-champ de son épée cinq de ceux qui voulaient l'abattre. Mais il fut transpercé par plusieurs lances et c'est ainsi qu'il fut tué. » Sa tête, embaumée et remplie de coton, selon la méthode turque, est envoyée à Constantinople. Mehmed II la fait exposer sur le mur du palais impérial.

Giuliano de Medicis. Une messe de trop (1478)

Une puissante conjuration formée par la famille florentine des Pazzi, de l'archevêque de Pise, du pape Sixte IV[1] et du roi de Naples élabore un plan machiavélique pour se débarrasser des Médicis. L'assassinat de Lorenzo et Giuliano est résolu.

Jacopo de Pazzi[2] s'était rapproché de Sixte IV et placé sous sa protection. « Ils [les Pazzi] n'avaient jamais à aucune époque eu beaucoup d'autorité, car ils étaient considérés comme trop orgueilleux et altiers, ce que les hommes d'une cité libre ne peuvent accepter. [...] Le chef de cette maison était messer Jacopo, homme connu et de très bonne réputation, si l'on ne tenait pas compte de son vice de jouer et blasphémer[3]. » Jacopo avait obtenu la charge de trésorier du Saint-Siège retirée aux Médicis.

1. Francesco della Rovere (1414-1484), élu pape en 1471 sous le nom de Sixte IV.
2. Jacopo de Pazzi (1423-1478), aristocrate florentin.
3. F. Guicciardini.

Le saint père, des plus dépensiers, continuellement à court d'argent, appréciait son nouveau conseiller si habile à lui procurer des revenus. Ceci explique qu'il ferma les yeux sur certaines manigances. Le pape savait que Jacopo de Pazzi nourrissait l'ambition de renverser le principat des Médicis à Florence. Tout le monde y trouverait son compte, quitte à recourir à l'assassinat de Lorenzo Médicis[1]. La mort de son père Pierre Ier[2], dit *le Goutteux*, l'avait placé à la tête du pouvoir politique de la République florentine et d'une immense fortune employée à rassembler les œuvres d'art les plus remarquables.

Les Pazzi ne bénéficiaient pas de la considération accordée à Lorenzo Médicis et le jalousaient : « La famille des Pazzi était regardée d'un mauvais œil tant par les nobles citoyens que par la plèbe, parce que non contents d'être tous très avares, ils avaient une nature non mesurée et orgueilleuse qui ne pouvait d'aucune manière se supporter. Le chef de famille, de l'ordre des chevaliers, passait ses jours et ses nuits à jouer aux dés, et, quand il arrivait une chance contraire, il insultait Dieu [...] [Francesco Salviati, l'archevêque de Pise, est quant à lui] ignorant de tout savoir des hommes ou de Dieu, chargé de tous les crimes et scélératesses, rompu à la luxure, et célèbre pour ses petites faiblesses, et lui aussi joueur acharné [...] [Francesco da Pazzi, neveu de Jacopo] était en outre, ce qui était commun à tous les Pazzi, sujet à la rage et à la colère, à un niveau incroyable[3]. »

Le poète Ange Politien, ami et protégé de Giuliano Médicis[4], dresse un portrait peu amène de Jacopo : « Il y avait en cet homme deux vices immenses et, ce qui est

1. Lorenzo de Médicis, dit Le Magnifique (1449-1492).
2. Pierre Ier de Médicis (1416-1469), banquier et mécène.
3. A. Poliziano.
4. Giuliano de Médicis (1453-1478).

étonnant, qui s'opposaient entre eux au plus haut point : une grande cupidité, en même temps qu'un plaisir à dissiper son patrimoine. [...] L'insouciance du personnage était hors du commun, ainsi que sa négligence à l'égard de son patrimoine, et comme les mœurs de l'homme étaient de la sorte, on pouvait facilement deviner qu'il dilapiderait sa fortune : une situation qui l'aiguillonna et l'incita à hâter la réalisation du crime. En effet, cet individu insolent et ambitieux ne se résignait pas à supporter l'ignominie de la banqueroute : il s'appliquait donc à réduire en cendres sa personne et toute sa patrie. »

Rivaux des Médicis les Pazzi, en éliminant les maîtres de Florence, pensent ôter tout obstacle à leur ascension. Jacopo entraîne à sa suite son frère Renato et son neveu Francesco. Quant à Francesco Salviati, archevêque de Pise, il souhaite se venger des Médicis qui l'ont empêché d'être investi de son bénéfice ecclésiastique. Jacopo de Pazzi pouvait donc passer à l'acte avec la bénédiction de l'archevêque de Pise et de sa famille, les Salviati, la complicité de Girolamo Riario, neveu de Sixte IV, l'approbation du roi Ferrante de Naples, du duc d'Urbino et de quelques princes italiens.

Non loin de Florence, en la villa Médicis de Fiesole, un grand banquet est offert le 25 avril 1478, à l'occasion de l'élection au cardinalat de Raffaele Sansoni Riario, neveu du pape. Autour de la table se trouvent réunis les

Médicis et les Pazzi pour la simple raison que Bianca Maria de Médicis, sœur de Lorenzo et Giuliano, avait épousé Guglielmo de Pazzi (1459). Cette union avait plus ou moins renforcé l'accord de soutien réciproque entre les deux familles. En effet, les Pazzi grâce à Côme de Médicis, avaient obtenu en 1458 la qualification électorale, dont ils étaient exclus, car appartenant à la noblesse. Les velléités des Pazzi avaient depuis distendu les liens et alimenté la haine. Les circonstances sont idéales pour Jacopo de Pazzi. Tout concourt à la réussite de son projet : empoisonner les frères Médicis ! Or, Giuliano légèrement blessé à la chasse ne vient pas. Fatalité ! Les conspirateurs choisissent de frapper le lendemain pendant la messe, mais le condottiere Giovanbattista da Montesecco se récuse. Il refuse « d'ajouter le sacrilège à la trahison ». Le marchand Bernardo Bandini Baroncelli, ami de Giuliano, se porte volontaire pour le remplacer dans cette sale besogne.

Le dimanche matin 26 avril 1478, jour de Pâques, au Duomo de Florence, le cardinal Riario célèbre la messe. C'est le moment d'agir. Consternation, Giuliano n'est pas dans l'assistance ! Bernardo Bandini Baroncelli et Francesco de Pazzi partent le chercher chez lui alors que la célébration débute. Ils le pressent de rejoindre son frère. Giuliano s'agenouille près de Lorenzo tandis que le cardinal Riario procède à l'élévation. C'est le signal. Deux groupes d'hommes entourent les Médicis. Bernardo Bandini Baroncelli frappe de son poignard Giuliano en plein cœur. Il s'écroule aux pieds de son frère. Francesco de Pazzi se précipite et lui porte un grand nombre de coups avec son arme. Les prêtres Antonio de Volterra, Stefano da Bagnone, Antonio Maffei se jettent sur Lorenzo, mais le geste destiné à lui trancher la gorge manque de maîtrise.

Seule, une petite entaille marque son cou. Lorenzo tire son épée et affronte les assaillants. Francesco Nori le protège de son corps. Il meurt transpercé par une épée. Lorenzo en réchappe grâce à la présence d'esprit de ses amis Ange Politien, Andrea et Lorenzo Calvacanti qui le poussent vers la sacristie. À l'abri de la porte de bronze, ils pansent sa plaie au cou. Ils trouvent le moyen de l'évacuer à l'extérieur et le ramener chez lui. « Alors moi, qui m'étais transféré au même endroit, avec quelques autres, nous fermâmes la porte, qui est en bronze, narre Ange Politien. Ainsi, nous repoussâmes le danger qui venait de Bandini. Pendant que nous gardions la porte, à l'intérieur, tous tremblaient et s'inquiétaient de la blessure de Laurent. Alors, Antonio Ridolfi, le fils de Jacopo, jeune homme excellent, étancha la blessure de Laurent. Lui, il ne prêtait aucune attention à sa vie, mais demandait sans cesse si Julien se portait bien. Parfois aussi, s'indignant, il menaçait et se plaignait que sa vie soit attaquée par ceux qui en étaient le moins dignes. Puis, un groupe de jeunes gens, qui étaient fidèles à la maison des Médicis, se pressèrent avec leurs traits contre la porte sacrée. Ils crient tous ensemble qu'ils sont des amis et des proches : "Que Laurent sorte ! Qu'il sorte avant que la faction adverse ne prenne des forces !" Nous, tremblant à l'intérieur, balançons s'ils sont ennemis ou amis ; nous demandons cependant si Julien est sauf. Eux, à cette question, ne répondent pas. »

Convaincu que l'embuscade est couronnée de succès Jacopo de Pazzi monté sur son cheval parcourt la cité en criant « Popolo e liberta ! » alors que la foule enfle sur le parvis appelant à la vengeance au cri de ralliement des Médicis « Palle ! Palle ! »[1]. Francesco Salviati, l'arche-

1. Palle = boule. Cinq sont représentées sur le blason des Médicis. Elles peuvent désigner un fruit rond ou des boules de canon.

vêque de Pise, accompagné de complices, tente de s'emparer du palais de la Seigneurie par les armes. Le gonfalonier de justice, Petrucci, chef du gouvernement civil en charge des troupes, l'en empêche et le fait prisonnier.

Les Florentins traquent les Pazzi et leurs complices. Ils les capturent un à un et les mettent à mort pour venger Giuliano. Les rues de Florence sont jonchées de cadavres. Tous les membres de la famille Pazzi, femmes et enfants, sont ou tués ou emprisonnés ou exilés. Leurs biens sont saisis. Francesco de Pazzi est pendu nu à une fenêtre du Palazzo Vecchio. Puis, c'est au tour de l'archevêque Francesco Salviati de le rejoindre dans la mort : « Immédiatement après, l'archevêque de Pise est lui aussi pendu à la même fenêtre à laquelle était suspendu le corps de Francesco Pazzi, juste au-dessus de son corps inanimé. Tandis qu'il était poussé dans le vide (une vision qui pourra apparaître incroyable, mais qui, à ce moment-là, n'échappa à personne), soit par un hasard quelconque soit par rage, il se jette avec les dents sur le cadavre de Francesco [Pazzi] et, les yeux écarquillés de fureur, retenait en la mordant une mamelle en même temps qu'il était étranglé par la corde. » Jacopo Bracciolini, secrétaire du cardinal Raffaele Sansoni Riario, pour avoir trempé dans la conspiration, est pendu le 26 avril. « En quelques années, nous dit Ange Politien, il avait dissipé le patrimoine, pourtant considérable, que son père lui avait légué : ainsi, contraint par la pauvreté, il s'était entièrement dévoué aux Pazzi et aux Salviati : en effet, il était, et avait toujours été, prêt à se vendre à n'importe quel acheteur. » Le cardinal Raffaele Sansoni Riario impliqué lui aussi, est emprisonné. Innocenté, il est libéré. Jacopo de Pazzi parvient à s'enfuir. Il est vite retrouvé et assassiné. Son corps est jeté dans l'Arno : « Cet homme, déjà proche de la mort, n'oublie nullement son caractère violent et enragé : il appelle à grands cris ses mânes et affirme donner son âme au diable », rapporte Ange Politien. Giovanbattista da Montesecco est décapité le 4 mai. Bernardo Bandini Baroncelli échappe aux recherches et part pour Constantinople. Pourchassé par les Florentins, il est retrouvé et ramené à Florence pour être jugé le 29 décembre 1479. Nous possédons une preuve de son exécution. Léonard de Vinci, témoin de sa pendaison, à la fenêtre du Palazzo del Capitano, dessina son cadavre revêtu du costume turc sous lequel il dissimulait son identité. Le dessin original se trouve au Musée Bonnat-Helleu de Bayonne.

George, duc de Clarence, et sa barrique de vin (1478)

La Guerre des Deux-Roses opposait depuis 1455 les maisons royales de Lancastre et d'York. Issus des fils du roi Édouard III Plantagenêt les héritiers des deux dynasties prétendaient avoir une égale légitimité au trône d'Angleterre.

Les maisons d'York et de Lancastre constituaient deux branches de la maison royale des Plantagenêt. Richard Plantagenêt, duc d'York[1], et Henri VI[2] descendaient tous deux du roi Édouard III. Le titre de duc d'York fut créé en 1385 en faveur d'Edmond de Langley, cinquième fils d'Édouard III. Richard Plantagenêt, troisième duc d'York, petit-fils d'Edmond de Langley, fit valoir ses prétentions au trône alors occupé par Henri VI, chef de la maison de

1. Richard Plantagenêt, duc d'York (1411-1460).
2. Henri VI (1421-1471), couronné en novembre 1429 à Westminster.

Lancastre, qui descendait de Jean de Gand, quatrième fils d'Édouard III, en tant que descendant des Langley et, par sa mère, de Roger VI de Mortimer, quatrième comte de March et d'Ulster, issu du deuxième fils d'Édouard III, et dont le fils avait été reconnu comme héritier présomptif par Richard II. La revendication de Richard Plantagenêt fut accueillie favorablement par le Parlement. Il fut décidé que la maison d'York hériterait du trône à la mort d'Henri VI. L'esprit troublé par les hallucinations et sa grande faiblesse firent accepter au roi Henri VI ce compromis, au grand dam de la reine consort Marguerite d'Anjou[1]. Ô miracle, le prince Édouard de Westminster[2] naquit le 13 octobre 1453 sans que le roi son père ne manifestât une quelconque émotion. Indifférent à la naissance de son héritier, il fut frappé par une première crise de folie. Conseillée par Suffolk, la reine Marguerite envisagea de récupérer la régence. Le duc Richard d'York n'avait pas renoncé à ses ambitions et s'y opposa. Il remettait en cause la dévolution du trône, contestait la légitimité du roi Henri VI en raison de l'usurpation dont s'était rendu coupable son grand-père Henri IV aux dépens de Richard II, en 1399.

Après bien des manigances, Henri VI fut destitué et renversé. Le fils de Richard Plantagenêt et Cécile Neville, Édouard d'York[3] fut couronné sous le nom d'Édouard IV, à Westminster, le 28 juin 1461. Les dissensions entre le roi et son conseiller, Richard Neville, comte de Warwick[4], relancèrent les intrigues autour du trône. Warwick et le propre frère du roi, George, duc de Clarence[5], conspi-

1. Marguerite d'Anjou (1429-1482), mariée à Henri VI d'Angleterre en 1445.
2. Edouard de Westminster, prince de Galles (1453-1471), fils d'Henri VI et de Marguerite d'Anjou. Marié à Anne Neville en 1470.
3. Édouard IV (1442-1483), fils de Richard Plantagenêt et Cécile Neville.
4. Richard Neville, comte de Warwick (1428-1471), surnommé le Faiseur de rois.
5. George Plantagenêt, duc de Clarence (1449-1478), fils de Richard Plantagenêt.

raient pour déchoir Édouard IV et installer son gendre sur le trône. Son gendre ? Oui. Sa très obéissante fille Isabelle[1], contre l'avis du roi, avait épousé secrètement, à Calais, le 11 juillet 1469, le duc de Clarence !

Richard Warwick trouva refuge à la cour du roi de France où Louis XI le poussa à la réconciliation avec la reine consort Marguerite d'Anjou. De retour d'exil, il chassa Édouard IV de Londres. Le 3 octobre 1470, il sortit Henri VI de sa prison, il le rétablit sur le trône et maria sa fille Anne Neville à l'héritier de la maison de Lancastre, Édouard de Westminster[2], le 13 décembre 1470. Cependant, le prince de Galles changea de camp et rejoignit son frère Édouard IV.

1. Isabelle Neville (1451-1476), fille de Richard Neville, comte de Warwick.
2. Édouard de Westminster, prince de Galles (1453-1471), fils d'Henri VI et de Marguerite d'Anjou. Marié à Anne Neville en 1470.

Édouard IV partit à la reconquête du trône anglais, aidé par Charles le Téméraire[1], son beau-frère, époux de sa sœur Marguerite d'York. En mars 1471, il parvint à York où le comte de Warwick était retranché derrière les murs de Coventry. Il trouva son frère, le duc de Clarence, à Warwick. Celui-ci abandonna le comte de Warwick et rejoignit Édouard avec ses troupes. Édouard marcha sur Londres, captura Henri VI et l'enferma à la Tour de Londres. Warwick et le roi Édouard s'affrontèrent le 14 avril 1471. Warwick fut tué.

La reine Marguerite d'Anjou, épouse d'Henri VI, et leur fils Édouard de Westminster, âgé de dix-sept ans, débarquèrent sur la côte sud et marchèrent vers le Pays de Galles, rassemblant leurs partisans. Les troupes d'Édouard IV affrontèrent celles de Marguerite d'Anjou à Tewkesbury. Édouard de Lancastre y fut tué.

Édouard IV rentra à Londres, avec sa prisonnière la reine Marguerite d'Anjou, le 21 mai 1471. Il se fit couronner le lendemain. Henri VI était opportunément passé de vie à trépas dans la nuit du 21 mai. La chronique *Historie of the Arrival of Edward IV* narre que le roi destitué décéda de mélancolie en apprenant la mort de son fils Édouard à Tewkesbury. Leurs disparitions privaient les Lancastre d'héritier. Dans Londres, on accusait Richard de Gloucester[2], frère cadet d'Édouard, de service à la Tour cette nuit-là, d'avoir poignardé Henri VI sur ordre de son frère. Or, en 1911, l'examen du crâne d'Henri VI révéla : « un morceau était là toujours attaché à certains des cheveux, qui étaient bruns, en un endroit, où c'était beaucoup plus sombre

1. Charles le Téméraire, duc de Bourgogne (1433-1477).
2. Richard de Glouglouter (1452-1485), fils de Richard Plantagenêt. Couronné roi d'Angleterre en 1483.

et apparemment emmêlé avec le sang ». Il aurait donc pris un coup sur la tête. Rien de commun avec une lame plantée dans le corps.

Le roi fit arrêter et emprisonner son frère George à la Tour de Londres, en juillet 1477. Il l'accusait de haute trahison. Le *bill d'attainder* permettant de condamner à mort sans aucune forme de procès le duc de Clarence affirmait que George avait prétendu qu'Édouard était un bâtard et avait cherché à « dépouiller le roi et ses fils pour saisir le trône grâce à l'acte de l'ancien “roi de fait et non de droit” Henri ». Il faut se souvenir qu'Édouard IV était né à Rouen et non en Angleterre. Une rumeur selon laquelle il était le fils d'un archer rouennais avait couru le royaume. Le Parlement réuni le 16 janvier 1478 : « Personne n'accusa le duc que le roi. Personne ne répondit au roi que le duc ». Édouard IV déclara son frère coupable et le condamna à être exécuté le 18 février. Leur mère Cécile Neville sollicita sa grâce. Elle lui fut refusée. Édouard consentit à ce que George puisse choisir sa mort et que son exécution ne soit pas un spectacle public selon le souhait de leur mère. Sans doute en raison de sa réputation de gros buveur, une rumeur prétendit que le condamné avait été noyé dans un tonneau de 105 gallons de vin de Malvoisie. Jean Molinet[1] rapporte : « Son frère, le duc de Clarence, querela contre sa majesté et fut vaincu par prochèz et jugiét à morir, salve la grace d'icelui roy qui ne lui volut faire aultre misericorde synon de choisir telle mort qu'il lui plairoit ; et pria qu'il peusist morir en une pipe plaine de malevisée, et ainsy en advint ». Une gravure de Philip Poteaux, d'après Dupre, dans *History*

1. Jean Molinet, *Chroniques. Jean Molinet Les Faitz et dictz.*

of England[1], représente la scène. Lorsque sa dépouille fut exhumée, il fut constaté qu'il n'avait pas été décapité comme il était d'usage pour les personnes de sang royal. L'histoire de la barrique de vin n'est peut-être pas aussi farfelue que cela…

1. Cassells Petter & Galpin, *History of England*, 1865.

LA RENAISSANCE

Alfonso d'Aragon. Le gendre du pape (1500)

L'Espagnol Rodrigo Borgia[1] n'a que 25 ans en 1456 lorsque son oncle le pape Calixte III[2] le nomme archevêque de Valence et le crée cardinal. Il ne sera ordonné prêtre qu'en 1468 !

Immoral, corrompu, Rodrigo Borgia tisse sa toile, au mépris des lois et de la foi. Les papes changent, mais lui demeure durant 35 ans vice-chancelier de l'Église. Il ne craint rien ni personne à Rome où sa position à la curie lui permet de mener la grande vie dans le luxe et les plaisirs en compagnie des filles faciles et de nombreuses maîtresses. Il a un fils, Pedro Luis, en 1458, légitimé par le pape Sixte IV. Rodrigo Borgia ne sait pas résister à une femme. Vannozza Cattanei rencontrée en 1470 lui donnera quatre enfants : César[3], Joan (1476), Lucrèce[4] et Jofré (1481). Avec Giulia Farnèse, il deviendra père de Laura (1492). Ses espérances sont comblées le 14 août

1. Rodrigo Borgia : Roderic Llançol i de Borja (1431-1503), élu pape en 1492.
2. Calixte III : Alonso de Borja i Llançol (1378-1458), élu pape en 1455.
3. César Borgia, né César de Borja, dit « le Valentinois » (1475-1507), fils du pape Alexandre VI et de Vannozza Cattanei.
4. Lucrèce Borgia (1480-1519).

1492. Rodrigo Borgia revêt la tenue sacerdotale et prend le nom d'Alexandre VI. Il est le 214e successeur de Saint-Pierre. Il nomme aussitôt son fils César, archevêque de Valence, faisant de lui, à 17 ans, le primat d'Espagne, sans que ce dernier n'ait été ordonné prêtre. Jofré est nommé, à 11 ans, au diocèse de Majorque, et fait archidiacre de la cathédrale de Valence.

Passé maître en matière de diplomatie, Sa Sainteté manie les relations humaines pour asseoir sa puissance. Sa politique matrimoniale est des plus avisées. Il unit Jofré, âgé de 12 ans, à Sancia d'Aragon, fille illégitime d'Alphonse II de Naples. Il impose à sa fille chérie, Lucrèce, trois unions qui vont servir ses divers intérêts et sceller des alliances avec les Espagnols et les Sforza. Mais, lorsqu'ils n'auront plus d'utilité, ils seront éliminés pour laisser place à ceux dont il pourra tirer avantage. La première union de Lucrèce, dans sa treizième année, est consentie avec Giovanni Sforza, dit « il Sforzino », âgé de vingt-six ans, veuf d'une Gonzague, héritier du comté de Cotignola et vicaire de l'Église pour la ville de Pesaro. Le mariage est célébré le 12 juin 1493. Burchard[1] narre : « La collation achevée, l'épouse avec le duc son frère et les dames, sortirent de la salle par la porte qui se trouvait à gauche du pontife et se rendirent à la maison du cardinal de Sainte-Marie in Portico, où était la demeure de l'épouse. Le soir, dans la salle des Pontifes, le pape offrit à l'époux, à l'épouse et à de nombreuses dames un repas auquel assistèrent quatre des cardinaux. » S'ensuivit une scandaleuse bacchanale d'après Stefano Infessura[2] : « Le soir, quelques cardinaux restèrent au souper et s'assirent à la table des noces. Le pape eut la première place ; puis

1. Johann Burchard (ou Burckhardt), (v.1450-1506), évêque originaire d'Alsace. Préposé aux cérémonies pontificales.
2. Stefano Infessura (1435-1500), historien.

vinrent les cardinaux, l'époux et quelques convives parmi lesquels se trouvaient des femmes : d'abord, la fille du pape ; puis Giulia Farnese, dite la Belle, sa concubine [...] et chaque cardinal avait près de lui une jeune femme [...] On joua des comédies et des tragédies lascives qui provoquèrent le rire de l'assistance. Le souper fini, le pape accompagna, dit-on, en personne sa fille et son époux jusqu'au palais de Sainte-Marie in Portico, de l'autre côté des escaliers de Saint-Pierre. Là, l'époux s'unit maritalement à son épouse. On dit beaucoup d'autres choses, mais je ne les rapporte pas, parce qu'elles ne sont pas vraies ou qu'elles sont, en tout cas, incroyables. »

Alexandre VI très vite déçu par les dispositions de ce gendre trop préoccupé des intérêts français, le contraint à confesser son impuissance. Les jeunes gens ne se seraient pas connus dans la chair... À l'instigation du pape, le 18 novembre 1497, Giovanni Sforza déclare officiellement que son mariage n'a pas été consommé. Le 22 novembre, la dissolution est prononcée. Pourtant, Lucrèce attend un heureux événement et ne peut plus dissimuler sa grossesse. Séparée de son mari, elle s'était retirée au couvent Saint-Sixte, où elle a eu une aventure avec le camérier pontifical d'Alexandre VI, Pedro Caldès, surnommé Perotto. Lucrèce est la risée de tout Rome. Elle regagne son palais de Santa-Maria in Portico et met au monde un garçon, le 15 mars 1498. Habile à dissimuler et maquiller la vérité, Alexandre VI, en septembre 1501, légitimera cet enfant par deux bulles pontificales. La première fera de Giovanni le fils naturel de César Borgia et d'une inconnue non mariée. L'autre accordera au fils de Lucrèce le duché de Leti et attribuera la paternité à Alexandre VI lui-même. Miracle ! L'enfant de Lucrèce a donc deux pères : le pape et César Borgia.

Pour l'heure, César, furieux contre sa sœur, et son amant plus encore, poursuit Perotto dans les couloirs du Vatican « qui se réfugiait sur les genoux du Saint-Père et son sang tacha la robe pontificale » rapporte la chronique. Il le tue ! Ce que confirme Alberi[1] : « Et une autre fois, il tua de sa propre main, messire Perotto un des favoris d'Alexandre VI, qui s'était réfugié sous le manteau du pape, le sang gicla sur le visage du pape de qui il était le favori ».

Giovanni Sforza encaisse le divorce « pour impuissance ». L'affront est de taille. Il choisit de se venger à sa manière en propageant l'abjecte rumeur d'une relation incestueuse entre Lucrèce, son père et son frère César. César, qui lors d'un consistoire est retourné à l'état laïc : « Le cardinal de Valence est tout disposé à se faire mondain et il ne songe même plus à être cardinal », remarque Marino Sanuto[2]. Il part en France se chercher une épouse.

Il est temps de marier Lucrèce. Alexandre VI choisit de se rapprocher des Aragonais maîtres de Naples. Alfonso d'Aragon[3], frère de Sancia, est un très beau parti. Il vaut son pesant de maravédis. Le mariage a lieu le 20 juin 1498. Le couple est heureux, un petit Rodrigo naît. Le souverain pontife est si content que « avant le jour il avait

1. Alberi, Relazioni degli ambasciatori veneti, série 2, tome III.
2. Marino Sanuto, Diarii di Marino Sanuto, Venezia, 1879, Tome I : 1495-1498.
3. Alfonso d'Aragon (1481-1500), fils illégitime du roi Alfonso II de Naples.

fait notifier cet événement à tous les cardinaux, ambassadeurs et amis », note Johann Burchard[1].

Les nuages voilent brusquement le ciel d'amour de Lucrèce et de son époux. Comme la France s'est rendue maîtresse de Naples en 1500, Alfonso d'Aragon n'a plus aucun intérêt pour le pape. En juillet, César est chargé de faire la chasse à son beau-frère. Le 15, Alfonso quitte les appartements pontificaux après avoir dîné avec le pape, il longe l'église Saint-Pierre, quand un groupe de sicaires conduit par Michelotto[2] l'attaque. Il est gravement blessé, mais son écuyer et son camérier parviennent à repousser les assaillants. Ils ramènent promptement Alfonso auprès de sa femme au Vatican, sous la protection du Saint-Père. Il y est soigné avec dévouement par Lucrèce et se rétablit peu à peu. Un mois plus tard, le 18 août, deux hommes de main parviennent à se faufiler jusqu'à sa chambre et lui donnent la mort. Le bruit se répand que César Borgia lui-même a terminé le travail en l'étranglant. L'ambassadeur vénitien Alberi[3] nous raconte les faits de cette manière : « Alphonse raconte comment il avait été blessé à trois heures du matin près du palais du Duc de Valentinois [César Borgia] et il dit par qui et Lucrèce s'évanouit. […] Le pape faisait surveiller la chambre d'Alphonse par 16 gardes, au cas où on essaierait de le tuer. Et quand le pape venait rendre visite au duc de Bisceglie, César ne venait jamais avec, sauf une fois, où il prononça ces mots : « Ce qui ne s'est pas fait au déjeuner se fera au dîner. » À vingt ans, Lucrèce est veuve. Folle de douleur, elle quitte le Vatican, le 30 août, pour son château de Neti.

1. Johann Burchard, *Dans le secret des Borgia : journal du cérémoniaire du Vatican : 1492-1503/* Johannes Burckhard.
2. Michele di Corella, dit Michelotto (?-1508), ami d'enfance de César Borgia.
3. Alberi, Relazioni degli ambasciatori veneti, série 2, tome III.

De ce jour, toutes ses lettres sont signées de « La plus malheureuse des femmes ».

Cependant, Alfonso d'Este, cousin d'Alfonso d'Aragon – on reste en famille – sans grand enthousiasme, épouse Lucrèce le 21 décembre 1501. Les commentaires de Guicciardini[1] sont explicites : « Dans ce temps-là, le Pape maria Lucrèce sa fille à Alfonso d'Este, fils aîné d'Hercule, duc de Ferrare et lui donna pour dot cent mille ducats comptant avec plusieurs riches présents [...] Deux motifs portèrent Hercule et Alfonse son fils à consentir à ce mariage indigne de la maison d'Este qui jusque-là n'avait fait que d'illustres alliances : ce fut la considération du roi de France qui voulant plaire en tout au Pape, les en sollicita ; et le désir de se garantir des armes et des attentats du duc de Valentinois, si cependant il pouvait y avoir quelque sûreté avec ce monstre de perfidie. Riche en argent comptant, d'ailleurs soutenu de l'autorité du Saint-Siège et de la faveur du Roi, il s'était déjà rendu formidable à une grande partie de l'Italie, où l'on n'ignorait pas que rien n'était capable de remplir son ambition effrénée. » Le diariste vénitien Girolamo Priuli est tout aussi féroce : « Cette dame Lucrèce avait été mariée quatre fois ; à tous ses maris le duc de Valentinois avait fait un sort malheureux ; elle était courtisane et le bruit court que le pontife, son père, avait abusé d'elle, chose à ne pas écrire dans nos livres ; quand même, on le disait, et aussi de son frère, et on le divulguait dans toute la ville de Rome. [...] Ce seigneur Alphonse, pour ces raisons, était très réticent à conclure un tel mariage ; pourtant le père, duc de Ferrare, astucieux et malin, craignait fort pour son

1. Guicciardini = Francesco Guicciardini, dit François Guichardin (1483-1540) ambassadeur florentin.

État, voyant le roi de France tout-puissant en Italie, ainsi que le duc de Valentinois, lié avec le roi ; et il avait peur d'être chassé de son état, et sans qu'en Italie quelqu'un puisse le défendre. Alors, pour rester fort dans son État, il se décida à ce mariage, qui mettrait son État et son fils sous le manteau du pape et sous la protection pontificale ; il pensa qu'ainsi il serait protégé contre ses ennemis. » Burchard préfère s'attarder sur les manifestations de joie et l'exubérance de la famille Borgia : « Depuis l'heure du souper jusqu'à la troisième heure de la nuit, la grosse cloche du capitole sonna, de nombreux feux furent allumés au-dessus du château Saint-Ange et dans toute la ville. [...] Tout cela pour transformer en objet de joie ce qui en réalité était un objet de honte. » Ce que Borgia veut...

Pape Alexandre VI. La Cantarella (1503)

De l'argent ! Des richesses ! Plus ! Encore plus ! Toujours plus ! Le pape Alexandre VI[1] et son fils César Borgia[2] n'en possédaient jamais assez. D'autant que César avait pour ambition d'acquérir son propre état, à n'importe quel prix, grâce à la fortune de son père, en éliminant une à une les seigneuries qu'il convoitait. Les opérations militaires qu'il menait, aidé de ses condottieres, nécessitaient des ressources importantes.

La puissante famille Orsini, notoirement opposée au pape, menacée par la politique expansionniste du père

1. Alexandre VI = Rodrigo Borgia (en italien), né Roderic Llançol i de Borja (1431-1503), élu pape en 1492.

2. César Borgia, né César de Borja, dit « le Valentinois » (1475-1507), fils du pape Alexandre VI et de Vannozza Cattanei.

et du fils, recherchait des alliés dans la noblesse d'Italie du nord et du centre afin de combattre les Borgia. *La Congiura di Magione*[1], en octobre 1502, avait rassemblé le cardinal Giovanni Battista Orsini, des membres de sa famille et des proches, les seigneurs de Bologne, de Pérouse, de Sienne, de Fermo, etc. Mal leur en prit. Les représailles furent terribles. Le Florentin François Guichardin[2] dressait ce portrait du fils Borgia : « ... un tel tyran, destructeur de peuples et de provinces, immodérément assoiffé de sang humain, exemple aux yeux du monde d'une cruauté horrible et de perfidie, qui, tel un brigand de grand chemin, avait massacré, au mépris de la parole donnée, tant de gentilhommes et de seigneurs, et qui, sans reculer devant l'assassinat, par le fer ou le poison, de ses frères et de ses parents, aurait même dépassé en férocité la barbarie des Turcs, en s'en prenant à des êtres dont l'âge appelle à la compassion. »

Michelotto Corella[3], ami et homme de main de César, assassina deux des condottieres révoltés, Vitellozzo Vitelli et son gendre Oliverotto Da Fermo, le 31 décembre 1502, dans le palais Bernardino de la ville de Senigallia. César, à Città della Pieve, fit étrangler le chevalier Francesco Orsini, et Paolo (Orsini) de la branche des Gravina. Le cardinal Giovanni Battista Orsini fut empoisonné, le 22 février 1503, dans sa geôle du château Saint-Ange.

Le souverain pontife pour se procurer de l'argent avait mis au point un système très lucratif. Il vendait des charges à tour de bras. Il créa, en mars 1503, huit postes dans l'administration pontificale, au prix de 760 ducats chacun. Sous divers prétextes, il confisquait les biens

1. Congiura di Magione (Conspiration de Magione) = les conspirateurs se réunirent au château de Magione, en Ombrie, le 9 octobre 1502.
2. Guicciardini = Francesco Guicciardini, dit François Guichardin (1483-1540), ambassadeur florentin.
3. Michele di Corella, dit Michelotto (?-1508), ami d'enfance de César Borgia.

des cardinaux, et mettait la main sur leurs possessions après leur décès, naturel, ou programmé. Le 20 juillet 1502, le cardinal Giovanni Battista Ferrari fut empoisonné. Avant d'être exécuté, son secrétaire Asquinio de Colorado, accusé du meurtre, clama qu'il avait agi sur ordre d'Alexandre VI et de son fils César. En avril 1503, le cardinal Giovanni Michiel disparaissait. Les Borgia firent piller sa demeure et confisquer 150 000 ducats sur sa fortune.

Paolo Giovio[1] notait ceci : « … en ce temps là, César Borgia qui avait fait assassiner quatre seigneurs des antiques familles de Camerino et d'Urbino, pour se rendre maître de leurs États et leurs richesses avait chassé Guidobaldo de Montefeltro d'Urbin et Pandolfo de Malatesta de Rimini. Il avait aussi pris Faenza et fait étrangler Astorre Manfredi. Tout d'abord il fait cruellement tuer en Ombrie Vitelozzo, qu'il haïssait pour son courage et sa valeur, puis Oliveretto da Fermo, Paolo Orsini fils du cardinal ; et Francesco Orsini Duc de Gravina et ce même jour, Battista Orsini cardinal fut assassiné par le pape Alexandre VI, au château Saint Ange, au moyen du poison cantarelle. »

Le pape continuait son petit commerce. Il créait, lors du consistoire du 31 mai 1503, neuf nouveaux cardinaux. Belle opération ! Chaque charge fut achetée entre

1. Paolo Giovio, *La prima parte dell'istorie del suo tempo di Monsignore Paolo Giovio Da Como*, Vescova di Nocera, Venetia, 1555-60.

120 000 et 130 000 ducats. Francesco Remolines devint cardinal de Sorrente. Adriano Castellesi Di Corneto, à la tête d'une fortune colossale, hérita du titre – lié à la basilique Saint-Pierre du Vatican – de cardinal-prêtre de San Crisogono. Un banquet gargantuesque s'imposait afin de célébrer cette promotion tombée du ciel. En grande pompe, Adriano Castellesi Di Corneto reçut à sa table Alexandre VI, son fils César, Francesco Remolines, le camérier secret Pietro Carafa, le secrétaire espagnol Juan Ortega de Gomiel et le chef des gardes du Vatican, le 6 août 1503, dans sa propriété du Monte Mario, au milieu des vignes. César Borgia avait prévenu qu'il fournirait pour ces agapes le vin de Ghio dont son père et lui raffolaient. La chaleur accablante incita les convives à consommer sans retenue le breuvage proposé tout au long de cette nuit d'orgie et de libations. Plusieurs invités furent pris de nausées et de vomissements. Le pape, son secrétaire et le commandant de la garde furent ramenés au Vatican. César Borgia, mal en point, regagna son palais. Les médecins pontificaux attribuèrent ces symptômes à l'effet conjugué de la chaleur estivale et l'excès de nourriture et de boisson. Plusieurs saignées furent pratiquées sur Alexandre VI tourmenté par la fièvre. Le cardinal Juan Borgia Llançol, cousin du pape, était mort de malaria le 1er août, à Rome. Cette épidémie de malaria ne paraît pas avoir interrogé la science des médecins affairés à saigner tant et plus le malade dont la santé se dégradait.

Au prix d'un effort surhumain, le 11 août, le pape participa à l'anniversaire de son avènement. Le lendemain, il « vomit un liquide jaune ». César, d'après les témoins, souffrait « d'une fièvre double tierce » et de violentes douleurs d'estomac. Inquiet pour son père, il fit fermer les portes du Vatican et contrôler l'accès. Le souverain pontife, placé sous protection renforcée, subit une longue saignée le 13. Giustiniani, ambassadeur vénitien à la cour de Rome, écrivit à Venise, le 17 août : « Le Vatican est sens dessus-dessous. Chacun essaie de s'en tirer de son côté et de préserver son bien, mais dans le plus grand secret. Les hommes du pape et ceux du duc [César Borgia] essaient du mieux qu'ils peuvent de cacher la gravité de l'état du pape, mais ils s'y prennent si mal qu'il vaudrait mieux qu'ils disent la vérité. » Alexandre VI assista à sa dernière messe, dans sa chambre, le 18, en présence de cinq cardinaux. Il réclama l'extrême-onction en fin d'après-midi, administrée par l'évêque Gamboa. Son épouvantable agonie fit fuir le personnel. La langue monstrueuse qui sortait de sa bouche leur fit imaginer un dialogue avec le diable, venu réclamer son âme. Gamboa, le dataire, membre de la chancellerie apostolique, et le palefrenier pontifical l'assistèrent dans ses derniers instants. Il rendit l'âme à 19 heures. En apprenant le trépas de son père, César ordonna de clore les chambres des appartements et de tenir le décès secret. Il délégua Michelotto, qui contraignit le chambellan Casanova à lui remettre la clé du trésor pontifical. Le témoignage du prélat Johann Burchard[1], maître de cérémonie, témoin oculaire, est précieux : « Le samedi matin, le 12 août, le pape se sentit mal, et à 3 heures de l'après-midi il devint fiévreux. [...] Tôt le 17 août, on lui donna des médicaments, mais son état empira et à 6 heures le lendemain matin, il fit ses dernières confessions à Don Pietro Gamboa, l'évêque de Carinola, qui a ensuite célébré la messe en présence de Sa Sainteté. Après s'être communié, il donna au pape l'hostie et continua la messe. Le service était suivi par

1. Johann Burchard ou Burckhardt, (v.1450-1506), évêque originaire d'Alsace. Préposé aux cérémonies pontificales.

cinq autres évêques : Serra, Francesco Borgia, Giovanni Castelar, Casanova et Loris de Constantinople, à qui Sa Sainteté déclara qu'il était tombé malade. À la dernière heure, l'évêque de Carinola lui donna l'extrême-onction et il mourut en présence de l'évêque, des cardinaux et serviteurs qui étaient là. [...] Le duc, [César Borgia] qui était malade, envoya le seigneur Michelotto avec une forte escouade pour fermer toutes les portes de sortie des appartements du pape. L'un des hommes, dégainant son poignard, menaça le cardinal Casanova de l'égorger et de le jeter par une fenêtre s'il refusait de lui remettre les clefs du trésor du pape. Effrayé, le cardinal remit les clefs. Les hommes entrèrent alors l'un après l'autre dans le local situé derrière la chambre du pape, où ils prirent toute l'argenterie qu'ils trouvèrent et deux caisses contenant environ... mille ducats. Vers la vingt-troisième heure, ils rouvrirent les portes et la mort du pape fut annoncée. Pendant ce temps, les serviteurs s'emparèrent de tout ce qui restait dans les garde-robes et dans les appartements du pape. [...] Son corps avait tellement enflé qu'on ne put le mettre dans le cercueil qu'on lui destinait. On le roula ainsi provisoirement dans un tapis, pendant que ses appartements furent livrés au pillage[1]. »

D'après les contemporains, de 100 000 à 300 000 ducats, des bijoux, des œuvres d'art, de l'argenterie, furent emportées avant que César ne fasse rouvrir les portes du Vatican. Johann Burchard fit préparer la dépouille. Elle fut déposée sur un catafalque dans la salle du Perroquet. Il n'y eut pas de veillée funèbre. Le 19 août, ce corps déjà rongé par la décomposition fut transporté dans la basilique Saint-Pierre, derrière la balustrade de l'au-

1. Johann Burchard, *Dans le secret des Borgia : journal du cérémoniaire du Vatican : 1492-1503*/ Johannes Burckhard.

tel majeur. La description de Burchard est explicite : « La dépouille du pape était restée derrière la grille du maître-autel, entourée de quatre torches allumées. Son visage devint de plus en plus horrible et noir ; au point que, quand je le vis à la vingt-troisième heure, il avait la couleur d'un drap tout noir ou encore d'un Maure. La figure était boursouflée ainsi que le nez. La bouche était grande ouverte et la langue, qui avait doublé de volume, remplissait la bouche tout entière. Chacun sait qu'on n'avait jamais rien vu de si horrible. »

La rapide déliquescence du cadavre, son aspect épouvantable, sa langue volumineuse pouvaient suggérer l'utilisation d'un poison. Le fameux poison Borgia... *La Cantarella*... dont ils auraient usé et abusé... Connue sous l'appellation de « sucre à plomb », la Cantarella contenait un mélange d'arsenic, d'acétate de plomb, et de phosphore. Le pape avait-il consommé par mégarde du vin empoisonné chez Adriano Castellesi Di Corneto ? César Borgia était-il à l'origine de cette turpitude ? Avait-il donné des consignes pour que la Cantarella soit mêlée au vin destiné à leur hôte dont il convoitait l'immense fortune ? S'agissait-il d'une manipulation hasardeuse, d'une erreur d'amphore, d'un contenant souillé, d'un verre échangé ? Bien des questions demeurent sans réponse.

La curie s'agitait, les évêques s'ébrouaient, les cardinaux organisaient un conclave pour procéder à l'élection d'un nouveau pape alors que les Romains se réjouissaient de la disparition du scandaleux Borgia. Guichardin, ambassadeur florentin, rapporte : « Tout Rome afflua à Saint-Pierre avec une incroyable allégresse devant le cadavre d'Alexandre VI, personne ne pouvant assez se repaître de voir que s'était éteint le serpent qui, par son ambition immodérée et sa funeste perfidie, et par tous les exemples d'une horrible cruauté, d'une monstrueuse luxure et d'une cupidité inouïe (ne vendait-il pas sans distinctions les choses sacrés des choses profanes ?), avait infecté de poison le monde entier ; et néanmoins, il s'était élevé avec une très rare et presque constante prospérité, depuis sa première jeunesse jusqu'au dernier jour de sa vie, désirant toujours de très grandes choses et obtenant ce qu'il désirait. » Le cercueil fut enseveli en la chapelle Notre-Dame-des-Fièvres ou rotonde Saint-André. Son successeur, Pie III, déclara : « Il est blasphématoire de prier pour un damné » et interdit qu'une messe soit célébrée pour le repos de l'âme d'Alexandre VI.

Dans quelque lieu retiré du vieux Rome, une femme, dont l'identité nous est inconnue, envisageait l'avenir et celui de son enfant sous de sinistres auspices. Qu'adviendrait-il de lui ? Un an plus tôt, la naissance de son dernier fils, Rodrigo, qu'il avait baptisé lui-même, avait mis en joie son amant de 71 ans… le représentant de Dieu sur terre. Sa mort n'augurait rien de réjouissant pour la mère et l'enfant. Pourtant, le petit Rodrigo Borgia obtint du pape Léon X la dispense de son illégitimité. Il devint abbé commanditaire de Ciciano di Nola, non loin de Naples. La bulle datée du 16 août 1515, indique explicitement qu'il est né « d'un pontife romain et d'une femme non mariée » (« *de romano pontifice genitus et soluta* »), ce qui semble accréditer le fait qu'il soit bien le dernier fils d'Alexandre VI.

Ibrahim Pacha. Jalousie au harem (1536)

En pleine gloire, Ibrahim Pacha[1] est ainsi décrit par un ambassadeur vénitien, en 1520 : « Il est le cœur et le souffle du Grand Seigneur, il fait ce qu'il veut et le Grand Seigneur ne fait rien sans prendre son conseil. Il est un sujet de notre République, de Parga. Il est mince, avec un visage fin et pâle, d'une taille moyenne, il est très gracieux. Éloquent, il s'intéresse à tout et se fait lire des romans comme la vie d'Alexandre le Grand ou d'Hannibal et des livres de guerres et d'histoire. Il compose la musique avec bonheur en compagnie d'un persan qui habite chez lui. […] Il achète toutes les belles choses qu'il veut avoir. Il est savant, lit la philosophie et connaît parfaitement le droit de son pays. Il est très aimé par le Grand Seigneur qui ne peut se séparer de lui. »

1. Ibrahim Pacha, né Pargali (1493-1536).

Le sultan ottoman Süleyman[1], héritier d'un vaste empire, ne saurait se passer de la compagnie de son ami Ibrahim, ancien esclave grec qui lui fut offert en 1515. Capturé enfant, chrétien des Balkans, il fut éduqué et islamisé. Ibrahim, était intelligent, talentueux, il parlait le grec, l'italien, le turc et le persan. Doté d'une grande beauté, il appartenait au corps des « garçons de la chambre », les pages du palais de Topkapi, la résidence impériale. Remarqué par le prince héritier Soliman, il le nomma grand fauconnier et chef de la chambre privée ce qui le hissait à la fonction la plus élevée dans la hiérarchie du palais. Les deux jeunes gens sont inséparables. Ils deviennent amants. Le 27 juin 1523, Soliman renvoie le vieux Piri Pacha pour confier la direction du gouvernement et de l'administration de l'Empire à Ibrahim dont il fait son Grand Vizir. Cette même année, Ibrahim épouse Muhsine Hatun, la petite-fille du Pacha Iskender qui l'avait capturé enfant. Muhsine lui donnera un fils, Mehmed Sah Bey (mort en 1539). Soliman attribue à son favori, qu'il considère comme son frère, la très haute distinction de beylerbeyilik[2] de Roumélie, affirmant son autorité sur tous les gouverneurs des territoires européens de l'Empire. L'ascension du pauvre fils de pêcheur de Parga, que les chroniqueurs surnomment « Makbul » (le favori), n'est pas du goût de tout le monde. Cependant, Ibrahim Pacha, à la tête des armées ottomanes, donne toutes satisfactions à Soliman au cours des diverses campagnes menées en Europe. Les opposants ruent dans les brancards lorsque Ibrahim fait édifier, à Constantinople, un superbe palais, en bordure de l'Hippodrome.

1. Süleyman (v.1494-1566), surnommé Soliman le Magnifique.
2. Beylerbeyilik : gouverneur d'une ou plusieurs provinces.

La mésentente avec Eskander Chalabi, le ministre des Finances, hâte sa chute. Celui-ci prétend que le Grand Vizir ourdit un complot pour le renverser. L'esclave et concubine Hürrem[1] étant parvenue à s'extraire du harem et se faire épouser, terriblement jalouse d'Ibrahim, n'a qu'à souffler sur les braises pour convaincre Soliman de la traîtrise de son ami. Sa confiance aveugle en lui est mise à mal par la perfide Hürrem. Les chroniqueurs affirment que nul n'ignorait « sa passion pour deux de ses esclaves : pour son bien-aimé Ibrahim quand le sultan était un jeune homme au sang chaud, et pour sa bien-aimée Hürrem quand il était mûr ».

Soliman pressé d'en finir par Hürrem, consulte son qadi[2]. L'homme réprouve depuis toujours pareille intimité entre le sultan et son esclave. Il lui suggère de mettre à mort son favori. Soliman, le 5 mars 1536, convie à dîner Ibrahim, avec lequel il partagea tant de jours et de nuits depuis l'enfance. Ils font bombance et s'endorment dans le même lit. Le lendemain matin, le corps sans vie d'Ibrahim est retrouvé, étranglé avec un lien. Les eunuques du palais ont œuvré en silence.

Anne Boleyn (1536) et Catherine Howard (1542). La tête sur le billot

« Divorcée, décapitée, décédée, divorcée, décapitée, survivante », la formule est célèbre en Grande-Bretagne pour retenir le sort réservé aux six épouses d'Henri VIII.

Persuadé que son union était maudite, car sa première épouse, Catherine d'Aragon, n'avait pu lui donner d'hé-

1. Hürrem, née Alexandra Anastasia Lisovska (v.1504-1558), connue sous le nom de Roxelane en référence à ses origines ruthènes. Favorite puis épouse (1533) de Soliman.
2. Qadi : juge d'un tribunal de la charia.

ritier mâle, Henri VIII demanda au pape Clément VII d'annuler le mariage au prétexte que cette alliance n'était pas légitime parce qu'il avait péché en prenant la veuve de son frère ce qui était interdit par la Bible. Le Saint-Père s'y refusa. La reine avait, sans l'opération du Saint-Esprit, mis au monde six enfants… Seule Mary[1] survivra. Elle sera couronnée en l'abbaye de Westminster, le 1er octobre 1553. Le monarque obtint de l'archevêque de Cantorbéry, Thomas Cranmer, l'annulation en 1533. Cette décision engendra la rupture avec Rome et le début de la Réforme en Angleterre. Henri VIII se proclama chef suprême de l'Église d'Angleterre et dans la foulée épousa secrètement Anne Boleyn enceinte de lui. Elle donna naissance à Élisabeth[2] le 7 septembre 1533. Les grossesses suivantes ne purent être menées à leur terme. Henri VIII pestait tant et plus. Anne Boleyn avait fait son temps. Il lui fallait un ventre fertile pour porter enfin ce fils tant désiré. La reine accusée d'adultère, d'inceste et de haute trahison fut arrêtée le 2 mai 1536. Thomas Cromwell se chargea de fabriquer des preuves et dressa la liste de ses amants présumés : Sir Henry Norris, Sir Francis Weston, William Brereton et en prime son musicien Mark Smeaton qui avoua sous la torture. Les autres nièrent malgré les supplices. L'acte d'accusation mentionne : « […] Et d'autres jours avant et après, à Westminster, elle [la reine] leur a fait de grands cadeaux pour les encourager dans leurs crimes. Et en outre ladite reine et ces autres traîtres […] à Westminster, a comploté la mort et la destruction du roi, la reine disant souvent qu'elle épouserait l'un d'eux dès sa mort, et affirmant qu'elle n'aimerait jamais le roi dans son cœur. » George Boleyn, le frère

1. Mary Tudor (1516-1558), future Mary Ire, dite Mary la Sanglante.
2. Élisabeth Tudor (1533-1603) future Élisabeth Ire.

d'Anne, fut convaincu d'inceste sur dénonciation de sa femme, Lady Rocheford[1]. Cromwell n'hésitait point à sombrer dans le sordide : « [...] Aussi la reine, [...] et plusieurs fois avant et après, à Westminster, a acheté et incité son propre frère naturel, George Boleyn, seigneur Rocheford, monsieur de la chambre privée, pour la violer, en le séduisant avec sa langue dans la bouche dudit George, et ladite langue de George dans la sienne, ainsi qu'avec des baisers, des cadeaux et des bijoux ; par lequel lui, méprisant les commandements de Dieu et toutes les lois humaines, [...] violé et connu charnellement ladite reine, sa propre sœur, à Westminster ; ce qu'il a également fait plusieurs autres jours avant et après au même endroit, parfois par ses propres achats et parfois par la Reine. » Une mascarade de procès eut lieu le 15 mai. Anne Boleyn fut condamnée à la décapitation. Henri VIII ignora ses protestations d'innocence.

1. Jane Parker (v.1505-1542). Mariée à George Boleyn, dite Lady Rocheford. Belle-sœur de Anne Boleyn. Dame d'honneur de Catherine Howard.

Lorsqu'elle se présenta sur l'échafaud de Tower Green, le 19 mai 1536, elle eut le grand courage de prononcer ces mots face à la trentaine d'observateurs : « Mes amis, vous allez me voir mourir en martyre chrétienne. C'est un tribunal qui m'a condamnée, mais je ne puis dire que ce soit avec justice. Je suis venue ici pour mourir, parce que selon la loi et par la loi je dois mourir, alors je ne parlerai pas contre elle. Si j'ai été amenée à cette fin par la volonté de Dieu, je ne suis ici pour accuser personne, ou pour parler de ce dont je suis accusée et condamnée à mort, mais je prie Dieu pour sauver le roi et pour qu'Il lui accorde un long règne, car jamais il n'y eut de prince plus doux et clément, et, pour moi, il a toujours été un bon et doux souverain. Et si une personne s'intéresse à ma cause, je lui demande de juger pour le mieux. Sur ce, je prends mon congé du monde et de vous tous, et je vous demande du fond du cœur de prier pour moi. » Sa tête fut tranchée à l'épée.

Jane Seymour prit aussitôt sa place dans la couche royale après un mariage expédié le 30 mai 1536. En octobre de l'année suivante naissait Édouard[1]. Sa mère très éprouvée par l'accouchement succomba le 24 octobre. Le veuf parut éprouver un réel chagrin puis se mit en quête d'une nouvelle femme. Il se présenta devant l'autel avec la princesse allemande Anne de Clèves le 6 janvier 1540. Fervente catholique, Anne dut se convertir à la foi anglicane contre son gré. Or, la dame ne fut point à son goût et l'union jamais consommée avec « la jument des Flandres ». Il obtint l'annulation du mariage le 9 juillet suivant ! Catherine Howard, cousine d'Anne Boleyn, dame d'honneur d'Anne de Clèves, était alors l'objet de sa convoitise et de sa passion débordante. Il l'épousa le

1. Édouard (1537-1553), futur Édouard VI.

28 juillet au château d'Oatlands, dans le Surrey. Éternel insatisfait, Henri VIII reprocha à sa jeune femme sa frivolité et les relations amoureuses qu'elle aurait entretenues avant leur mariage avec Francis Dereham et Thomas Culpeper. La chute de Catherine Howard fut vertigineuse. Les courtisans s'employèrent à rapporter au roi des preuves accablantes de son infidélité. Il la fit arrêter. Charles Wriothesley[1] rapporta : « Cette année, le premier jour de décembre, ont été traduits en justice au Guild Hall de Londres Thomas Culpeper, l'un des gentilshommes de la chambre du roi, et Francis Dorand [Dereham], gentilhomme, pour haute trahison contre sa Majesté le roi dans son comportement avec la reine, comme en témoignent les faits qu'ils ont confessés, et ont eu leurs jugements à être pendu et écartelé. »

L'ambassadeur Eustache Chapuys narrait à l'empereur Charles Quint : « Ce même greffier a été envoyé de nouveau le jour de la Saint-André pour me dire que le lendemain Culpeper et Durem [Dereham] seraient jugés pour haute trahison, me suppliant d'envoyer un de mes secrétaires pour assister au procès. La même notification et la même invitation ont été adressées à l'ambassadeur de France, au secrétaire vénitien et au gentilhomme du duc de Clèves, qui est encore ici. Tous les conseillers privés assistèrent au procès qui, après une longue discussion de six heures, aboutit à la condamnation des deux gentilshommes susmentionnés, qui furent condamnés à être pendus et écartelés comme traîtres. Durem [Dereham] a avoué avoir connu la reine familièrement avant qu'elle ne soit fiancée ou promise au roi ; mais il dit qu'il ne savait pas qu'il y eût quelque mal à cela, puisqu'ils étaient alors

1. Charles Wriothesley, *Une chronique de l'Angleterre pendant les règnes des Tudors, de 1485 à 1559*, 1875.

fiancés l'un à l'autre. Culpeper persista à nier la culpabilité dont on l'accusait, affirmant qu'il n'avait jamais sollicité ni eu affaire à elle ; au contraire, c'était elle qui l'avait importuné par l'intermédiaire de Mme de Rocheford [Jane Boleyn, Lady Rocheford], en le priant [Culpeper] d'aller à sa rencontre dans un endroit retiré du Lincolnshire, où elle l'avait désigné, et qu'à cette occasion [Culpeper] ayant respecté le rendez-vous, elle lui avait dit elle-même, comme elle lui avait d'abord envoyé un mot par Mme de Rocheford [Jane Boleyn, Lady Rocheford], qu'elle se languissait de lui et qu'elle mourait d'amour pour sa personne. On pense que les deux seront décapités aujourd'hui. Dame de Rochefort [Jane Boleyn] aurait été condamnée en même temps si, le troisième jour après son emprisonnement, elle n'avait pas été prise d'un accès de folie dont son cerveau est affecté. La reine est toujours à Syon House, et l'on pense que le roi, pour faire preuve de clémence à son égard, ne fera aucune innovation à son sujet, ni rien de plus que ce qu'il a fait jusqu'à présent, jusqu'à ce que le Parlement se réunisse et décide du sort qui lui sera réservé. » Francis Dereham et Thomas Culpeper furent exécutés à Tyburn, le 10 décembre 1541. La peine de Culpeper fut commuée en décapitation, en raison de son statut, mais Dereham dut subir « la mort complète du traître ».

Catherine Howard, le 13 février 1542, posa sa jolie tête sur le billot, à Tower Green. Cette toute jeune femme de 19 ans, avant de passer de vie à trépas, lança à ceux assemblés pour se réjouir de son trépas : « Je meurs en reine, mais j'aurais préféré mourir en épouse de Culpeper. » Un ultime pied de nez à son ignoble époux.

Alexandre de Médicis. Serait-il légitime d'éliminer un tyran ? (1537)

Le pape Léon X[1], né Jean de Médicis, avait confié aux hommes de sa famille les postes clés de la ville de Florence. Jules de Médicis[2], devenu le pape Clément VII, affermit la toute-puissance du Saint-Siège en y plaçant des cardinaux. Cependant, la famille Médicis après le sac de Rome, en 1527, avait été contrainte de quitter Florence. De ce fait, le Consiglio Maggiore et autres institutions de la république de Florence avaient été restaurés. Les corporations, les sept arts majeurs, dirigeaient. Mais, grâce au traité de Barcelone, signé entre l'empereur Charles Quint et le pape Clément VII, la vapeur fut inversée. Les armées de Charles Quint reprirent Florence. Ce fut un jeu d'enfants de nommer Alexandre de Médicis[3] premier duc héritier de Florence, le 28 octobre 1530. Les *Ordinazioni* du 27 avril 1532 attribuèrent le titre officiel de « duca della repubblica firoentina, come si chiama il doge a Venezia » au duc Alexandre.

L'exercice du pouvoir n'est pas chose aisée et Alexandre de Médicis, fils naturel du duc d'Urbino ou du pape Clément VII, sait-on jamais, par ses excès allait engendrer maints ressentiments. Il s'était acoquiné au peu recommandable Lorenzo de Médicis[4], dit Lorenzaccio, son cousin et avant tout compagnon de débauche et de beuverie. Voire, selon les rumeurs, son amant. Leurs frasques étaient connues du Tout Florence. « Les discours de ces

1. Jean de Médicis (1475-1521), élu pape en 1513.
2. Jules de Médicis (1478-1517).
3. Alexandre de Médicis (1510-1537), fils de Laurent II de Médicis, ou du pape Clément VII (Jules de Médicis) et de Simonetta da Collevecchio.
4. Lorenzo de Médicis (1514-1548), dit Lorenzaccio. Fils de Pierfrancesco de Médicis et de Marie Soderini.

drôles n'étaient que des outrages perpétuels à toutes les lois divines et humaines, des railleries cruelles contre le peu de gens de cœur qui restait encore à Florence. » Lorenzo jouissait d'une réputation calamiteuse. À Rome, il avait fait scandale en brisant la tête des statues de l'arc de triomphe de Constantin. Il n'échappa à la pendaison qu'en vertu du fait qu'il était neveu de cardinal. Le pape Clément VII voulut bien lui pardonner. Après tout, ils étaient de la même famille. Il ignorait que Lorenzo avait pour projet de « libérer Florence du tyran ». Pour lui, Alexandre était un bâtard : « Il était né d'une femme de la plus basse et plus vile condition [...] qui était employée dans la maison du duc Lorenzo aux dernières tâches domestiques, et avait pour époux un voiturier. [...] Alexandre, selon les lois humaines et divines, était le fils de ce voiturier et non du duc Lorenzo. Ainsi il n'y avait rien entre lui et moi, sinon ce simple fait qu'il était le fils d'un voiturier de la maison de Médicis. »

Sur ces entrefaites, Charles Quint afin de consolider ses alliances, donna en mariage sa fille Marguerite[1], âgée de quatorze ans, à ce vieux briscard d'Alexandre de Médicis. L'union sera brève... Alexandre n'interrompit point sa vie de patachon. Incapable de résister à un jupon, il convoitait depuis des lustres une certaine dame aux charmes avantageux. Lorenzo prétendit qu'il était parvenu à circonvenir la belle et qu'elle était d'accord pour partager une nuit d'orgie avec eux. « ... il arriva que le duc prît une confiance extrême en Lorenzo, et qu'il se servît de lui comme d'entremetteur près des femmes, tant religieuses que laïques, vierges, mariées ou veuves, nobles ou roturières, jeunes ou expérimentées ; et non content de cela,

1. Marguerite d'Autriche (1522-1586), fille naturelle de Charles Quint et de Johanna van der Gheynst. Légitimée. Mariée à Alexandre de Médicis le 18 janvier 1536.

il voulut encore que Lorenzo lui procurât une sœur de sa mère du côté paternel, jeune femme d'une merveilleuse beauté, mais aussi honnête que belle, laquelle était mariée à Leonardo Ginori et demeurait non loin de la porte de derrière du palais de Médicis. » Lorenzo invita Alexandre en son logis, dans la nuit du 5 janvier 1537. « … il lui dit qu'enfin, par des promesses d'argent, il avait décidé sa tante, et que le duc pouvait venir seul, à l'heure convenue et avec précaution, dans sa chambre à lui Lorenzo, en prenant garde, pour l'honneur de la dame, que personne ne le vît ni entrer ni sortir, et que sitôt que le prince y serait, incontinent il irait chercher Catherine Ginori[1]. » Il installa confortablement son cousin puis sortit. L'attente s'éternisa et Alexandre, qui avait déjà bu tout son soûl, s'endormit. Lorenzo revint en catimini avec Michel del Tovalaccino, surnommé Scoronconcolo. Ils pénétrèrent dans la chambre. Scoronconcolo transperça le duc de Médicis de sa dague. « Cette blessure était mortelle ; car elle avait traversé les reins et perforé cette membrane appelée diaphragme ». Alexandre bondit de sa couche et chercha à fuir. Scoronconcolo lui taillada la tempe et la joue gauche. Lorenzo le repoussa sur le lit et tenta de le maintenir sous le poids de son corps en lui obturant la bouche pour l'empêcher de crier. Alexandre lui mordit le pouce. Scoronconcolo saisit son poignard, le lui planta dans le cou et l'égorgea. Les meurtriers recouvrirent le corps d'une tenture pour le dissimuler. Les deux hommes quittèrent Florence pour se réfugier à Bologne. Lorenzo trouva ensuite protection à Venise auprès de Mgr. Giovanni Della Casa, puis il rejoignit les troupes du Florentin Philippe Strozzi et lutta contre Cosme Ier de

1. Storia Fiorentina, *Chroniques Florentines*, Benedetto Varchi.

Médicis[1]. Pourchassé par les sbires de Cosme, il partit à Constantinople, puis s'installa en France et devint le protégé de Catherine de Médicis. À Venise, le 26 février 1548, sur le parvis de l'église de San Polo, à la sortie de la messe, il fut lardé de coups de couteaux par deux hommes de la famille Volterra à la solde de Cosme.

« De quelque façon qu'on s'y prenne pour les supprimer, il est bien que les tyrans soient tués », se justifia Lorenzo de Médicis dans sa lettre adressée à Francesco de Médicis, un mois à peine après la mort du duc Alexandre, et dans son ouvrage *Apologie*, probablement écrit en France avant 1544. « Les tyrannicides libérateurs de leurs patries ont été réputés dignes des seconds honneurs après les fondateurs de celles-ci. [...] En assassinant le duc, j'ai fait ce à quoi est tenu tout bon citoyen [...], j'aurais manqué à ma patrie et à moi-même si je ne l'avais fait ». Serait-il légitime d'éliminer un tyran ?

1. Cosme Ier de Médicis (1519-1574), élu duc de Florence en janvier 1537.

LES TEMPS MODERNES

Henri III poignardé sur sa chaise percée (1589)

À Saint-Cloud, le roi Henri III est mourant. Il fait appeler auprès de lui Henri de Navarre. « Voyez comme vos ennemis et les miens m'ont traité, murmure-t-il à son beau-frère qu'il surnomme affectueusement “*Le Béarnais*”. Il faut que vous preniez garde qu'ils ne vous en fassent autant. » Le roi de Navarre tombe à genoux près de la couche royale. L'agonisant poursuit : « Mais puisqu'il plaît à Dieu de m'appeler, je meurs content en vous voyant auprès de moi. Dieu en a ainsi disposé, ayant eu soin de ce royaume, lequel je vous laisse en grand trouble. La couronne est vôtre après que Dieu aura fait sa volonté. J'ai commandé à tous les officiers de vous reconnaître pour mon successeur. »

Avertissement, prémonition ? Henri de Navarre périra lui aussi par la lame d'un poignard.

Henri III fait approcher les princes et seigneurs présents. Il leur fait jurer obéissance et fidélité à son beau-frère : « Je sais et j'en puis répondre que le roi de Navarre, légitime successeur de cette couronne, est assez instruit ès-lois de régner pour bien savoir commander choses raisonnables, et je me promets que vous n'ignorez pas la juste obéissance que vous lui devez. Adieu, mes amis, convertissez vos pleurs en oraisons et priez pour moi. » Le lendemain, 2 août 1589, il expirait.

La veille, vers huit heures du matin, alors qu'il satisfaisait un besoin naturel sur sa chaise percée, le procureur général s'était présenté accompagné d'un moine, Jacques Clément, se disant porteur de nouvelles importantes en provenance du Louvre. Il avait convaincu le procureur général La Guesle qu'il était envoyé par le président de Harlay et de nombreux fidèles du roi à Paris. Sans nouvelles du monarque « … ils étaient en tel nombre qu'aisément ils pouvaient faire un bon service et partant, le premier président l'envoyait vers Sa Majesté pour lui dire de sa part qu'ils étaient prêts à se saisir d'une porte et lui donner l'entrée de la ville ».

Roger de Bellegarde, premier gentilhomme de la Chambre, invita le moine à s'approcher du roi pour un entretien privé. Feignant de sortir des lettres de sa poche, Jacques Clément brandit un poignard avec lequel il frappa Henri III au bas ventre. Le monarque hurla : « Méchant moine, tu m'as tué ! » Il parvint à arracher la lame plantée dans ses intestins et lacéra le visage du religieux. Les gardes se précipitèrent, lardèrent l'assaillant de coups d'épée puis le firent basculer par une fenêtre.

La maison royale des Valois s'était éteinte à la mort d'Henri III. Une voie royale s'ouvrait pour *Le Béarnais* Henri IV de la dynastie des Bourbons. François Ravaillac lui ôterait la vie, rue de la Ferronnerie, en plein cœur de Paris, le 14 mai 1610.

Dimitri Ivanovitch. Il y a quelque chose qui cloche (1591)

La dernière fois que le prince Dimitri Ivanovitch[1] a été vu vivant, le 15 mai 1591, il jouait avec deux garçons à la svaïka. Ce jeu consiste à lancer des pointes en métal pour les planter dans le sol au centre d'un cercle de métal. Il est retrouvé mort au milieu d'une flaque de sang, la gorge entaillée. Les nourrices chargées de la surveillance prétendront n'avoir rien vu, ni rien entendu. Maria Nagaïa[2], la mère du prince, en découvrant le cadavre de son fils, rapportent les *Chroniques*, « a frappé Vassilissa Volokhova, nourrice de Dimitri, à l'aide d'une tige de bois. Pendant ce temps, Arina Toutchkova, l'autre nourrice, a soupçonné

1. Dimitri Ivanovitch (1581-1591), fils d'Ivan IV dit le Redoutable et de sa dernière épouse Maria Fedorovna Nagaïa.
2. Maria Fedorovna Nagaïa (1553-1610).

que Dimitri ait pu se blesser pendant une soudaine crise d'épilepsie. » Les hurlements de la mère ameutèrent ses frères et les habitants d'Ouglitch qui se rassemblèrent à l'appel du tocsin. Ils furent témoins de la douleur de Maria et l'entendirent désigner les coupables de cet assassinat. Selon elle, il s'agissait d'Ossip Volokhov, le fils de la nourrice, de Danila Bitiagovski, fils du diak[1] Mikhaïl, et de Nikita Katchalov. Cependant, aucun d'eux n'était présent dans la cour lorsque l'enfant fut trouvé mort. Malgré tout, Maria Nagaïa persuada la foule qu'ils avaient été mandatés par Boris Godounov[2] pour supprimer son fils. La populace se saisit d'eux et les tua.

Le tsarévitch Dimitri, dernier fils d'Ivan le Redoutable, sur les conseils de Boris Godounov, avait été envoyé dans la ville d'Ouglitch par son frère aîné, le tsar Fedor Ivanovitch[3] lorsqu'il s'était emparé du trône. Pourquoi l'éloigner de la cour ? Dimitri ne représentait pas un danger pour lui, car il ne pouvait légitimement prétendre à la succession d'Ivan IV. L'Église russe ne reconnaissait que trois mariages successifs. Or, Dimitri était né de la sixième union d'Ivan IV. Elle n'était pas légitimée par l'église. Dimitri était considéré comme « bâtard ». Pourtant, autour du trône, nombreux étaient ceux qui complotaient pour en faire le prochain tsar. Particulièrement sa mère et ses oncles.

Le tsar Fedor régnait sans gouverner depuis 1584. Son beau-frère le boyard Boris Godounov tirait les ficelles en coulisses. Ancien *opritchnik*[4], gendre de Maliouta Skouratov-Belski et descendant d'une vieille famille

1. Diak = diacre.
2. Boris Godounov (1552-1605), fils de Tchet, mirza tatar.
3. Fedor Ivanovitch (1557-1598), fils d'Ivan IV dit le Redoutable et d'Anastasia Romanovna Zakharina Yourieva.
4. Opritchnik = cavalier de réserve appartenant à une troupe d'élite.

de boyards, Boris Godounov jouissait d'une grande influence sur Fedor Ivanovitch, un brin attardé. Dimitri vivrait donc, loin de Moscou, avec sa mère, Maria Nagaïa, et ses oncles, dans le domaine d'Ouglitch, reçu en apanage. Dimitri, n'était pas très apprécié, il passait pour avoir hérité des penchants sanguinaires de son père. L'ambassadeur anglais, Gilles Fletcher, observant le garçonnet avait noté son étrange tempérament : « À un jeune âge, toutes les qualités de son père commencent à se révéler en lui. Il trouve du plaisir à regarder l'abattage des moutons et du bétail en général, à voir une gorge ouverte et le sang qui s'en écoule – alors que les enfants en ont généralement peur –, et à frapper les oies et les poulets avec un bâton jusqu'à ce qu'ils meurent. » Sa disparition dans des circonstances troubles suscita un sentiment d'horreur. L'affaire d'Ouglitch fit grand bruit à Moscou. Une commission d'enquête nommée par Boris Godounov interrogea plus de 150 personnes, particulièrement celles qui avaient participé au meurtre des officiers moscovites envoyés pour surveiller Dimitri. L'objectif était de réfuter l'affirmation de Maria Nagaïa selon laquelle Katchalov et les Bitiakovski étaient là pour tuer son fils. André Kléchnine, un des membres de la commission, familier de la maison, fut invité à reconnaître le corps. Kléchnine avait pour épouse une princesse du clan Nagoï. Il était le beau-frère de Grigori Nagoï, un des oncles de Dimitri. Sa réaction fut troublante : « À la vue de ce visage angélique et pacifique, du sang et du couteau, Kléchnine fut pris de tremblements, se figea, resta immobile et fondit en larmes ; il ne pouvait prononcer un mot. » Quelle information détenait-il ? Quel secret gardait-il ? La commission, présidée par le prince Vassili Chouiski, rendit un rapport attendu. Le prince Dimitri sujet à des crises d'épilepsie s'était grièvement blessé en jouant avec un couteau. Le Saint concile et la Douma des boyards délibérèrent puis le patriarche Job, désigné comme juge suprême, prononça le verdict suivant : le tsarévitch Dimitri était mort accidentellement. Il n'y avait pas eu d'assassinat. Il fut démontré que Dimitri avait été mortellement blessé en jouant à la svaïka. Maria Nagaïa et ses frères furent accusés de « négligence criminelle » pour avoir failli à la surveillance du tsarévitch. Elle fut contrainte d'entrer au monastère sous le nom de Marfa. Ses frères furent torturés et emprisonnés.

Les historiens russes, Sergueï Platonov et Rouslan Skrynnikov, ont depuis déclaré que le prince Dimitri n'a pas été assassiné et que la première enquête de 1591 était des plus sérieuses. Leurs affirmations sont étayées par le fait qu'il n'existe aucun témoignage, ni preuve confirmant que Dimitri était sujet à des crises d'épilepsie. Si tenté que cela ait pu survenir, il est prouvé qu'un malade en crise est incapable de tenir un objet dans ses mains et de s'infliger des blessures aussi graves. D'autre part, si Boris Godounov avait souhaité mettre fin à l'existence de Dimitri, il ne l'aurait pas fait en plein jour. Il aurait choisi une manière plus subtile. À l'aide de poison, sans doute. Le criminologue Ivan Krylov envisage que l'un des garçons jouant avec Dimitri l'a peut-être blessé accidentellement et s'est enfui sans lui porter secours. La thèse selon laquelle Boris Godounov était l'instigateur de l'assassinat s'attacha à sa légende. L'opinion publique a besoin d'un coupable.

Les habitants d'Ouglitch en désignèrent un. Non des moindres. La cloche de l'église ! En Russie, selon les croyances, les cloches étaient considérées comme des personnes, car elles possédaient une âme. Elles avaient un nom, une tête, une taille, une bouche, une langue (le battant interne) et des oreilles (les dispositifs servant à la suspendre). Celle d'Ouglitch fut sévèrement punie pour avoir sonné le tocsin à la mort du prince Dimitri. Descendus du clocher, ses 320 kg furent traînés sur la place publique. Un forgeron lui arracha la langue et lui coupa les oreilles ! Elle reçut douze fois le fouet et fut exilée à Tobolsk, en Sibérie. Les familles d'Ouglish qui avaient participé à l'émeute et exécutés les représentants du tsar durent la tirer jusqu'en Sibérie.

Ercole Ier de Monaco. Meurtre sur le Rocher (1604)

Ercole Grimaldi[1], marquis de Campagna, seigneur de Monaco, avait succédé le 17 mai 1589 à son frère aîné, Charles II de Monaco[2].

L'héritage était bien lourd pour Ercole qui se destinait à la carrière ecclésiastique. Dans les archives du palais de Monaco se trouve le diplôme lui décernant un doctorat en droit civil et en droit canonique de l'Université de Padoue. Sans réelle formation politique, il dut gagner la confiance de ses sujets et les rassurer, car l'omniprésence de la garnison espagnole sur le Rocher était de plus en

1. Ercole Grimaldi (1562-1604), fils d'Onorato Grimaldi (Honoré Ier de Monaco) et d'Isabella Grimaldi. Frère cadet de Carlo Grimaldi (Charles II de Monaco).

2. Carlo Grimaldi (1555-1589), seigneur de Monaco. Fils aîné d'Honoré Ier de Monaco et d'Isabella Grimaldi.

plus exécrée par la population monégasque. Quel besoin y avait-il d'une garnison espagnole, me direz-vous ? Il nous faut remonter en 1523 où Lucien Grimaldi [1] fut assassiné par son neveu Barthélémy Doria. Augustin Grimaldi[2] sollicita l'appui de l'Espagne de Charles Quint alors maître de Gênes. La protection espagnole fut entérinée par le traité de Burgos le 7 juin 1524 puis par la déclaration de Tordesillas le 15 novembre suivant. Monaco devint un protectorat de l'Espagne tout en conservant son indépendance. Les Grimaldi obtinrent aussi, en 1532, des terres en Italie.

Ercole Ier, sans cesse en butte aux vexations des Espagnols, ne pouvait espérer le soutien de la Maison de Savoie qui ne faisait rien pour apaiser les tensions crées par les Turbiasques. Au contraire, elle mettait tout en œuvre pour s'emparer du Rocher. Les petits seigneurs des alentours, en Provence et en Savoie, complotaient. La Savoie par l'intermédiaire du notaire Boccone espérait chasser les Espagnols puis renverser les Grimaldi.

Il faisait bien sombre ce 21 novembre 1604. Ercole Grimaldi quitta la maison du gouverneur Gastaldi, rue du Milieu (aujourd'hui 15, rue de Comte Félix Gastaldi), accompagné d'un de ses pages. Il passa devant le domicile du podestat, messire Bartolomeo Dandino, pour s'enfoncer dans la nuit. La grand-rue semblait déserte. Des individus surgirent de leurs cachettes, se jetèrent sur lui et le poignardèrent jusqu'à ce que mort s'ensuive. Son domestique s'était enfui. Le corps jeté à la mer fut retrouvé le lendemain sur le rivage. Le registre paroissial de Monaco indique : « Le très noble et digne seigneur

1. Lucien Grimaldi (1481-1523), seigneur de Monaco.
2. Augustin Grimaldi (?-1532), seigneur de Monaco, régent de son neveu Honoré Grimaldi.

Hercule Grimaldi, seigneur de Monaco, marquis de Campagna, appelé à une vie meilleure à l'âge d'environ 42 ans. [...] attaqué par une troupe de 5 ou 6 personnes dans la Grand-Rue, devant la maison du maître podestat Bartholomies Dadino, il a aussitôt rendu son âme à Dieu. » Il fut enterré dans la chapelle Saint-Sébastien de la cathédrale Saint-Nicolas. Nous ignorons tout des meurtriers. Furent-ils armés par les Espagnols ? La Maison de Savoie encouragea-t-elle ce crime ?

Marié à Maria Landi de Val di Taro, le défunt laissait deux filles et son héritier, à peine âgé de sept ans. Feredico Landi, quatrième prince du Val di Taro, son oncle maternel, fut désigné pour assurer la régence d'Honoré II[1]. Le souverain en 1612 prit le titre de prince, lequel fut reconnu en 1633 par la chancellerie espagnole.

1. Honoré II, prince de Monaco (1597-1662).

Henri IV. Victime des haines religieuses (1610)

Le lourd carrosse transportant à l'Arsenal, le roi de France et les ducs d'Epernon, de Montbazon et de Rocquelaure vient de s'engager dans la rue de la Ferronnerie à Paris. Une charrette de paille bloque le passage à l'avant. Il est impossible de manœuvrer en arrière, un chargement de tonneaux s'est écroulé sur la chaussée. L'escorte à cheval s'est avancée plus loin. Le carrosse est immobilisé devant la maison du notaire Poutrain. Le roi écoute d'Epernon qui lui lit une missive. Il est 16 heures ce vendredi 14 mai 1610. François Ravaillac, un grand gaillard roux, se précipite, se jette sur le roi accoudé à la portière et le frappe de trois coups de couteau.

Il avait échappé à dix-huit tentatives d'assassinat... Le récit de cette ultime agression, qui lui fut fatale, est connue de tous les écoliers français dès leur plus jeune âge.

Henri IV est ramené au Louvre. Son corps inerte est passé par la porte du petit degré ouvrant sur la cour Carrée. On le transporte par l'escalier du petit degré et on l'étend dans le petit cabinet de la reine. Le roi est mort. Au soir du drame, Pierre de l'Estoile[1] dans son *Registre-Journal* décrit la sidération du peuple de Paris : « ... effroy et estonnement au cœur [...] on vid, en un instant la face de Paris toute changée [...]. Les boutiques se ferment ; chacun crie, pleure et se lamente, grands et petits, jeunes et vieux ; les femmes et les filles s'en prennent aux cheveux. Et cependant tout le monde se tient quoy : au lieu de courir aux armes, on court aux prières et aux vœux pour la santé et la prospérité du nouveau Roy ; et toute la fureur du

1. Pierre de l'Estoile (1546-1611), mémorialiste. Auteur du *Registre-journal du règne de Henri IV. Tome I (1589-1591)*.

peuple, contre l'attente et intention des meschans, n'est tournée que contre ce parricide scélérat et ses complices, pour en avoir et poursuivre la vengeance. » Sur le registre de la chambre criminelle de la Tournelle, à la page du 14 mai 1610, figure la mention suivante : « Dudit jour de rellevée, sur les quatre à cinq heures du seoir, nouvelles sont venues au parlement que le Roy avoit esté tué d'un coup de cousteau, estant sa Majesté en son carrosse, accompaigné des sieurs d'Espernon, de Monbasson et de Rocquelaure. »

Le lendemain, le cadavre du roi est autopsié et embaumé. Les entrailles sont portées à Saint-Denis. Le cœur, escorté par le duc de Montbazon et quatre cents archers, est déposé en la chapelle jésuite de La Flèche, le 31 mai. La dépouille placée dans un cercueil est exposée au Louvre jusqu'au 29 juin. Le service funèbre à Saint-Denis se déroule le 1er juillet.

Ravaillac comparaît devant ses juges. L'arrêt du parlement du 27 mai 1610 indique : « François Ravaillac atteint et convaincu du crime de lèse-majesté divine et humaine au premier chef, pour le très-méchant, très-abominable et très-détestable parricide commis en la personne du feu roi Henri IV, de très-bonne et très-louable mémoire ; pour réparation duquel il le condamne à être tenaillé aux mamelles, bras, cuisses et gras des jambes, sa main droite, tenant le couteau duquel il avoit commis le parricide, brûlée par le soufre, et, sur les endroits où il auroit été tenaillé, jeté du plomb fondu, de l'huile bouillante, de la poix-résine brûlante, de la cire et du soufre fondu ensemble ; cela fait, son corps tiré à quatre chevaux, ses membres consommés au feu, et les cendres jetées au vent. »

Pierre de l'Estoile conte la fin du régicide : « Sur les trois heures, on le tira de la chapelle pour aller au supplice ; il y eut une grande huée sur lui, depuis la chapelle jusqu'à la porte de la Conciergerie, de tous les prisonniers, qui, se mettant à crier "au traître !" et "au chien !" se vouloient ruer dessus, sans l'empêchement des archers, qui y tinrent la main forte. [...] La plus grande part des princes et seigneurs étant lors à Paris se trouvèrent à l'hôtel de ville pour en voir l'exécution : aucun desquels, selon le dire et opinion de beaucoup, la regardèrent d'yeux fort secs [...]. Finalement, ce malheureux et misérable assassin étant parvenu au lieu du supplice, se voyant près d'être tiré et démembré par les chevaux, et qu'un certain homme étant près de l'échafaud étoit descendu de son cheval pour le mettre en la place d'un qui étoit recru, afin de le mieux tirer : On m'a bien trompé, dit-il, quand on m'a voulu persuader que le coup que je ferois seroit bien reçu du peuple, puisqu'il fournit lui-même les chevaux pour me déchirer. » Pressé par ses juges de dénoncer ses complices, Ravaillac maintient ses dires : « Peu auparavant, le greffier, pour l'induire à se reconnoître et confesser la vérité, l'ayant fort pressé de décharger sa conscience de ceux qui lui avoient fait faire ce crime, et que l'indignation du peuple tant grande contre lui en étoit le jugement : J'en suis bien marri, lui répondit-il ; mais que veut-il que j'y fasse ? Que me demandez-vous aussi tant ? Je vous l'ai déjà dit, et vous le dis encore, il n'y a que moi qui l'ai fait. »

La mort brutale du « Bon roi Henri » engendre une situation dynastique délicate. Son héritier est mineur. L'établissement de la régence de Marie de Médicis et le lit de justice du 15 mai confirment la légitimité du jeune Louis XIII et de la reine.

Giovanni Monaldeschi. Un cadavre dans la galerie des Cerfs (1657)

Pour être inénarrable, elle l'était ! Christine[1], fille unique du roi Gustave II Adolphe de Suède[2], était tout un poème ! Née luthérienne, elle avait été élevée comme un garçon, se comportait comme tel et, surtout, était très perturbée par sa mère à demi démente. Elle avait pris le pouvoir, en 1644, à sa majorité, pour finalement abdiquer en 1654 et se convertir au catholicisme. Le portrait qu'en dresse Françoise de Motteville est révélateur : « Elle ne ressembloit en rien à une femme, elle n'en avoit pas même la modestie nécessaire [...] elle affectoit de paroître homme en toutes ses actions ; elle rioit démesurément quand

1. Christine de Suède (1626-1689), fille de Gustave II Adolphe et Marie-Eléonore de Brandebourg (1599-1655).
2. Gustave II Adolphe Vasa (1594-1632), surnommé Le Lion du Nord.

quelque chose la touchoit [...]. Elle chantoit souvent en compagnie ; [...] elle paroissoit inégale, brusque et libertine en toutes ses paroles, tant sur la religion que sur les choses à quoi la bienséance de son sexe l'obligeoit d'être retenue : elle juroit le nom de Dieu [...]. »

Partie pour l'Italie, elle scandalisait la société par son comportement scabreux : « Elle scait par cœur les plus sales passages de Petronius Arbiter, et les vers les plus dissolus de Martialis. Elle parle de la sodomie avec plus d'effronterie, que si elle en avoit fait leçon dans la Golisée à Rome : et tous les Italiens qui l'entendent sur ce chapitre là, disent qu'elle à eu raison de quitter la Couronne de Suede, où les habitants sont trop grossiers pour chercher et gouter toutes les delicatesses de la chair, et qu'il faut qu'elle aille se faire couronner dans sodome. » Elle choqua plus encore Louis XIV en faisant exécuter son Grand écuyer et amant dans la galerie des Cerfs du château de Fontainebleau, le 10 novembre 1657. Giovanni Monaldeschi avait eu le tort, par des maladresses, de révéler sa candidature au trône de Naples. Les états de service de Monaldeschi étaient plus qu'honorables. Il avait été, en 1655, gouverneur militaire de Rome, et en septembre 1656 il s'était vu promettre par Mazarin un commandement dans le corps expéditionnaire de Naples. Lieuwe van Aitzema[1] a très bien exposé le contexte : « Depuis le mois d'octobre à peu près, la reine de Suède avait conçu quelque soupçon du marquis, son grand écuyer, et elle s'y confirmait de jour en jour par différents indices qu'elle avait de son infidélité. Observant toutes ses démarches, et les lettres qu'on lui écrivait, elle y trouva qu'il trahissait ses intérêts, et que, par une double perfidie, il travaillait à faire retomber sur un absent, aussi officier de la reine,

1. Lieuwe van Aitzema (1600-1669), diplomate, espion néerlandais.

le crime dont lui seul était coupable. La reine fit semblant de croire que la trahison venait de cet autre, et elle témoigna au marquis qu'elle n'avait aucun doute de lui, afin de mieux découvrir le tout. [...] Cependant elle avait cacheté les lettres interceptées, qu'elle remit entre les mains du prieur des Mathurins de Fontainebleau, afin de les présenter au marquis quand il en serait temps. » Au moment opportun, Christine de Suède, qui aimait mettre en scène les événements de son existence, récupéra les preuves en sa possession et convoqua Giovanni Monaldeschi dans la galerie des Cerfs dotée de plusieurs accès. La galerie des Cerfs ouvrant sur le jardin de Diane – ainsi nommée en l'honneur de la déesse de la chasse –, souhaitée par Henri IV en 1600, avait été décorée de vues cavalières représentant les châteaux et les forêts des domaines royaux, et 43 têtes de cerfs.

Sur sa longueur de 74 mètres, François Ier avait fait disposer des statues en bronze qu'il avait fait couler à partir des moules des antiques rapportés par Primatice de Rome vers 1542. « … la reine changea de discours, nous dit Aitzema, et s'étant fait remettre par le prieur les propres lettres du marquis, elle les lui montra, et lui reprocha son énorme félonie et son horrible trahison, elle lui fit tirer de la poche tous les papiers qu'il avait sur lui, parmi lesquels elle trouva deux lettres contrefaites, l'une adressée à la reine, l'autre au marquis lui-même, où elle découvrit une nouvelle trahison contre elle, encore plus noire que la précédente, dont il voulait se servir pour confirmer la mauvaise impression qu'il avait tâché de donner contre son ennemi. Parmi les lettres qu'il avait composées et fait écrire d'une fausse main, il s'en trouva d'originales écrites de sa main propre. Alors confus et convaincu d'être un faussaire et un traître il se jeta aux pieds de la reine, et confessa que peu de jours auparavant, il avait prononcé sa sentence de mort dans cette même place, de même que David fit au prophète Nathan. Ainsi la reine ordonna au prieur de le confesser, et au capitaine d'exécuter la sentence[1]. » Le récit du père Le Bel, supérieur du couvent des Mathurins d'Avon, est digne d'une tragédie de Racine. Témoin de ce sinistre jeu d'acteurs, Le Bel n'ayant pu obtenir la clémence de la Sémiramis suédoise tenta d'alléger le sort de son ancien amant. « Ayant trouvé S.M. seule dans sa chambre, avec un visage serein, et sans émotion, je m'approchai d'elle, me laissant tomber à ses pieds, les larmes aux yeux et les sanglots au cœur ; je la suppliai, par les douleurs et les plaies de Jésus-Christ, de faire miséricorde et grâce à ce pauvre marquis. Elle me témoigna être fâchée de ne pouvoir accorder ma

1. Charles de Martens, *Causes célèbres du droit des gens*, 2e éd., Leipzig, 1858.

demande, après la perfidie et la cruauté que ce malheureux lui avait voulu faire endurer en sa personne : après quoi il ne devait jamais espérer de rémission ni grâce, et me dit que l'on en avait envoyé plusieurs sur la roue qui ne l'avaient pas tant mérité que ce traître. Voyant que je ne pouvais rien gagner par mes prières sur l'esprit de cette reine, je pris la liberté de lui représenter qu'elle était dans la maison du roi de France, et qu'elle prît bien garde à ce qu'elle allait faire exécuter, et si le roi le trouverait bon. Sur quoi S.M. répondit : Qu'elle avait le droit de faire justice, et qu'elle prenait Dieu à témoin si elle en voulait à la personne de ce domestique, et si elle n'avait pas déposé toute haine, ne s'en prenant qu'à son crime et à sa trahison, qui n'auraient jamais de pareilles, et qui touchaient tout le monde ; outre que le roi de France ne la logeait pas dans sa maison comme captive réfugiée, qu'elle était maîtresse de ses volontés pour rendre et faire justice à ses domestiques, en tous lieux et en tout temps, et qu'elle ne devait répondre de ses actions qu'à Dieu seul, ajoutant que ce qu'elle faisait n'était pas sans exemple. » Drapé dans sa superbe, elle lui réaffirma sa volonté : « … c'est en moi que doit résider la justice absolue et souveraine de mes sujets. […] je le ferai savoir au roi ; retournez et ayez soin de son âme ; je ne puis en conscience accorder ce que vous me demandez. » Le Bel revint auprès de Monaldeschi. « … après avoir poussé deux ou trois grands cris, il se mit à genoux, à mes pieds, m'étant assis sur un des bancs de la galerie, il commença sa confession. […] L'aumônier de la reine arriva comme je l'interrogeais sur un doute. Dès que le marquis l'aperçut, il courut à lui sans attendre l'absolution, espérant grâce de sa faveur. […] Leur conférence finie, l'aumônier sortit et emmena avec lui le chef des trois commis pour l'exécution. Peu de moments après, l'aumônier étant demeuré dehors, l'autre revint seul, et lui dit : Marquis, demande pardon à Dieu ; il faut mourir : es-tu confessé ? Et, lui disant ces paroles, le pressa contre la muraille au bout de la galerie où est la peinture de Saint-Germain ; et je ne me pus si bien détourner que je ne visse qu'il lui porta un coup dans l'estomac du côté droit, et que le marquis le voulant parer, prit l'épée de la main droite, dont l'autre, en la retirant, lui coupa trois doigts, et l'épée demeura faussée. Pour lors, il dit à un autre qu'il était armé en dessous ; comme en effet, il avait une cotte de mailles qui pesait neuf à dix livres, et le même, à l'instant redoubla le coup dans le visage ; [...] Je m'approchai de lui, et les autres se retirèrent un peu à quartier. Le marquis, un genou en terre, demanda pardon à Dieu, et me dit encore quelque chose où je lui donnai l'absolution, avec la pénitence de souffrir la mort patiemment pour ses péchés, et de pardonner à tous ceux qui le faisaient mourir ; laquelle reçue, il se jeta sur le carreau, et en tombant, un autre lui donna un coup sur le haut de la tête qui lui emporta des os. Le marquis étant étendu sur le ventre, faisait signe, et marquait qu'on lui coupât le col, et le même lui donna deux ou trois coups sans lui faire grand mal, parce que la cotte de mailles qui était montée avec le col du pourpoint, para et empêcha la force des coups. » Ce fut alors qu'une porte s'ouvrit dans la galerie, comme au théâtre. L'aumônier de la reine vint se placer à la gauche du marquis, Le Bel à sa droite. « Après quoi l'aumônier lui dit : Demandez pardon à Dieu ; et après m'en avoir demandé permission, il lui donna l'absolution, narre Le Bel. Il me dit ensuite de demeurer auprès du marquis, et qu'il s'en retournait vers la reine. Au même instant celui qui avait frappé sur le col dudit marquis, et qui était près de l'aumônier à sa gauche, lui perça la gorge d'une épée assez longue et étroite, duquel coup le marquis tomba sur le côté droit, et ne parla plus, mais demeura plus d'un quart d'heure à respirer, durant lequel je lui criais et l'exhortais de mon mieux ; et ainsi ayant perdu son sang, finit sa vie à trois heures et trois quarts après-midi. »

Sur ce, la reine Christine quitta Fontainebleau et ne revint jamais en France. Le caractère sauvage de cette mise à mort, apparentée à une boucherie, par une hôte du roi de France dans l'un de ses châteaux, choqua l'opinion européenne, recensée dans la formule de Voltaire : « Ce n'était pas une reine qui punissait un sujet, c'était une femme qui terminait une galanterie par un meurtre. »

Alessandro Stradella. Le Billet du Calice (1682)

Giovanni Battista Lomellino aurait-il engagé un malfrat pour poignarder le compositeur italien Alessandro Stradella[1] à la détestable réputation de coureur de jupons ?

Doué, certes, mais terriblement dépensier et libertin, le compositeur menait une joyeuse vie, dépensait des sommes conséquentes, contractait des dettes. Tout lui était bon pour se procurer de l'argent et rembourser ses créanciers. Une première affaire de tentative d'extorsion envers des gens d'Église l'obligea à s'exiler quelques mois à Venise, en 1667.

Dix ans plus tard, associé au castrat Giovanni Battista Vulpio, il « arrangeait », contre dix mille écus, un mariage entre une femme « de basse naissance, de mauvaise réputation, par ailleurs laide et vieille [...] avec un homme pauvre

1. Alessandro Stradella (1643-1682), compositeur italien, inventeur du concerto grosso.

en esprit, mais riche en bourse ». Le futur marié étourdi par des fêtes, enivré de boisson, endormi de promesses, signait à l'aveugle un contrat de mariage devant notaire. Or, lorsqu'il fut dégrisé, le conjoint contraint et forcé en appela au cardinal Cibo qui était de sa famille. Alderano Cibo, secrétaire d'État du pape, préfet du Palais apostolique, fit immédiatement annuler cette union et enfermer la femme dans un monastère. Pourchassé, Stradella s'enfuit à Venise. Grâce à des amis, il fut appointé par Alvise Contarini, fraîchement élu doge, pour donner des cours de musique à Agnese Van Uffele, sa pupille. Incorrigible séducteur, Stradella s'enfuit à Turin avec la jeune fille. Scandale ! Alvise Contarini s'en fut à Turin avec des hommes de main à la fin juillet 1677, mais ne put retrouver le bourreau des cœurs. Agnese Van Uffele, à l'abri dans le couvent de Sainte Marie-Madeleine, attendait de connaître son sort. L'archevêque Michele Beggiamo mit les pieds dans le plat. Il n'y avait pas à tergiverser. Soit la jeune fille prenait le voile, soit elle épousait son galant. Alessandro Stradella n'était pas contre le mariage… à condition que les compensations financières soient généreuses. Satisfait des garanties concédées par le tuteur d'Agnese, il la rejoignit le dimanche 10 octobre 1677, au couvent de Sainte Marie-Madeleine et signa un contrat dans lequel il promettait de l'épouser. Il repartait vers son logement dans les bâtiments ecclésiastiques lorsque, arrivé à la porte de l'église San Carlo, il fut attaqué par deux hommes. Il fut frappé par plusieurs coups de poignard et laissé pour mort. Des passants lui vinrent en aide et le soignèrent. Les deux agresseurs se réfugièrent au palais de l'ambassadeur de France, le marquis de Villars. Il écrivit au ministre des Affaires étrangères à Paris, Arnaud de Pomponne, rapportant la version des deux hommes payés par Alvise Contarini pour leur forfaiture. Conflit diplomatique entre la France et la Savoie ! L'affaire traîna en longueur et le projet d'union fut abandonné. Stradella rétabli ne s'attarda pas et prit la poudre d'escampette direction Gênes où il reparut en janvier 1678. Il retrouva ses amis, de joyeux drilles : le compositeur et violoniste Carlo Ambrogio Lonati[1], les sœurs Pamphili, Teresa, Anna et Flaminia. Il avait composé une sérénade pour le mariage d'Anna avec Giovanni Andrea Doria. La famille Pamphili avait donné un pape aux chrétiens en la personne de Giovanni Battista Pamphili[2] et nombre de cardinaux. Stradella ne saurait évoluer en de meilleure compagnie. Carlo Ambrogio Lonati le recommanda à un groupe de mécènes qui l'adopta. Il le dota très généreusement, par contrat, de cent doublons espagnols, lui assura le gîte, le couvert et les services d'un employé. Le Teatro Falcone, le 10 novembre 1678, donna son opéra *La Forza del amor paterno* et lui en commanda deux autres pour début janvier 1679. Pourtant, il ne pourra s'empêcher de faire des siennes !

Il existait à Gênes depuis le XVIIe siècle les « Biglietti di Calice » sortes de lettres anonymes que tout un chacun pouvait glisser discrètement dans un trou aménagé dans l'un des murs du palais des Doges. Ces « Billets du Calice » atterrissaient dans un calice d'où leur nom. Ce système de délation permettait ainsi au Collège de connaître les us et coutumes des uns et des autres et d'agir en conséquence pour remédier aux éventuels actes de malveillance ou délits signalés. Stradella n'y échappa point.

Un « Billet du Calice » daté du 9 juin 1681 dénonce le mode de vie débridé mené par Carlo Spinola et Paola

1. Carlo Ambrogio Lonati (1648-1710).
2. Giovanni Battista Pamphili (1574-1655), élu sous le nom d'Innocent X.

Brignole, les sommes colossales dilapidées chez leur perruquier, la débauche orchestrée entre Stradella, les Spinola, les Doria. Il était vrai que Stradella hantait l'arrière-boutique d'un coiffeur très à la mode, rue Fossatello. Il y donnait « des cours de musique » d'un genre particulier, comme la plupart des clients de la noblesse réunis pour des agapes ou des parties sans fin autour de tables de jeux. Les « Biglietti di Calice » révélèrent aussi les liaisons adultères dont celle supposée de Stradella avec Maria Caterina – sœur de Giovanni Battista et Domenico Lomellino –, mariée à Giuseppe Maria Garibaldo.

Aux environs de 19 heures, le 25 février 1682, Stradella rentrait chez lui en compagnie de son domestique. Piazza Banchi, un individu l'intercepta et lui ôta la vie d'un coup de poignard. L'assassin ne fut jamais retrouvé. Mais, ce crime inspira à Friedrich von Flotow son opéra *Alessandro Stradella* sur un livret de Friedrich Wilhelm Riese, créé en décembre 1844 à Hambourg.

Le tsarévitch Alexis Petrovitch. La mort du fils (1718)

Alexis Petrovitch ne sut jamais se faire ni aimer ni comprendre par son père, l'empereur Pierre Ier.

Né le 18 février 1690 à Moscou, il fut arraché à sa mère la tsarine Eudoxie[1], répudiée en 1698 puis enfermée dans un couvent, et placé sous la garde d'une tante. Pour l'aguerrir, Pierre Ier le fait servir comme simple bombardier lors de la campagne de 1703, puis

1. Eudoxie Fedorovna Lopoukhine (1669-1731).

il lui confie la régence de l'empire en 1707, alors qu'il est occupé par la guerre. Il l'envoie à Dresde étudier et compléter ses connaissances. Alexis s'éprend d'une Finnoise, Aphrossina dont il fait sa maîtresse. Son père l'oblige à s'unir avec la princesse Charlotte-Christine-Sophie de Brunswick-Wolfenbüttel[1]. Charlotte, battue à mort par Alexis, met au monde son second enfant avant de mourir. Le tsar entre dans une rage folle contre son fils, néanmoins pour le responsabiliser il lui propose de le seconder dans les affaires de l'État. Sa missive du 11 octobre 1715 est édifiante : « Je me représente tes mauvais penchants et ton opiniâtreté. Combien de fois pour ce fait, t'ai-je réprimandé, non seulement réprimandé, mais battu ? [...] Tu n'as voulu que te divertir dans ta maison, où pourtant tout va de travers... Qu'adviendra-t-il de tout cela, non pas à toi seulement, mais à tout l'Empire ? Méditant là-dessus, le cœur plein de tristesse et désespérant de te plier au bien, j'ai cru devoir t'écrire ce dernier testament et attendre encore un peu que tu te réformes, mais sans hypocrisie. Si tu n'en fais rien, tiens-toi pour averti que je t'ôterai ma succession ; je te traiterai comme un membre gangrené, j'oublierai que tu es mon fils unique. Ce n'est pas une vaine menace. En vérité – j'en prends Dieu à témoin – je ferai ce que je te dis. Pour mon pays et mon peuple, je n'ai pas épargné ma vie, je suis encore prêt à la sacrifier. Pourquoi épargnerais-je un vaurien ? Mieux vaut pour moi un étranger honnête qu'un vaurien de mon sang[2]. »

Avant de partir pour le Danemark, en janvier 1716, Pierre pose un ultimatum à son fils : soit il se montre digne de l'héritage de son père, soit il reçoit la tonsure :

1. Charlotte-Christine-Sophie de Brunswick-Wolfenbüttel (1694-1715), mariée en décembre 1711 avec le tsarévitch Alexis Petrovitch.
2. La lettre originale se trouve aux Archives d'État à Moscou (fonds 4, dossier 19).

« M'aideras-tu jamais dans mes insupportables fatigues, dans mes travaux, maintenant que tu es en âge de me seconder ? Eh ! Jamais ! Ce qui est certain, c'est que tu ne peux souffrir mon gouvernement, ni rien de ce que je fais pour mon peuple sans épargner ma santé. Et finalement, tu serais le destructeur de cet Empire. [...] Donc, ou change de vie et travaille avec ardeur à te rendre digne de me succéder, ou bien fais-toi moine ! Sans cela, mon âme ne pourra trouver de repos, maintenant surtout que ma santé est altérée. Au reçu de cette lettre, réponds-moi sans retard, par écrit ou de vive voix. Dans le cas où tu n'obéirais pas, j'en userais avec toi comme avec un malfaiteur. »

Le fils fait porter ce billet à son père :

« Très gracieux Seigneur et Père,

Votre lettre du 19 courant m'a été rendue le même jour, au matin. Étant malade, je n'y puis répondre autre chose, sinon que je désire être moine. Et je demande, à cet effet, Votre gracieuse permission. Votre esclave et fils indigne, Alexis. »

Pierre lui accorde un délai de six mois pour réfléchir. Alexis retombe dans ses travers et ses amours ancillaires, mais la lettre du 26 août 1716 de Copenhague, le glace d'effroi :

« J'ai attendu sept mois. Tu as eu le temps de prendre une résolution. Si tu choisis le bon parti, pars dans une semaine et viens me retrouver à Copenhague. Il est encore temps pour toi d'apprendre les affaires. Si tu prends l'autre parti, écris-moi tout de suite quel jour et dans quel couvent tu seras tonsuré, afin que ma conscience soit en repos, sachant ce que je puis attendre de toi. Mais il faut en finir ! Je m'aperçois que tu ne fais que gagner du temps, selon ta paresse habituelle. »

D'un caractère faible, tourmenté, haineux, Alexis se laisse circonvenir par sa mère et ourdit un complot contre son père, mais, terrorisé à l'idée d'être démasqué, il s'enfuit en Autriche avec sa maîtresse, où il sollicite la protection de son beau-père l'empereur Charles VI. Le tsarévitch transfuge demande l'asile politique ! Lorsqu'il l'apprend, le tsar fait quérir le fugitif. Il est ramené avec pertes et fracas, le 31 janvier 1718, à Moscou, par Pierre Tolstoï. Mis au cachot en la forteresse Pierre-et-Paul, Alexis est sommé de livrer ses complices et confesser ses projets. Seul en tête à tête avec son père, le 14 février, il dénonce sa mère, les parents de celle-ci, Kikine, le majordome Afanassief, le prince Dolgorouki « qui ont eu des idées ». Dans la salle d'audience du Kremlin, la promesse sous serment d'Alexis est lue à haute voix :

« Je soussigné, la main sur les Saints Évangiles, reconnais, qu'en considération de mes crimes envers mon père et mon souverain, détaillés dans sa lettre et dans ma confession, j'ai perdu tout droit à lui succéder sur le trône de Russie. C'est pourquoi, je déclare sincèrement, vu mes fautes et mon indignité, je promets et je jure par Dieu tout-puissant glorifié dans la Trinité, et par Son jugement, de me remettre absolument à la volonté paternelle et, en aucun temps, à l'avenir, de ne rechercher, désirer, ni accepter, sous aucun prétexte, son héritage. Je reconnais pour légitime successeur mon frère, le tsarévitch Pierre Petrovitch. Et je baise la Croix Sainte, et signe de ma propre main. Alexis. »

L'assemblée se transporte à la cathédrale de l'Assomption où Alexis reformule ses propos et signe la promesse. Sur la Place Rouge, un manifeste du tsar est lu. Le 15 mars 1718, le tribunal condamne le capitaine Stéphane Glébov[1], Dossiphé et Kikine à la « mort cruelle », le prince Stcheratof et deux autres prévenus à la « mort simple ». Des membres de la famille Lopoukhine, la supérieure du couvent de Souzdal, des religieuses recevront le knout ou les baguettes. Eudoxie est envoyée dans un couvent vers le lac Ladoga. La tsarevna Marie est enfermée dans la forteresse de Schlüsselbourg. « On en a fouetté et bâtonné d'autres à foison, on a coupé les narines de quelques-uns avant l'exil en Sibérie, une dame de qualité, de la famille des Troïékurof, a subi le fouet ; une autre, de la famille des Golovine, a été passée par les baguettes. La princesse Galitzine, apparentée aux plus hautes maisons, a été conduite à Préobrajenski ; là, dans la cour, au milieu d'un cercle d'une centaine de soldats, on l'a couchée à terre et cruellement battue de verges, puis on l'a rendue à son mari, qui l'a renvoyée chez son père… Sur la grande place devant le Kremlin, où eurent lieu les exécutions, on avait élevé un échafaud quadrangulaire en pierre blanche, haut de six coudées, entouré de pieux de fer sur lesquels étaient fichées les têtes ; au sommet se trouvait une pierre carrée d'une coudée, où étaient entassés les corps des suppliciés ; celui de Glébov les dominait », narre Pleyer, un envoyé autrichien.

Aphrossina, restée à Berlin pour y faire ses couches, est ramenée à Saint-Pétersbourg. Enfermée à la forteresse, elle est personnellement interrogée par le tsar. Elle avoue tout : après avoir accédé au trône, Alexis avait l'intention de s'établir à Moscou, de faire de Saint-Pétersbourg un désert, de fermer la Russie aux étrangers, dissoudre en grande partie l'armée, anéantir

1. Stéphane Glébov, amant de l'ex-tsarine Eudoxie, religieuse sous le nom d'Hélène.

la flotte, etc. Alexis, effondré, dénonce son confesseur Ivan Ignatief, Abraham Lopoukhine, Ivan Afanassief, Fédor Doubrovski, qui sont soumis aux pires supplices. Ils confessent avoir souhaité la mort du tsar. Ils sont aussitôt décapités. Le crime est porté à la connaissance du peuple russe en mai 1718 : « Le tsarévitch voulait hériter du trône avec l'aide d'un pays étranger, ou par la force, au travers d'une émeute, et du vivant de son père ». Pierre Ier désigne une Haute Cour de Justice pour juger son fils. Elle est composée de cent vingt-sept personnes dont vingt-deux princes d'ancienne noblesse, des gouverneurs, des boyards, des sénateurs, des fonctionnaires, et trois étrangers : le général Adam Weyde, le général maître de police et adjudant général Antoine Devier et le colonel Jean Buchholz. Tourné vers son père, Alexis prophétise : « Si vous me faites mettre à mort, vous serez le premier à souiller l'échafaud du sang des Romanof, mais l'exemple que vous donnez sera suivi par d'autres. Mon sang retombera sur les générations successives de notre lignée jusqu'au dernier tsar de notre race. Tous périront dans le sang. Dieu fera expier vos péchés à vos descendants et à la Russie ! »

Dans le bastion Troubetzkoï, Alexis est soumis aux tortures. Pierre Tolstoï mène les interrogatoires, il veut connaître les noms de tous les complices. Alexis subit la question, reçoit vingt coups de knout. À la suite de quoi, il écrit à son père : « [...] Il est vrai que j'ai aspiré au trône par une autre voie que celle de l'obéissance. Résolu que j'étais de ne pas complaire à mon père, je n'avais qu'un moyen : chercher l'assistance de l'étranger. [...] Je n'aurais rien omis pour satisfaire mon désir. » Alexis reçoit quinze nouveaux coups de knout. Le tribunal reconnaît

Alexis Petrovitch coupable de crime contre l'État et le condamne à être fouetté jusqu'à ce que mort s'ensuive (24 juin 1718).

Le tsar peut encore commuer la peine, accorder sa grâce.

Alexis Petrovitch meurt deux jours plus tard dans des circonstances mystérieuses en sa geôle du bastion Troubetskoï où il avait été soumis à la question. Le jour suivant, le tsar fait publier le texte qui suit :

« Lorsque fut prononcée la sentence de Notre fils, Nous, son père, fûmes assailli par la pitié d'un côté, et, de l'autre, par le désir d'assurer la paix de Notre Empire. Nous ne pûmes prendre aussitôt de résolution dans cette affaire si difficile. Mais le Seigneur Tout-Puissant désira, dans Sa miséricorde, Nous délivrer de Nos doutes et sauver la Russie. Il coupa hier, 26 juin le fil des jours du tsarévitch Alexis. Celui-ci succomba à une maladie qui le frappa à la lecture de la sentence de mort et de la liste de ses crimes inouïs contre Nous et l'Empire. La maladie fut au début une espèce d'apoplexie. Ensuite, il reprit pleinement connaissance et reçut chrétiennement les derniers sacrements ; il nous pria de venir le voir. Et, Nous, oubliant ses méfaits, Nous Nous rendîmes chez lui avec tous Nos ministres et sénateurs. Il avoua sincèrement ses crimes, pleura abondamment de repentir et reçut le pardon que Nous lui devions en qualité de père et de souverain. Enfin, le 26 juin, vers six heures du matin, il trépassa chrétiennement… »

Le lendemain du décès d'Alexis était commémoré l'anniversaire de la bataille de Poltava. L'empereur fait bombance sans aucun état d'âme. Le tsarévitch est enseveli dans la cathédrale des saints Pierre et Paul de Saint-Pétersbourg, le 28 juin. Pierre Ier s'adresse à la noblesse pour leur exposer ceci : « Vous m'avez vu punir les crimes d'un fils ingrat, hypocrite et malicieux au-delà de l'imagination, aussi bien que ceux qui ont trempé dans son iniquité. J'espère avoir par là assuré mon grand ouvrage, qui est de rendre la nation russe à jamais puissante et redoutable, et tous mes États florissants, – ouvrage qui m'a coûté tant de peines et à mes sujets tant de sang et tant de sommes d'argent, et qui, à la première année de ma mort, aurait été renversé, si je n'y avais pas mis ordre de la manière que j'ai fait[1]. »

Pierre était un tsar avant que d'être un père. Pour les gens du peuple, la mort du tsarévitch est si affreuse, si insupportable, qu'ils refusent d'y ajouter foi. Comme si souvent en Russie, les prétendants et imposteurs vont profiter de la crédulité ambiante. Entre 1723 et 1728, apparaissent cinq faux Alexis, un soldat, deux mendiants, un ouvrier et un paysan.

Hans von Katte. L'impensable affection (1730)

Frédéric de Hohenzollern[2] recevait de la part de son père le roi Frédéric-Guillaume Ier[3], méprisant, brutal et tyrannique, une éducation des plus rigides. Le jeune garçon appréciait les arts, la littérature, la poésie, la musique, à l'opposé du « roi-sergent » – surnom attribué au monarque – qui les méprisait. Il lui interdisait la pratique d'un instrument de musique, alors qu'il était un virtuose de la flûte traversière. Il composera d'ail-

1. Déclaration du 16 février 1719.
2. Frédéric de Hohenzollern (1712-1786), futur Frédéric II de Prusse.
3. Frédéric-Guillaume Ier de Prusse (1688-1740).

leurs quatre concertos, quatre symphonies, des sonates pour flûte et bien d'autres pièces. Le roi-sergent prenait plaisir à humilier son fils aîné qu'il jugeait efféminé. « Il prenait plaisir à l'humilier, le brimer, le battre. Le roi perdit toute retenue et toute décence ; il cria, tempêta ; après les injures vinrent les coups, rapporte Ernest Lavisse[1]. » Des scènes d'odieuse brutalité se succédèrent : des officiers, des domestiques virent le prince royal battu à coups de poing, à coups de pied, saisi à la gorge, empoigné par les cheveux, terrassé et piétiné. Ils entendirent le père reprocher au fils l'humiliation même dont il l'accablait et l'exciter, par des bravades, à la révolte. « Ah ! si mon père m'avait traité comme cela ! criait-il en frappant. Mais toi, cela ne te fait rien ! À toi, tout est égal ! »

Frédéric a 16 ans lorsque les rumeurs d'une amitié particulière entre Peter Karl Christoph von Keith, page du souverain, se répandent à la cour durant l'hiver 1729. L'intimité supposée entre les deux garçons provoque les commentaires de sa sœur Wilhelmine[2] qui écrit : « Même si j'avais remarqué qu'il était plus familier avec ce page qu'il ne l'était dans sa position ordinaire, je ne savais pas à quel point l'amitié était intime. [...] Keith était le ministre de ses débauches. » Von Keith est démis de ses fonctions et envoyé dans un régiment près de la frontière néerlandaise, tandis que Frédéric est enfermé dans le pavillon de chasse royal à Wusterhausen « pour se repentir de son péché ». Le lieutenant Borcke est attaché au prince. Il a ordre de lui faire tâter de l'obéissance et de la rigueur militaire et cependant Frédéric « lui ouvre son cœur » dans une missive sans ambiguïté.

1. Ernest Lavisse, La jeunesse du Grand Frédéric, la prison, Revue des Deux Mondes, tome 102, 1890.
2. Wilhelmine, née Frédérique Sophie Wilhelmine de Prusse (1709-1758).

Ne supportant plus les vexations paternelles, le prince puise quelque réconfort auprès d'un officier de l'armée, Hans Hermann von Katte, chargé de lui enseigner les mathématiques et la mécanique. Ils partagent le même amour des belles lettres, de la poésie, de la musique. Ces passions les rapprochent. « Katte avait de quoi plaire au prince. Il aimait les mathématiques, la mécanique et la musique ; il savait dessiner et peindre ; il était grand liseur, jouait de la flûte, écrivait bien le français ; il aimait à parler et à disserter. [...] Il goûtait la grâce du prince royal, le charme de son esprit et de sa personne. Les malheurs de Frédéric l'émouvaient ; il était touché de l'infortune de Wilhelmine, cette sœur chérie de Frédéric, à qui le roi faisait aussi la vie dure. » Des liens plus qu'amicaux se nouent entre eux. Frédéric confie à son ami combien il est maltraité par son père et si rudement, qu'il craint pour sa vie. Il a encore reçu un châtiment pour avoir laissé tomber un couteau ! Les deux garçons forment ensemble le projet de passer en Angleterre et se réfugier auprès du roi Georges Ier, grand-père de Frédéric. Alors que Frédéric-Guillaume l'oblige à l'accompagner à Potsdam, Frédéric écrit à Katte pour lui confirmer sa résolution de s'enfuir au début du voyage et lui donne rendez-vous à Cannstatt.

Le page chargé de lui donner le billet remet à Katte des « objets dont le prince ne voulait pas se séparer, parmi lesquels se trouvaient ses *musicalia*. Katte avait déjà entre les mains les bijoux de Frédéric et les insignes de l'ordre de l'Aigle blanc de Pologne, dont les diamants avaient été vendus et remplacés par de fausses pierres. Le prince lui avait confié l'argent du voyage, environ 3 000 thalers. » Il tente de trouver un allié en Seckendorff[1] qui a l'oreille de son père et se confie à lui. « J'ai eu la ferme intention de m'enfuir. Un prince de dix-huit ans ne peut supporter plus longtemps d'être traité par le roi et battu comme je l'ai été dans le camp de Saxe. En dépit de toute surveillance j'aurais pu m'enfuir si je n'avais pas été retenu par mon amour pour la reine et pour ma sœur. Je ne renonce pas à ma résolution. Si le roi ne cesse de me frapper, je la mettrai à exécution coûte que coûte. Du péril de ma vie, je ne m'inquiète pas. Je regretterais seulement que des officiers, qui ont eu connaissance de la chose, fussent exposés à des malheurs quand ils n'ont commis aucune faute, mais se sont laissé entraîner par moi. Si le roi veut bien me promettre le pardon pour eux, je déclarerai tout clairement. Sinon, on peut me couper la tête, je ne trahirai personne. » Il affirme que la reine ne savait rien de ses projets, mais qu'il était inquiet pour Katte. Il espérait qu'il se soit sauvé après avoir détruit leur correspondance secrète. Il sollicitait les bons offices de Seckendorff auprès de son père. « Vous ne pouvez me témoigner une plus grande amitié, et je vous serai reconnaissant toute ma vie de me tirer de ce labyrinthe. »

Informé par de bonnes âmes, Frédéric-Guillaume somme son fils de s'expliquer et accuse les deux jeunes hommes de haute trahison. Il les fait enfermer dans la

1. Friedrich von Seckendorff (1676-1763), diplomate.

prison-forteresse de Küstrin en attendant leur jugement. Frédéric est conduit dans une pièce et gardé par des sentinelles, baïonnette au canon. Le roi commande qu'il ne soit laissé au prisonnier ni plume ni encre. Il dresse un règlement : le prince ne sortira jamais de la chambre. Un laquais lui apportera son dîner et son souper. Le dîner coûtera six groschen et le souper quatre. Il lui sera enlevé sa flûte et défendu qu'on lui en procure une autre. « Doit la porte [de la pièce] où se tient le prisonnier prince Frédéric, être bien fermée jour et nuit, et deux grands verrous y être suspendus ; les clefs, le général Lepell les aura en sa garde. Tous les matins, à huit heures, on ouvrira, et alors deux officiers entreront pour savoir si tout est bien ; un chauffeur du poste apportera à l'arrêté, *dem Arrestanten*, un bassin et un verre d'eau pour se nettoyer, et il enlèvera de la chambre les malpropretés ; tout cela ne devra pas durer plus d'un demi-quart d'heure ; alors les officiers sortiront et tout sera fermé solidement. À midi, on lui apportera à manger, et, tout de suite, la porte sera fermée. Le soir, à six heures, on ouvrira encore, et on lui apportera quelque chose à manger. Les plats et les assiettes sales [du dîner] seront emportés, et, tout de suite, tout fermé. Le matin, en apportant l'eau, les plats et les assiettes de la veille au soir seront emportés. Ainsi, trois fois par jour, la porte sera ouverte, et chaque fois, elle ne restera pas ouverte plus de quatre minutes, et, chaque fois, deux capitaines assisteront à l'ouverture et à la fermeture. En ce qui regarde les sentinelles, vous en mettrez autant qu'il sera nécessaire, car vous êtes pour cela responsable. Les capitaines qui feront ouvrir et fermer les portes ne devront pas, sous peine de la plus grande disgrâce, parler au prisonnier. S'il leur demande quelque chose, ce qui se passe ici et là, ce qu'il y a de nouveau dans le monde, ils ne répondront rien, et ceci est mon ordre strict, et ils doivent s'y conformer et être responsables sur leur tête. [...] Pas de couteau, ni de fourchette. Faites couper auparavant son manger. » Il ajoute à ce traitement une rupture totale avec les liens familiaux : « Si ce coquin demande des nouvelles de moi, de ma femme, de mes enfants, vous lui direz que personne ne pense plus à lui, que ma femme ne veut plus entendre parler de lui, que Wilhelmine est encoffrée à Berlin et sera bientôt envoyée à la campagne. »

Le retour de Frédéric-Guillaume auprès des siens est digne d'une scène d'épouvante. « Nous accourûmes tous pour lui baiser la main, écrit Wilhelmine, mais à peine m'eut-il envisagée que la colère et la rage s'emparèrent de son cœur. Il devint tout noir ; ses yeux étincelaient de fureur, et l'écume lui sortait de la bouche : Infâme canaille, me dit-il, oses-tu te montrer encore devant moi ? Va tenir compagnie à ton coquin de frère. » Il frappe si violemment sa fille qu'elle tombe à terre. Il commence à la piétiner, mais ses frères, ses sœurs, la reine Sophie[1], et les dames de compagnie la protègent et repoussent le roi vomissant des injures contre sa fille et sa femme.

Un tribunal militaire condamne Hans Hermann von Katte à la prison à vie. Ce n'est pas suffisant pour Frédéric-Guillaume, il commue la sentence en peine de mort. Il informe le général Lepell que Katte allait être mené à Küstrin pour y être exécuté sous les fenêtres du prince Frédéric : « S'il ne se trouve pas là une place suffisante, vous en choisirez une autre de façon que le prince puisse bien voir. » Le 6 novembre 1730, il est tenu fermement par des soldats afin qu'il assiste à la décapitation de son ami. Deux d'entre eux, lui maintiennent les paupières ouvertes. Il ne doit

1. Sophie-Dorothée de Hanovre (1687-1757), reine consort de Prusse. Fille de George Ier de Grande-Bretagne.

rien manquer du spectacle, exige le roi cruel. « Frédéric était enfermé dans une des chambres qui donnaient sur le fleuve. Par ordre du roi, les deux officiers l'avaient conduit à la fenêtre. Dès qu'il aperçut Katte, qui levait vers lui son regard, il lui envoya un baiser : "Mon cher Katte, cria-t-il, je vous demande mille pardons !" Katte fit la révérence et répondit que le prince n'avait rien à se faire pardonner. Arrivé au cercle formé par des hommes de la garnison, il entendit sans émotion lecture de sa sentence. Il appela près de lui les officiers des gendarmes, et leur dit adieu ainsi qu'à toute l'assemblée. Il reçut dévotement la bénédiction des prêtres, ôta sa perruque qu'il tendit à l'ordonnance de Schack, et mit sur sa tête un bonnet blanc ; il se fit enlever son habit et ouvrit largement le col de sa chemise, tranquille toujours, comme un homme qui bravement "se prépare à une affaire sérieuse." Alors il s'agenouilla, le visage tourné vers le prince, sur le tas de sable qui avait été préparé là. "Seigneur Jésus !" dit-il. Mais l'ordonnance lui voulait bander les yeux ; il l'écarta de la main, et reprit : "Seigneur Jésus !" Le coup d'épée interrompit sa prière. Le prince royal s'était évanoui sous le dernier regard de la victime[1]. »

Le prince demeure en prison puis, toujours sous surveillance, il est intéressé à l'administration de la cité de Küstrin. C'est un jeune homme brisé qui reçoit le pardon de son père, en août 1731. Il est autorisé à quitter sa résidence surveillée en février 1732. « Je me sens comme un miroir qui n'ose pas être tel que la nature l'a fait et qui doit sans cesse représenter ce qui l'entoure », écrit-il. Il jouera désormais un rôle. L'analyse de Voltaire est intéressante : « Quand Sa Majesté était habillée et bottée, le stoïque donnait quelques moments à la secte d'Épicure : il

1. Ernest Lavisse, La jeunesse du Grand Frédéric, la prison, Revue des Deux Mondes, tome 102, 1890.

faisait venir deux ou trois favoris, soit lieutenants de son régiment, soit pages, soit heiduques, ou jeunes cadets. On prenait du café. Celui à qui on jetait le mouchoir restait un quart d'heure en tête-à-tête. Les choses n'allaient pas jusqu'aux dernières extrémités, attendu que le prince, du vivant de son père, avait été fort maltraité dans ses amours de passade, et non moins mal guéri. Il ne pouvait jouer le premier rôle : il fallait se contenter des seconds. »

Monté sur le trône de Prusse en 1740, Frédéric II, dit Frédéric le Grand, conduira nombre de réformes et s'emploiera à unifier son royaume morcelé.

Marc-Antoine Calas. Intolérance religieuse (1761)

Une drôle d'affaire ébranla le royaume de France.

Dans l'arrière-boutique du marchand linger Jean Calas, protestant convaincu, on découvrit le corps de son fils Marc-Antoine Calas.

Nous sommes à Toulouse durant la nuit du 12 au 13 octobre 1761. Il semblerait que le jeune homme ait été étranglé. Attiré par le catholicisme, aux dires de l'entourage, il essuyait le désaveu de ses parents. Il n'en fallut pas plus à l'opinion publique pour accuser le père d'avoir tué son fils. Des témoins vinrent affirmer que le corps de Marc-Antoine Calas avait été trouvé étendu sur le sol en travers de la porte à deux vantaux séparant le magasin de l'arrière-boutique. Pierre, son frère, fit chercher un chirurgien par Gaubert Lavaysse, invité de la famille, tandis que Mme Anne-Rose Calas tentait de réanimer son fils. Gorsse ouvrit le col de chemise. Il détacha une cravate noire à boucle de métal entourant le cou du jeune homme. À n'en pas douter, d'après lui, Marc-Antoine avait été étranglé. David de Beaudrigue, chef du consistoire [le conseil des Capitouls], arriva à 23 h 30. Il constata que le corps avait été déplacé et qu'on l'avait « maquillé » avec une cravate placée après le décès pour cacher l'empreinte d'une corde. Mise en scène élaborée par des membres de la famille ? Une accusation fusa depuis la foule aux aguets devant la boutique : « … une voix criant que le sieur Calas avait lui-même tué son fils en haine de ce qu'il devait le lendemain faire une abjuration publique ». Après examen, le rapport des médecins indiqua : « Il a rendu de la morve et de la bave par le nez et par la bouche, et ayant la face livide, ce qui nous a fait juger qu'il a été pendu encore vivant, ou par lui-même ou par d'autres, avec une corde double qui s'est divisée sur les parties latérales du col et y a formé les deux branches livides que nous avons dites y avoir observées ».

Coup de théâtre le 15 octobre. La famille Calas reconnaissait avoir menti pour éviter le traitement infamant réservé aux suicidés. Selon eux, Marc-Antoine était pendu à une corde. Jean Calas avait pris dans ses bras le corps de son fils tandis que Pierre, ou Gaubert Lavaysse, coupait le lien. Les Calas furent écroués avec leur domestique Jeanne Viguière et Gaubert Lavaysse. Après les interrogatoires, les juges écartèrent l'hypothèse du suicide et évoquèrent la culpabilité de Jean Calas. L'Église catholique s'empara de l'affaire. Selon elle, le nouveau converti avait été victime de la haine calviniste. Elle organisa de spectaculaires funérailles, en présence de quarante-sept ecclésiastiques. Les esprits surchauffaient. La colère grondait dans la ville rose.

Le Parlement de Toulouse nomma M. de Cassan-Clairac conseiller-rapporteur, qui se dit convaincu de la culpabilité du père (28 février 1762). Jean Calas fut victime d'un procès partial et tendancieux, empreint du climat d'intolérance religieuse du moment. Il fut déclaré coupable, condamné au supplice de la roue et à la torture (9 mars 1762). Conduit devant le portail de l'église Saint-Étienne, Jean Calas, espérant une grâce providentielle, proclama à nouveau son innocence « avec une fermeté inconcevable ». Il ne fut pas entendu. À Toulouse, la populace massée place Saint-Georges retenait son souffle. Le bourreau plaça le malheureux sur une croix de Saint-André. Il lui brisa les membres puis le déposa sur la roue « face tournée vers le ciel, pour y vivre en repentance de ses crimes et méfaits et servir d'exemple et donner de la terreur aux méchants ». Son agonie fut terrible. Deux heures plus tard, le bourreau étrangla Jean Calas et jeta son corps sur un bûcher.

Le Toulousain Barthès nota dans son journal : « Cet homme huguenot d'origine et protestant obstiné, s'il en fut jamais... a souffert le supplice avec une constance prodigieuse et n'a jamais voulu se rendre aux saintes remontrances du R.P. Bourges, professeur dominicain, et d'un autre Père, son adjoint, qui, depuis les quatre heures du matin jusqu'à six heures du soir, n'ont cessé de lui persuader de sauver son âme en ouvrant les yeux à la lumière de la vérité, qui ne peut se trouver que dans le sein de l'Église catholique. [...] Il est mort dans la réprobation comme nous devons le croire, et n'en a pas moins subi le supplice auquel il a été condamné, à la vue d'un peuple innombrable, même des gens de la campagne venus exprès dans cette ville pour voir mourir un père, qui faisant une insigne violence à la nature, n'a pas eu horreur d'étrangler son propre fils ».

Pierre Calas fut condamné au bannissement. Mme Anne-Rose Calas, Jeanne Viguière et Gaubert Lavaysse furent acquittés. Les sœurs de Marc-Antoine, Anne et Anne-Rose, furent enfermées dans un couvent. Les biens de la famille furent confisqués.

Voltaire, désireux de saper l'autorité des Parlements et fustiger la religion et ses fanatismes, prit la défense de Calas. Il démontra qu'il était impossible à un homme de 68 ans de pendre un jeune homme de 28 ans, sans que celui-ci ne réagisse et sans attirer l'attention de la famille. À moins d'avoir des complicités dans la famille ? Dans ce cas pourquoi celle-ci fut-elle acquittée ? De telles incohérences prouvaient qu'il s'agissait alors d'un règlement de comptes entre adversaires religieux, Catholiques et Protestants toulousains. Il multiplia les écrits et les démarches. Sa correspondance est édifiante : « Loin de croire la famille Calas fanatique et parricide, je crus voir que c'étaient les fanatiques qui l'avaient accusée et perdue. Je savais depuis longtemps de quoi l'esprit de parti et la calomnie sont capables. » (1765) « Les Calas étaient très innocents, cela est démontré ; mais ils s'étaient contredits. Ils avaient été assez imbéciles pour vouloir sauver d'abord le prétendu honneur de Marc-Antoine leur fils et pour dire qu'il était mort d'apoplexie, lorsqu'il était évident qu'il s'était défait lui-même. » (1769) L'homme de lettres n'hésita pas à faire campagne jusqu'à traiter les membres du Parlement de Toulouse de « cannibales ». Il obtint gain de cause, le jugement fut cassé. Jean Calas fut réhabilité le 9 mars 1765 par le Parlement de Paris.

Saura-t-on jamais qui a « suicidé » Marc-Antoine Calas ?

Tsar Ivan VI. Un certain prisonnier (1764)

Le prince Galitzine, le 19 janvier 1730, avait offert sur un plateau le trône russe à la princesse Anna Ivanovna[1], fille d'Ivan V demi-frère de Pierre le Grand. Après dix ans de règne à la va-comme-je-te-pousse, ponctué d'exécutions et de déportations en Sibérie, sans descendance, sentant sa fin prochaine, la tsarine avait désigné comme successeur, son arrière-petit-neveu, le fils nouveau-né de sa nièce Anna Léopoldovna.

Élisabeth de Mecklembourg-Schwerin[2] était la fille de Charles II Léopold, duc de Mecklembourg-Schwerin et de Catherine Ivanovna[3], fille du tsar

1. Anna Ivanovna (1693-1740), fille d'Ivan V, nièce de Pierre le Grand.
2. Élisabeth Catherine Christine de Mecklembourg-Schwerin (1718-1746).
3. Catherine Ivanovna (1692-1733).

Ivan V. Pour raison d'État, on l'avait mariée en 1739 à Antoine-Ulrich de Brünswick-Wolfenbütell[1], neveu de l'empereur Charles VI du Saint-Empire. À la demande de sa tante Anna Ivanovna, elle avait abandonné la religion luthérienne et, selon les règles orthodoxes, elle prit le nom d'Anna Léopoldovna. Son fils, Ivan Antonovitch[2], né le 23 août 1740, fut donc reconnu comme tsarévitch, héritier du trône russe.

Au décès de la tsarine Anna, le 17 octobre 1740, Ivan VI n'avait que quelques semaines. La régence, selon les vœux de feue l'impératrice, fut confiée à son amant et conseiller de longue date, Ernst Johann von Biron, le favori honni de tous. L'enfant fut transporté en grande pompe au Palais d'Hiver le 1er novembre : « un escadron de la garde à cheval ouvrant la marche et le Régent, à pied, précédant une chaise à porteurs, où une nourrice tenait l'enfant sur ses genoux. La princesse mère suivait dans un carrosse de gala ». Consternation ! « Dix-sept ans de despotisme et un enfant de neuf mois qui peut mourir à propos pour céder le trône au Régent ! » C'est en ces termes qu'Axel de Mardefeld, ministre de Prusse, s'exprima dans un commentaire destiné à Frédéric II. Le feld-maréchal Burckhardt Christoph von Münnich ayant flairé les intentions coupables de Biron, avec l'assentiment d'Anna Léopoldovna, dans la nuit du 8 au 9 novembre 1740, se saisit de Biron et l'enferma dans la forteresse de Schlüsselburg. Anna Léopoldovna confia le gouvernement à son époux Antoine-Ulrich et à von Münnich, nommé Premier ministre, avant de le remplacer par Andreï Ivanovitch Osterman. La régente « bornée au moral et indolente au physique, passant ses journées sur

1. Antoine-Ulrich de Brünswick-Wolfenbütell (1714-1774).
2. Ivan Antonovich (1740-1764), futur tsar Ivan VI.

un lit de repos à rêver ou à lire des romans » se laissait vivre, s'abandonnait à la paresse avec son amant le comte de Lynar.

La situation était favorable pour une révolution de palais. Une opportunité pour Élisabeth Petrovna[1], fille cadette de Pierre le Grand. Forte de sa légitimité dynastique, durant la nuit du 24 au 25 novembre 1741, elle se fit proclamer impératrice. Ivan VI, âgé de 15 mois, la régente, son époux et sa belle-famille furent arrêtés et placés sous surveillance. Anna Léopoldovna, 4 mois plus tôt, avait mis au monde la princesse Catherine Antonovna. Les soldats usant de violence la jetèrent au sol, ce qui la priva de l'audition pour la vie. Ivan, traité avec plus de ménagements, fut emmené par Élisabeth au palais où il demeura jusqu'à ce qu'elle prît une décision raisonnable. Elle fit effacer toutes mentions de son existence, interdit de prononcer son nom, ordonna qu'il soit désigné par les termes « un certain prisonnier », qu'il soit isolé de ses parents et surtout que ses geôliers ignorent sa véritable identité.

Après maintes tergiversations, en décembre 1742, la famille fut conduite en secret à la forteresse de Dünamünde, près de Riga. Elle fut envoyée à Oranienbourg, dans le gouvernement de Riazan, en janvier 1744. L'ex-régente donna la vie à Élisabeth. Finalement, parents et enfants furent placés en résidence surveillée au village de Kholmogory, sur la rive gauche de la Dvina septentrionale, dans l'oblast d'Arkhangelsk où Anna Léopoldovna accoucha de Pierre et d'Alexis. Elle mourut en couches le 19 mars 1746[2]. Elle avait 28 ans. Ivan VI fut transféré à Chlisselbourg et enfermé dans la forteresse de

1. Élisabeth Petrovna (1709-1761), tsarine Élisabeth Ire.

2. Les enfants d'Anna Léopoldovna : Catherine (1741-1807). Nés en captivité : Élisabeth (1743-1782), Pierre (1745-1798) et Alexis (1746-1787).

l'île d'Orekhovets (l'île des Noix), en 1756, où les conditions de détention étaient plus dures. Interdiction était faite aux gardiens de lui parler. En cas de tentative d'évasion ou d'appel à sa libération, ordre était donné d'immédiatement le tuer. Catherine II après avoir pris le pouvoir, rendit visite au « certain prisonnier », en 1762. L'homme à l'esprit dérangé était rongé par la peur et l'angoisse liés à l'enfermement. Quoi qu'il en soit, Ivan VI avait plus de légitimité à régner sur la Russie qu'elle et elle ne pouvait courir le risque qu'il soit rétabli sur le trône.

L'usurpatrice imagina un stratagème machiavélique pour débarrasser son règne futur de cet avorton. La chronique conte que Vassili Mirovich, un officier de la garnison d'Orekhovets, le « 5 juillet 1764, à deux heures après minuit » convaincu de participer à un coup d'État et de faire fortune en libérant le prisonnier, après avoir distribué de l'argent et de l'eau-de-vie aux soldats de garde, se dirigea vers la geôle où était enfermé Ivan VI. Bérednikof, le gouverneur de la forteresse s'interposa. Mirovich « le saisit au collet, le donne à garder à quelques-uns des hommes et continue sa route. On arrive au corridor gardé par des sentinelles qu'Ouloussief [capitaine Ouloussief] avait placées. Les sentinelles crient : Qui vive ? On leur répond par des coups de fusil à bout portant. Pendant ce temps-là, Olloussief et Tchekinn [lieutenant Tchekinn] se tiennent l'épée à la main devant le prisonnier que les coups de feu, les cris, les menaces qui se croisaient dans le corridor venaient de réveiller en sursaut. On ébranlait les portes de sa chambre ; c'était le signal convenu entre les ministres de Catherine et les gardiens du prince. Ils se précipitent sur lui et le frappent de l'épée. Ivan est nu, son sang coule à flots par cinq blessures béantes, le troisième acteur de cette scène horrible s'approche et le poignarde par derrière. Olloussief et Tchekinn ouvrent la porte, arrachent chacun un fusil aux sentinelles et achèvent la victime à coups de baïonnette. » Il est rapporté que le lendemain, des témoins auraient vu devant l'église de la forteresse « la dépouille d'un empereur de Russie couchée dans un cercueil de sapin et recouverte d'une veste de matelot. On déposa son cadavre, à la nuit, dans une fosse creusée sur la plage déserte. Olloussief et Tchekinn eurent l'avancement promis à Mirovich qui mourut décapité. » Catherine II écrira à son ministre Nikita Panine : « Quant au prisonnier sans nom, faites-le enterrer à Schlüsselbourg, chrétiennement, mais sans éclat… Je désire que cette nouvelle n'arrive pas trop vite dans la capitale. »

Après l'assassinat de Pierre III, son époux, un second tsar, avait subi un sort identique. L'impératrice autoproclamée donnait le ton. Rien ni personne ne se mettrait en travers de sa route.

ÉPOQUE CONTEMPORAINE

Paul Ier. Le tsar de trop (1801)

Tyran, despote, déséquilibré, le tsar Paul Ier[1] est honni. Sujet à des colères incontrôlables, on le dit dément. Le choc subit dans son enfance est-il cause de cet état ? Paul était dans sa huitième année lorsqu'il connut le coup d'État de sa mère, la Grande Catherine[2], et apprit l'assassinat de son père Pierre III[3] quelques jours plus tard. Le comte de Ségur remarquait : « Souvent affable jusqu'à la familiarité, le Tsar pouvait se montrer hautain et dur. Sujet à l'engouement, il se passionnait pour quelqu'un avec une singulière promptitude, l'abandonnant et l'oubliant ensuite avec une égale facilité. L'histoire de tous les tsars détrônés ou immolés était pour lui une idée fixe et toujours présente à sa pensée. Ce souvenir revenait comme un fantôme qui, l'assiégeant sans cesse, troublait les lumières de son esprit et offusquait sa raison. »

Très religieux, timide, érudit, il est maître dans l'art de la dissimulation. Il intrigue à sa façon. Il soupçonne tout le monde, même les membres de la famille impériale. Il humilie les uns, fait enfermer les autres, emprisonne,

1. Paul Petrovitch (1754-1801).
2. Catherine II (1729-1796).
3. Pierre III (1728-1762).

déporte ceux qui ont l'heur de lui déplaire. Boulimique de paperasserie, il prépare cinq cent quatre-vingt-quinze projets de lois durant l'année 1797 ! Cinq cent neuf en 1798 ! Trois cent trente en 1799 ! Quatre cent soixante-neuf en 1800 ! Tout et n'importe quoi ! Mille neuf cents ukases seront adoptés ! Ordres, contrordres, contradictions, inepties, incohérences… S'il tente d'imiter Pierre le Grand, sa copie est pathétique. Un mémorialiste le compare à « un despote asiatique, revêtu d'un uniforme prussien et mû par l'esprit de chevalerie médiévale ».

L'entourage se désespère, il est urgent de contraindre le tsar à abdiquer pour placer le tsarévitch Alexandre[1] à la tête du pays. Le comte Nikita Panine[2], vice-chancelier, prend la tête du complot, secondé par le comte Peter Pahlen[3], gouverneur militaire de Saint-Pétersbourg, général de la Garde. Ils rassemblent une cinquantaine d'officiers de toutes les armes. Le tsarévich, long à se décider, fait néanmoins partie de la conjuration depuis qu'il a appris que son père songe à le déshériter au profit d'un prince allemand, un lointain parent par alliance. Force est de constater que son père ne peut plus gouverner des millions de sujets. Consterné, il a confié à un proche : « mon père a déclaré la guerre au bon sens, et n'a nullement l'intention de conclure la paix ». Il approuve le projet de le déposer, mais ne souhaite pas qu'il soit usé de violence à son égard. L'acte d'abdication signé, il se porte garant de la sécurité et de l'entretien de son père en un lieu privilégié, loin de la cour et des affaires de l'État.

Le couple impérial est installé au château Mikhaïlovski[4] depuis le 29 janvier 1801. Le tsar a voulu ce palais à la

1. Alexandre Pavlovitch (1777-1825), futur tsar Alexandre Ier.
2. Nikita Petrovitch Panine (1770-1837), vice-chancelier.
3. Peter Pahlen (1745-1826), gouverneur militaire de Saint-Pétersbourg, général de la Garde.
4. Château Mikhaïlovski = Château Michel.

centaine de pièces, sis au cœur de Saint-Pétersbourg, près du canal de la Moïka et du Champ de Mars. Il en a établi les plans lui-même. La forteresse de briques rouges est entourée de fossés, de douves, de remparts. Il faut passer cinq ponts-levis avant d'en franchir l'entrée. La paranoïa du tsar se manifeste plus encore à l'intérieur. C'est un véritable labyrinthe ! Hanté par la peur, il l'a fait équiper d'escaliers escamotables, de pièces dérobées, de passages masqués, de culs-de-sac, de panneaux coulissants, de cabinets invisibles. L'appartement réservé à sa maîtresse Anna Lopoukhina, épouse du prince Gagarine, communique avec son bureau par un escalier secret.

La nuit du 11 au 12 mars 1801, vers une heure du matin, deux régiments de la Garde et le régiment Semionovski dont le tsarévich est le chef, pénètrent dans le château Michel après avoir donné le mot de passe au poste de garde. Scindés en deux groupes, à pas de loup, ils montent dans les étages. La tsarine dort dans sa chambre, les grands-ducs Alexandre et Constantin[1], dans les leurs. Les meneurs s'avancent vers les appartements du tsar. Les laquais sont assommés. Alerté par le bruit, Paul Ier a sauté hors de son lit et tente de fuir vers la chambre de son épouse, mais la porte en est fermée. C'est lui-même qui l'a ordonné tant il craint d'être attaqué durant son sommeil. Platon Zoubov – ancien favori de Catherine II – et son frère Nikolaï, Pahlen et Bennigsen[2] entrent dans la

1. Constantin Pavlovitch (1779-1831).
2. Comte Levin Bennigsen (1745-1826), général.

pièce. Ils trouvent le souverain caché derrière le paravent de la cheminée. Des clameurs s'élèvent alentours. Platon Zoubov lit l'acte d'abdication au tsar, hébété. Il le somme de le signer. Paul Ier, avec orgueil, fait face aux conspirateurs, tente de les soumettre à sa volonté. Les discussions s'éternisent. Paul Ier refuse la plume qu'on lui tend. Les insurgés s'impatientent. Nikolaï Zoubov, copieusement éméché, lui lance une tabatière au visage. Dans la plus totale confusion, une épée coupe trois doigts au tsar. Un des conjurés saisit une écharpe, entoure le cou de l'empereur et serre. Le nom de l'officier Kariatkine sera avancé… Privé d'air, Paul Ier meurt.

Le comte Alexandre de Langeron narrera : « Les assassins n'avaient ni corde ni serviette pour l'étrangler. Kariatkine, m'a-t-on dit, donna son écharpe : ce fut par elle que Paul périt : on ne sait à qui donner l'horrible honneur de sa fin cruelle ; tous les conjurés y participèrent, mais il paraît que ce furent le prince Iachvil et Katarinov qui furent les plus chargés de la responsabilité de ce crime affreux. Il paraît que Nicolas Zoubov, espèce de boucher, cruel et devenu audacieux par le vin dont il s'était gorgé, lui donna un coup de poing dans la figure, et comme il tenait dans sa main une tabatière d'or, un des coins aigus de cette tabatière carrée blessa l'empereur sous l'œil gauche. »

On annonce à la tsarine que son mari, frappé d'apoplexie, est décédé. Elle perd connaissance. Le grand-duc Constantin écrira : « Je ne me doutais de rien et je dormais comme on dort à vingt ans. Platon Zoubov, ivre, entre dans la chambre en faisant beaucoup de bruit (déjà il y avait une heure que mon père n'existait plus). Zoubov tira brutalement ma couverture et me dit insolemment : “Allons, levez-vous, allez chez l'empereur Alexandre, il vous attend." Vous pouvez imaginer combien je fus étonné et même effrayé de ces mots. Je regarde Zoubov, j'étais encore à moitié endormi et je croyais rêver. Platon me tire rudement par le bras pour me faire lever ; je passe un pantalon, mais surtout, je mets des bottines et je suis machinalement Zoubov ; j'eus cependant la précaution de prendre mon sabre polonais, celui que m'a donné le Prince Loubominski à Rovno pour me défendre en cas qu'on en voulût à ma vie, car je ne concevais point ce qui pouvait s'être passé. J'arrive dans l'antichambre de mon frère ; j'y vois une foule d'officiers très bruyants, très échauffés et Ouvarov ivre comme eux et assis sur une table de marbre, les jambes pendantes. J'entre dans le salon de mon frère, je le trouve étendu sur un canapé et fondant en larmes ainsi que l'impératrice Élisabeth ; ce ne fut qu'alors que j'appris l'assassinat de mon père ; je fus tellement abasourdi de ce coup que je crus d'abord que c'était un complot du dehors contre nous tous. »

Pahlen rejoint Alexandre dans son appartement du rez-de-chaussée, juste au-dessous de celui où s'est déroulé le drame. Il a vécu chaque minute dans la plus grande terreur n'imaginant pas que son père serait éliminé. Il pleure dans les bras de son épouse. Pahlen, agacé, lui lance : « C'est assez de faire l'enfant, venez régner ! Venez vous montrer aux gardes ! » puis il l'entraîne vers les régiments de la Garde rassemblés dans la cour du château Mikhaïlovski. Les frères Zoubov et Levin Bennigsen sont là. Le nouvel empereur s'avance vers les soldats. Il s'adresse à eux : « Mon père est mort à la suite d'une attaque d'apoplexie. Tout sera durant mon règne comme ce fut durant le règne de ma grand-mère bien-aimée, l'impératrice Catherine. » Les hourras emplissent l'espace.

Abraham Lincoln. Quand le rideau tombe (1865)

Mary Lincoln[1] rejoint son mari pour le petit déjeuner familial à 8 heures, le vendredi 14 avril 1865. Elle a très envie, en soirée, d'aller au Ford Theater de Washington assister à la dernière représentation de la pièce *Our American Cousin* que l'on dit fort gaie et réjouissante. Laura Keene, l'actrice à la mode y tient le rôle principal. Son président de mari acquiesce. Cinq jours plus tôt, le 9 avril, à l'issue de la bataille d'Appomattox, la *Civil War*, la guerre de Sécession, s'est achevée. Le général Lee, général en chef de l'armée des États Confédérés, a signé la capitulation. Abraham[2] adore le théâtre. Il a plus que tout besoin de chasser de son esprit les horreurs engendrées par quatre années de combats et de destructions. L'Amérique vient de vivre le conflit le plus meurtrier de son histoire. Le 1er février 1865, il a demandé par la *Joint Résolution* la ratification d'un amendement à la Constitution des États-Unis abolissant l'esclavage.

Le général et Mme Grant[3] ayant décliné l'invitation, Mary Lincoln a convié Clara Harris, la fille d'un sénateur de New York et son fiancé, le major Rathbone. Le couple présidentiel arrive au théâtre à 20 h 25.

L'actrice Laura Keene interrompt la pièce pour que l'orchestre joue *Hail to the Chief* pendant que les Lincoln se dirigent vers leur loge. Mary Lincoln et les fiancés s'installent au premier rang de l'avant-scène du balcon qui leur est réservé.

1. Mary Ann Todd (1818-1882), épouse Abraham Lincoln en 1842.
2. Abraham Lincoln (1809-1865), élu président des États-Unis en 1860 et réélu en 1864.
3. Ulysses Grant (1822-1885), marié à Julia Boggs Dent.

À 22 h 15, pendant le dernier acte, la porte de la loge s'ouvre. Un homme s'y glisse, se place derrière le président, lui applique une arme sur le crâne. Un coup de feu claque. Abraham Lincoln s'affaisse. Henry Rathbone réagit aussitôt. Il tente d'appréhender l'assassin qui a sorti un couteau et lui lacère le bras, lui sectionnant une artère. Le public voit un homme enjamber le rebord de la loge, se lancer dans le vide, tomber sur la scène et disparaître par les coulisses. Les spectateurs l'entendent hurler « Sic semper tyrannis ! The South is avenged. » (Que tous les tyrans subissent le même sort ! Le Sud est vengé.) Arrivé dans la rue, il prend la poudre d'escampette à cheval. Laura Keene dans les coulisses se préparait pour sa prochaine scène. Elle a entendu un coup de feu, puis un homme qu'elle a reconnu l'a poussée sur le côté pour accéder à la porte donnant à l'extérieur. Quand elle s'est relevée, elle est entrée sur scène. Elle a vu Henry Rathbone couvert de sang pointant du doigt la direction prise par le tueur. Le docteur Charles Leale, placé à 40 pieds de Lincoln, est le premier à lui venir en aide. Son témoignage est édifiant : « … il [Abraham Lincoln] était assis dans un fauteuil à haut dossier, la tête penchée vers son côté droit, soutenu par Mme Lincoln, qui pleurait amèrement. […] Ses yeux étaient fermés et il était dans un état profondément comateux, tandis que sa respiration était intermittente et excessivement stertoreuse. » Il découvre « un gros caillot de sang à environ un pouce sous la ligne incurvée supérieure et à un pouce et demi à gauche de la ligne médiane de l'os occipital à l'arrière du crâne. […] Sa blessure était mortelle. Il lui était impossible de s'en remettre. » Lincoln est transporté dans la pension de famille Petersen de l'autre côté de la rue. Prévenu du drame, son fils, le capitaine Robert T.

Lincoln de l'état-major du général Ulysses S. Grant se rend auprès de ses parents. Lincoln est inconscient, mais vivant. Charles Leale assis à son chevet lui tient la main : « Je croyais que parfois, la reconnaissance et la raison reviennent juste avant le départ. Je lui ai tenu la main fermement pour lui faire savoir, dans sa cécité, qu'il avait un ami. » Le malheureux agonise la nuit entière et rend l'âme à 7 h 22.

Le secrétaire d'État, William Seward[1], au même moment, est, lui aussi, victime d'une tentative d'assassinat. Un inconnu se présente à la porte de sa résidence. Il se fait ouvrir au prétexte qu'il apporte un médicament préparé par le médecin de Seward et qu'il a ordre de le lui administrer. Il monte à l'étage, pénètre dans la chambre du secrétaire d'État, malade et alité. Il le frappe à la tête et au cou à plusieurs reprises avec un couteau.

1. William Henry Seward (1801-1872).

Seward est secouru par ses enfants Frederick, Augustus et Fanny. Le forcené les blesse avec une arme blanche avant de s'enfuir. Il s'agit d'un soldat confédéré, Lewis Powell, connu sous le nom de Lewis Paine.

Grâce au témoignage de Laura Keene, l'assassin de Lincoln est rapidement identifié. Sudiste fanatique, John Wilkes Booth, fils de l'acteur Junius Booth, acteur lui-même, a ourdi cette conspiration avec Lewis Powell, et l'immigrant allemand George Atzerodt, militants de la cause confédérée. Booth est retrouvé par l'armée fédérale des États-Unis. Il est abattu sans sommation par le soldat Boston Corbett dans une grange de Virginie, le 26 avril 1865. Quatre de ses complices sont pendus, quatre autres condamnés à des peines de prison.

Maximilien Ier du Mexique. La tragédie de l'ambition (1867)

« Sur le point de subir la mort pour avoir essayé, par de nouvelles institutions, de mettre un terme à la guerre sanglante qui, depuis tant d'années, désole ce malheureux pays, je donnerai ma vie avec joie si ce sacrifice peut contribuer à la paix et à la prospérité de ma nouvelle patrie. Profondément convaincu que rien de durable ne peut être fondé sur un terrain arrosé de sang, secoué par les plus violentes agitations, je vous conjure, de la façon la plus solennelle, avec la sincérité que comporte le moment où je suis arrivé, que mon sang soit le dernier versé... » écrit Maximilien[1], à Benito Juárez[2], depuis sa cellule du couvent de las Capuchinas, à Santiago de Querétaro.

1. Ferdinand-Maximilien de Habsbourg (1832-1867), marié à la princesse Charlotte de Saxe-Cobourg Gotha (1840-1929). Frère de l'empereur François-Joseph.

2. Benito Juárez (1806-1872), élu président du gouvernement du Mexique en 1861. Président de la République mexicaine de 1867 à son décès.

Maximilien rédige son testament. Il lègue sa montre à son beau-frère le comte de Flandre[1], un médaillon contenant une mèche de cheveux de l'impératrice Charlotte à la reine Victoria. Il a refusé de comparaître devant le tribunal populaire et de répondre à l'acte d'accusation, lui, archiduc d'Autriche, empereur du Mexique, frère d'empereur, beau-frère de roi… Le procès s'est ouvert le 13 juin au théâtre Iturbide. Après neuf heures de délibération, les juges ont voté. Sept voix pour la culpabilité, trois voix pour le bannissement perpétuel, trois voix pour la mort. Le président a tranché : Maximilien et les généraux Miguel Miramón et Tomás Mejia seront fusillés à l'endroit de leur reddition. Aspiroz et le colonel Palacios se rendent à Las Capuchinas pour lire la sentence aux condamnés. Maximilien est prostré, la veille on lui a annoncé la mort de Charlotte. L'information est fausse, mais il l'ignore. Il s'adresse à ses geôliers : « Un seul lien me rattachait à la vie et il est rompu. J'ai appris que la pauvre Charlotte est morte et pour cette raison, je vais au tombeau plus tranquillement. Elle était mon dernier bien sur terre et à présent elle est au ciel. » Il prie son médecin, Basch, de remettre son alliance à l'archiduchesse Sophie : « Dites à ma mère que j'ai fait mon devoir de soldat et que je meurs en bon chrétien. »

Trois fiacres, le 19 juin, conduisent les condamnés au lieu désigné pour l'exécution de la sentence. Ils sont placés face au peloton. L'ex-empereur lance : « Je pardonne à tous. Que tous me pardonnent. Que mon sang prêt à couler soit répandu pour le bien du pays. Vive le Mexique ! Vive l'indépendance ! » Sept détonations éclatent. Le corps de Maximilien tombe au sol. Un officier s'approche, il indique de son épée l'emplacement du

1. Comte de Flandre : Philippe de Belgique (1837-1905), fils du roi Léopold Ier.

cœur. Le sergent de La Rosa pointe son arme et fait feu à bout portant. La veste de Maximilien s'enflamme.

L'avènement de la République au Mexique avait poussé Napoléon III à diligenter une expédition militaire pour mettre en place un régime favorable à la France. Il avait offert à l'archiduc Ferdinand-Maximilien de Habsbourg l'occasion de jouer un rôle actif dans l'Histoire en lui faisant remettre par des notables conservateurs la couronne impériale du Mexique. François-Joseph n'avait pas souscrit au projet de son frère. L'ambition démesurée de Charlotte avait emporté tous les arguments contraires. Elle se rêvait impératrice. « C'est l'expressif désir de Charlotte d'être souveraine de n'importe quoi et n'importe où qui l'a poussée dans l'aventure mexicaine », déplorait le comte de Flandre.

Les premières troupes françaises débarquèrent début janvier 1862 à Veracruz. Le couple impérial s'installa à Mexico, en juillet 1864. Incapable d'asseoir sa présence, il fut confronté à la résistance des troupes républicaines et au soulèvement de la population.

Napoléon III décida de mettre un terme à l'aventure mexicaine et de retirer ses troupes. L'intrépide impératrice Charlotte traversa la mer, en juillet 1866, afin d'aller chercher en Europe un nouveau corps d'armée. Les premiers signes d'un comportement paranoïaque apparurent. Son entourage, avant son départ, avait déjà observé chez elle une forme de dérangement mental. Or, elle était depuis envahie par le délire de la persécution. C'est une démente que reçut le pape Pie IX au Vatican. Elle s'enfoncera peu à peu dans un abîme de folie et fut confiée au célèbre aliéniste Riedel. Elle ne revit jamais le Mexique. Le corps expéditionnaire français reparti, Maximilien ne put soutenir le siège des libéraux de Juárez contre la ville de Santiago de Querétaro où il s'était retranché. Fait prisonnier, il écrivit à son épouse : « Ma Carla bien-aimée, si Dieu permet que tu recouvres la santé et que tu puisses lire ces lignes, tu apprendras comment la fatalité cruelle a frappé pour moi coup sur coup, sans répit, depuis le jour de ton départ. Ma bien-aimée, tu as emporté avec toi mon bonheur et mon âme. » Après bien des atermoiements, la dépouille de Maximilien fut placée dans la crypte des Capucins, à Vienne, le 18 janvier 1868.

Alexandre II. La mort aux trousses (1881)

Pourchassé par les terroristes, le tsar Alexandre II avait échappé à de nombreuses tentatives d'assassinat. L'étudiant Karakosov avait tenté de le tuer en 1866. Pendant son séjour à Paris, en juin 1867, après avoir assisté à la revue militaire en compagnie de Napoléon III et Guillaume Ier, dans le bois de Boulogne, à hauteur de la Grande Cascade, le Polonais Anton Berezovski avait tiré sur lui à deux reprises avec un pistolet. Véra Zassoulitch rata sa cible en janvier 1878. Le 2 avril 1879 Soloviov tira cinq balles sur lui. L'attentat organisé par Jeliabov, en novembre 1879, échoua. L'explosion et le déraillement du train impérial mis en œuvre par Mikhaïlov près de Moscou en novembre 1879 fut un échec. L'explosion de la salle à manger du palais d'Hiver due à Khalturine, en février 1880, épargna le tsar, tout comme les charges explosives placées sous un pont de Saint-Pétersbourg, au mois d'août de la même année.

Ce dimanche 1er/13 mars 1881, après avoir assisté avec sa famille, à l'office du matin dans la chapelle privée du palais d'Hiver, le tsar Alexandre II rejoint Loris-Melikov[1] pour régler les affaires courantes. Il confie à son ministre sa satisfaction d'avoir signé, la veille, le manifeste qu'il lui a présenté. Cette résolution annoncera prochainement au peuple russe la convocation et la participation des élus provinciaux aux travaux législatifs. Une réforme d'importance qui conjecture de l'ère libérale qu'Alexandre II souhaite voir s'ouvrir pour la Russie. « C'est fait. Je viens de signer le papier, annonce-t-il à Katia[2], sa femme. Je crois qu'il produira une bonne impression. Au moins, les Russes verront que je leur ai accordé tout ce qui était possible. » Il déjeune rapidement, avant de se rendre à la parade. Son épouse, inquiète, tente de le dissuader d'aller au manège. Saint-Pétersbourg pullule de révolutionnaires. N'a-t-on pas

1. Michel Tarielovitch Loris-Melikov (1825-1888), ministre de l'Intérieur d'Alexandre II, chargé de la « Commission suprême pour la défense de l'ordre social ».
2. Catherine Mikhaïlovna Dolgorouky (1847-1922), dite « Katia », fille de Michel Mikaïlovitch Dolgorouki (1816-1865) et de Vera Gavrilovna Vichnévetskaïa (1820-1866), épouse morganatique d'Alexandre II.

arrêté la veille un dangereux terroriste ? Il la tranquillise. Il suivra ses conseils, évitera la rue Petite Sadovaïa, longera le canal Catherine. Il s'échappe par l'escalier, grimpe dans un coupé fermé. Le cocher le conduit sans encombre au manège où il arrive à 13 h 15. Selon la tradition, la revue de la garde se déroule dans le manège Michel, en présence des grands-ducs, des généraux, des ambassadeurs de France, d'Autriche-Hongrie et d'Allemagne. Le défilé terminé, Alexandre II se rend dans le palais voisin où réside sa cousine la grande-duchesse Catherine Mikhaïlovna[1] avec laquelle il prend le thé avant de reprendre sa voiture. Il se hâte de rejoindre Katia au palais d'Hiver. Il est 14 h 15. À cette heure, le quai Catherine est peu fréquenté. Seuls quelques passants, un petit pâtissier avec son panier de gâteaux sur la tête, déambulent sur les trottoirs. La terroriste Sophie Perovskaïa[2] aperçoit au loin la voiture du tsar. Elle débouche de la rue des Ingénieurs pour tourner à droite sur le quai du canal Catherine en direction du pont du Théâtre. Sophie agite un mouchoir blanc. Les lanceurs de bombes gagnent la balustrade. Le coupé fermé de l'empereur avance à vive allure, escorté de six cosaques galopant à ses côtés, suivi par plusieurs traîneaux, dont celui du chef de la police Dvorjitski. Un détachement de cadets de la marine revenant du manège se range le long du trottoir pour rendre les honneurs au tsar lorsqu'il passera devant eux. La voiture impériale dépasse un jeune homme aux cheveux longs. Il lance un paquet sous les jambes des chevaux. Une explosion terrible se produit. Dans un nuage de neige, de boue, de

1. Catherine Mikhaïlovna, fille de la grande-duchesse Héléna Pavlovna, tante du tsar.
2. Sophie Lvovna Perovskaïa (1853-1881), membre de l'organisation terroriste révolutionnaire Narodnaïa Volia.

fumée, les vitres volent en éclat. L'arrière-train de la voiture est disloqué. Ameutée par le souffle de l'explosion, la foule accourt en criant « On tire sur le tsar ! » Nicolas Rysakov[1], le lanceur de bombe, tente de fuir. Il est ceinturé par des officiers de police. Alexandre II, sain et sauf, pâle comme un spectre, découvre le massacre. D'après le règlement, les cosaques de sa suite devraient l'entourer afin de le protéger, mais ceux-ci tentent de maîtriser leurs montures affolées. Sur le sol enneigé, dans des flaques de sang, gisent le petit pâtissier, trois cosaques, deux chevaux éventrés. Alexandre II s'approche de Nicolas Rysakov, jeune homme de dix-neuf ans. Très calme, l'empereur l'interroge : « Est-ce toi qui as lancé la bombe ? Grâce à Dieu, je n'ai aucun mal, mais ceux-là... »

1. Nicolas Ivanovitch Rysakov (1861-1881), révolutionnaire membre du mouvement Narodnaïa Volia.

Rysakov le toise avec insolence, ricane : « N'est-ce pas trop tôt pour rendre grâce à Dieu ? » Au même instant, Ignace Grinevitski[1] appuyé au parapet du canal jette une seconde bombe. Un fracas assourdissant déchire la scène. Un nuage de neige, de débris s'élève. Sous la violence du choc, le tsar est projeté à terre. Il tente de se relever. Impossible, son corps n'est qu'une fournaise ardente. Le torse meurtri, les jambes broyées, il perd son sang à flot. Le dos au parapet du quai, Grinevitski s'est affaissé, mortellement blessé. C'est alors que se produit l'impensable, l'étudiant Ivan Emelianov[2], le troisième lanceur de bombe, après avoir dissimulé sous son manteau l'engin mortel en sa possession, se précipite pour porter secours à son souverain. Alexandre peine à balbutier : « Aidez-moi... Il fait si froid, si froid... » Le grand-duc Michel, son frère, se fraye un chemin parmi les soldats entourant à présent le tsar. Les cosaques portent le corps de Sa Majesté jusqu'au traîneau. Alexandre II supplie : « Portez-moi au palais... et là... mourir... » L'empereur est ramené au palais d'Hiver. Avec d'infinies précautions, on le couche sur un lit de camp près de son bureau. Les médecins, impuissants, s'agitent autour de lui. Alexandre II a le pied droit arraché. Le pied gauche fracassé n'est qu'un amas sanguinolent de chair et d'os broyés. Son visage est couvert de plaies. Un œil reste ouvert, la pupille fixe. Sitôt prévenue, Katia se précipite. Elle nettoie avec un linge humide le visage du moribond, frictionne ses mains. Des valets de chambre commencent à déshabiller l'empereur avant l'arrivée du chirurgien. Ils ne peuvent ôter l'uniforme dont les lambeaux collent à la chair. Ils doivent

1. Ignace Joakimovitch Grinevitski (1856-1881), étudiant à l'Institut de technologie de Saint-Pétersbourg, révolutionnaire membre du mouvement Narodnaïa Volia.

2. Ivan Panteleïmonovitch Emelianov (?-1881), étudiant, sympathisant du mouvement Narodnaïa Volia.

le découper dans le dos. Le chirurgien « extraordinaire du tsar », tel est son titre, le docteur Krouglevsky, avoue son impuissance : « J'arrive trop tard. Il n'y a plus rien à faire. » L'archiprêtre Rojdestvenski lui administre les derniers sacrements. À 15 h 35, le tsar Alexandre II rejoint son Créateur.

Rodolphe de Habsbourg. Les brumes de Mayerling (1889)

François-Joseph a exigé des membres de la famille impériale de ne jamais révéler la vérité à propos de la mort de l'archiduc héritier Rodolphe. Il a fait raser le pavillon de chasse de Mayerling dans lequel le corps sans vie de son fils et celui de la baronne Marie Vetsera[1] furent découverts par un valet de chambre le 30 janvier 1889.

L'horreur était à son comble. Une arme à feu gisait près du cadavre de l'archiduc. De nombreuses balles furent retrouvées dans les murs. Une grande quantité de sang avait été répandue au sol et sur les parois. Sous le choc, l'empereur ordonna d'évacuer les corps le plus discrètement possible et d'effacer toutes les traces. Difficile d'admettre que son fils était un assassin, qu'il avait tué sa maîtresse d'une balle dans la tête avant de se donner la mort. François-Joseph fit télégraphier la nouvelle à tous les chefs d'État, annonçant « une mort probablement par apoplexie ». Le lendemain, les médecins déposèrent leurs conclusions : double suicide.

Un premier communiqué officiel informa du décès du prince d'une crise d'apoplexie. Le jour suivant, une

1. Marie Alexandrine von Vetsera (1871-1889).

crise cardiaque fut évoquée avant qu'il ne fût précisé : « Son Altesse Impériale et Royale a été trouvée inanimée dans le lit, après que la porte eut été enfoncée. C'est sur cette impression qu'étaient fondés le rapport et l'hypothèse d'une attaque. Mais le Dr Wiederhoher trouva après examen qu'il y avait une énorme blessure avec arrachement, sur une large surface, du cuir chevelu et des os du défunt, et que cette blessure devait avoir entraîné la mort immédiate. Cette blessure aurait été provoquée par un coup de fusil… la position de l'arme ne permet pas de douter que l'archiduc se soit donné lui-même la mort. » Pas un mot concernant Marie Vetsera, elle aussi tuée par balle… La volonté impériale d'éviter le scandale allait nourrir les supputations les plus folles.

L'archiduc Rodolphe avait un penchant pour la politique. Épris de démocratie, il nourrissait des idées de changements et de modernité. Il s'opposait sur de nombreux points à son père. Méprisé, voire détesté, à la cour, mauvais mari, mauvais père, avide de débauches et de beuveries, infesté par la syphilis, sujet à des accès de violence, il récoltait l'opprobre de son clan. L'abus d'opium, de morphine, d'alcool et le constat de sa déchéance, lui firent-ils prendre conscience de sa lourde hérédité ? Wittelsbach par sa mère, qui ne brillait pas par son équilibre intellectuel et émotionnel, il n'ignorait rien de la folie familiale. Obsédé par la mort, il avait déjà proposé à son épouse Stéphanie[1] de l'accompagner dans le suicide. La mise à jour par son père d'un complot ourdi par un clan allemand ou un clan hongrois pour l'écarter du trône impérial fut-elle déterminante ? Redoutait-il de devoir affronter la colère paternelle ? Fut-il l'otage d'un drame passionnel ? Il s'était étourdi depuis quelques mois,

1. Stéphanie de Saxe-Cobourg et Gotha, princesse de Belgique (1864-1945).

sans véritable passion, avec Marie Vetsera, une jeune fille écervelée et exaltée prête à le suivre dans sa folie romantique. Marie écrira d'ailleurs à sa mère et sa sœur quelques heures avant sa mort : « Nous sommes à présent très curieux de savoir comment est fait l'autre monde… Pardonnez-moi, je ne pouvais résister à l'amour… […] je vais être très heureuse. »

Le prince héritier fut-il assassiné ? Et par qui ? Cette version dut convaincre le pape puisqu'il accorda des obsèques religieuses… En effet, le droit canonique interdisait les funérailles et une sépulture chrétienne à celui qui avait porté atteinte à sa propre vie. L'archiduc Rodolphe fut enseveli, le 5 février, dans la crypte impériale, en l'église des Capucins, à Vienne. Les mystères n'ont pas fini de hanter les lieux…

L'archiduc Jean de Habsbourg[1], intimement lié à son cousin Rodolphe, suspecté d'avoir ourdi une conspiration visant à déclencher des troubles en Hongrie pour déstabiliser François-Joseph, se retrouve sur la sellette. Rodolphe est mort. Pourquoi est-il mort ? L'archiduc prend peur. Qu'elle est sa part de responsabilité dans ce fiasco ? Il rencontre l'empereur à la Hofburg et lui annonce qu'il renonce à son titre, son rang, ses privilèges. Il fait le ménage, récupère le coffret confié par Rodolphe, avant son décès, à la comtesse von Wallersee-Larisch. Que contient-il de compromettant ? Il choisit de disparaître. Il prend le nom de Jean Orth et embarque pour Buenos Aires le 26 mars 1890. On perd sa trace en Argentine.

Sitting Bull. Le « dernier homme » sioux (1890)

À sa naissance, dans la région de Grand River, en territoire Dakota, vers 1831, on l'avait nommé Ȟoká-Psíče (Blaireau bondissant), puis à l'adolescence, il reçut le nom de son père, Jumping Bull (Bison bondissant). Ses nombreux exploits l'ayant fait remarquer des siens, les Hunkpapas, une branche des Sioux de l'Ouest (Lakotas), il fut baptisé, en 1852, Tatanka Iyotake. Ce qui signifie en Lakota « bison qui s'assoit ». Chef de tribu, il dut combattre l'armée américaine à partir de 1863 pour préserver le territoire de chasse des Sioux. Secondé par Crazy Horse[2], le chef des Oglalas, Sitting Bull s'imposa comme chef des Sioux du Nord, en 1866, et fut porté à

1. Jean de Habsbourg-Toscane (1852– ? 1890), fils de Léopold II de Toscane et Marie-Antoinette de Bourbon-Siciles.
2. Crazy Horse (v.1840-1877), chef des Lakotas Oglalas.

la tête de la nation Sioux l'année suivante.

Le gouvernement américain, par le traité de paix de Fort Laramie, garantit aux Sioux une réserve, mais la découverte de filons d'or dans les Black Hills engendra la ruée des prospecteurs sur les terres octroyées à la nation indienne (1870). Les colons blancs franchirent les limites de la réserve en violation du traité de Fort Laramie et la guerre débuta. Fin 1875, les Sioux furent contraints de rejoindre leur réserve. Le général George Crook lança la guerre contre les Indiens réputés « hostiles » en mars 1876. Sitting Bull réunit les Sioux, les Cheyennes et les Arapahos, sur son campement de Rosebud Creek, dans les collines du Montana et les unifia afin d'affronter les troupes de Crook. Crazy Horse partit au combat avec ses 500 guerriers. Il attaqua les troupes de Cook par surprise et les força à battre en retraite lors de la bataille de Rosebud (17 juin 1876). Les Indiens migrèrent dans la vallée de la rivière Little Bighorn. Alors, 3 000 Indiens quittèrent leurs réserves pour rallier Sitting Bull. Le colonel George Armstrong Custer, à la tête du 7e régiment de cavalerie, attaqua le campement. Les Américains furent décimés, le 25 juin, lors de la bataille de Little Bighorn.

La répression fut fatale au peuple indien volontairement affamé en raison de la disparition des troupeaux de bisons. Sitting Bull partit pour le Canada en mai 1877. Il revint en Amérique le 10 mai 1881. Il se rendit au major

David H. Brotherton, à Fort Buford. Il chargea son fils, Crow Foot, de remettre son fusil aux autorités avec le message suivant : « Je vous remets ce fusil par l'intermédiaire de mon jeune fils, à qui je souhaite maintenant apprendre qu'il est devenu un ami des Américains. Je souhaite qu'il apprenne les habitudes des Blancs et qu'il soit éduqué comme le sont leurs fils. Je souhaite que l'on se souvienne que j'ai été le dernier homme de ma tribu à rendre mon fusil. Ce garçon vous l'a donné et il veut maintenant savoir comment il va gagner sa vie. »

Sitting Bull dut installer son campement sur la Grand River, au sud de l'agence du Bureau indien de Standing Rock. James McLaughlin, agent de la police indienne, responsable de la réserve, lui mena la vie dure. Sitting Bull ne cédait en rien, et refusa de signer le traité de 1889 partageant la Grande réserve en petits territoires. Lorsque les Paiutes de l'Utah, en 1890, tentèrent de propager la doctrine de la Danse des esprits, McLaughlin décida d'agir pour en éviter la propagation. Elle risquait de créer de l'agitation et fédérer les « hostiles » prêts à prendre les armes et en découdre avec les Blancs. Il soupçonnait Sitting Bull de vouloir quitter Standing Rock pour aller à Pine Ridge où se rassemblaient les adeptes de la Danse des esprits. Il commandita son arrestation. Bull Head, capitaine de la police indienne, reçut l'ordre d'arrêter Sitting Bull.

Au petit matin du 15 décembre 1890, une quarantaine de policiers de l'Indian Agency et Bull Head allèrent chercher le vieil homme. Il refusa de les suivre et les membres de sa famille firent cercle autour de lui pour le protéger. Catch the Bear, armé d'une carabine Winchester, mit en joue Bull Head, et lui ficha une balle dans la jambe. Bull Head et le sergent Red Tomawahk tirèrent sur Sitting Bull, l'abattant froidement. Catch the Bear tua Bull Head en retour. Dans la bataille qui s'ensuit, Crow Foot[1], le fils de Sitting Bull, et son fils adoptif, Jumping Bull[2], furent également assassinés. Sept policiers furent tués.

Un groupe de partisans de Sitting Bull prit la fuite pour retrouver Spotted Elk[3], dans sa réserve, et se placer sous sa protection. Convaincu que les troupes fédérales projetaient de les attaquer à leur tour, Spotted Elk décida de rejoindre Red Cloud, chef des Sioux Oglalas. Le groupe, après avoir parcouru 250 km dans des conditions épouvantables, fut rattrapé par la cavalerie américaine. Le 28 décembre 1890, à Wounded Knee, les soldats massacrèrent plus de 300 Sioux, femmes et enfants compris.

Sadi Carnot. Assassinat chez les Gones (1894)

« L'hémorragie, qui avait été arrêtée à dix heures du soir a repris vers onze heures très abondante et très inquiétante. Le président de la République est mort à minuit quarante-cinq, sans avoir repris connaissance », annonçait *Le Figaro* à ses lecteurs le 25 juin 1894. Stupeur et consternation se répandirent dans l'hexagone.

Le président de la République, Marie François Sadi Carnot, avait entrepris des déplacements en province afin de rencontrer la population. L'époque était agitée et deux tentatives d'attentat avaient heureusement échoué. Malgré les conseils de prudence, il s'était rendu à Lyon, à l'occasion de l'Exposition universelle, internationale

1. Crow Foot (v.1876-1890), fils de Sitting Bull.
2. Jumping Bull = Hohay (Taureau Sauteur). Assiniboine, il fut capturé enfant par Sitting Bull qui l'adopta ensuite.
3. Spotted Elk = Si Thanka (v.1826-1890), surnommé Big Foot, chef de tribu des Sioux Lakotas Miniconjous.

et coloniale. Il participa, le 24 juin, à un banquet organisé en son honneur par la chambre de commerce. Il avait prévu de se rendre au Grand Théâtre, où une représentation exceptionnelle d'*Andromaque* par la troupe de la Comédie française serait donnée. Il quitta la réception vers 21 heures. Il s'assit dans la voiture présidentielle, en compagnie du gouverneur militaire de Lyon, du général de brigade Borius et du docteur Antoine Gailleton, maire de Lyon. Il saluait la foule venue l'applaudir place des Cordeliers. Le landau s'engageait dans la rue de la République quand Sante Geronimo Caserio[1] monta sur le marchepied et plongea une lame de 17 cm entre l'estomac et le foie du président. L'assaillant lâcha son arme en hurlant « Vive l'anarchie ! » Sadi Carnot porta la main à son abdomen. « Je suis blessé », dit-il avant de s'affaisser contre le dossier. Le docteur Gailleton prodigua aussitôt les premiers soins au blessé, pratiquant un point de compression afin d'éviter une hémorragie, tandis que la voiture fonçait à travers les rues.

Le préfet du Rhône s'adressa à la foule : « Messieurs, le président de la République vient d'être assassiné. Un individu, rue de la République, sous prétexte de lui remettre une pétition, l'a frappé d'un coup de poignard. Après avoir reçu quelques soins au palais du Commerce, le Président a été conduit à la Préfecture. »

Les échotiers recueillirent les premiers témoignages : « Ce soir, à 9 h 1/4, au sortir du banquet de l'Hôtel de Ville, un individu de 18 à 20 ans, à l'aspect d'un jockey, coiffé d'une casquette grise, s'est élancé vers le landau du président de la République, tenant dans la main un paquet, enveloppé d'un papier, et il en a porté un coup au Président. Le contenu de ce paquet était sans doute

1. Sante Geronimo Caserio (1873-1894), anarchiste italien.

un poignard ; l'individu perça la ligne des agents, cherchant à s'enfuir. Il fut appréhendé par M. Goulhiat [...] qui le prit pour un pickpocket et le saisit au collet. Deux dames ont vu l'assassin au moment où il frappait le Président. [...] Cet individu avait l'air d'un voyou. [...] La nouvelle, connue aussitôt dans les différents quartiers de Lyon, produit une énorme émotion. L'Hôtel-Dieu est assiégé ; on croit que le Président y a été transporté, mais il est toujours à la Préfecture. Les illuminations ont été immédiatement éteintes. » L'Agence Havas, en pleine nuit, envoyait une dépêche des plus inquiétantes : « Au moment où M. Carnot venait de quitter le palais du Commerce pour se rendre au théâtre afin d'assister à la représentation de gala, un individu l'a frappé au cœur d'un coup de poignard. M. Carnot a été aussitôt reconduit à la Préfecture. Son état paraît désespéré. L'auteur de l'attentat a été arrêté. [...] Mme Carnot a été immédiatement prévenue. Elle a montré le plus grand courage et s'est préparée à partir immédiatement pour Lyon. »

Les médecins de la faculté avaient rapidement pris Sadi Carnot en charge. L'hémorragie interne était conséquente, mais le corps médical restait optimiste. Un communiqué de Havas mit fin à toute espérance : « L'hémorragie, qui avait été arrêtée à dix heures du soir, a repris vers onze heures très abondante et très inquiétante. Le président de la République est mort à minuit quarante-cinq, sans avoir repris connaissance. »

Face à ses juges, Sante Caserio n'exprima aucun remords. Au contraire, il justifia son geste par une diatribe enflammée : « [...] J'ai découvert que ceux qui veulent leur propriété respectée, ont intérêt à prêcher l'existence du paradis et de l'enfer, et de garder le peuple dans l'ignorance.

Il y a peu de temps, Vaillant lança une bombe dans la Chambre des Députés, pour protester contre l'actuel système de la société. Il n'a tué personne, seulement blessé quelques personnes ; mais la justice bourgeoise l'a condamné à mort. Et non satisfaite de la condamnation de l'homme coupable, elle a poursuivi les Anarchistes, et arrêta, non seulement ceux qui connaissaient Vaillant, mais même ceux qui ont été présents à une lecture Anarchiste. [...]

Le gouvernement en vient à fouiller les domiciles privés, à ouvrir des lettres personnelles, à interdire les lectures et les rencontres, et à pratiquer l'oppression la plus infâme contre nous. Même aujourd'hui, des centaines d'Anarchistes sont arrêtés pour avoir écrit un article dans un journal ou pour avoir exprimé une opinion en public.

Eh bien, si les gouvernements emploient contre nous les fusils, les chaînes, les prisons, est-ce que nous devons, nous les anarchistes, qui défendons notre vie, rester enfermés chez nous ? Non. Au contraire, nous répondons aux gouvernements avec la dynamite, la bombe, le stylet, le poignard. En un mot, nous devons faire notre possible pour détruire la bourgeoisie et les gouvernements. Messieurs du Juré, vous qui êtes les représentants de la société bourgeoise, si vous voulez ma tête, prenez-la ; mais ne croyez pas qu'en faisait cela vous arrêterez le mouvement anarchiste.

Faites attention, l'homme récolte ce qu'il a semé. »

Caserio fut condamné à la peine capitale et guillotiné le 16 août. Il écrivit une ultime missive à sa mère : « Je vous écris ces quelques lignes pour vous faire savoir que ma condamnation est la peine de mort. Oh ! ma chère mère, ne pensez pas mal de moi ! Mais pensez que si j'ai commis cet acte, ce n'est pas que je sois devenu un malfaiteur, et pourtant, beaucoup diront que je suis un assassin et un malfaiteur. Non, parce que vous connaissez mon bon cœur, la douceur que j'avais lorsque j'étais auprès de vous ! Eh bien, aujourd'hui encore, c'est le même cœur. Si j'ai commis cet acte, c'est parce que j'étais las de voir le monde aussi infâme. »

Élisabeth d'Autriche. Rendez-vous à Genève (1898)

Dans la mémoire collective, c'est à l'Hôtel Beau-Rivage qu'est décédée Sissi, qui n'aimait pas Vienne, ses palais, sa cour et ses trop exigeantes conventions. L'image de l'impératrice aventurière, éprise de grands espaces et de voyages restera pour toujours attachée à ce lieu.

Revenons sur les derniers pas de Sissi. Une stupéfiante dépêche parvint dans les locaux des quotidiens le 10 septembre 1898 : « L'impératrice d'Autriche a été frappée d'un coup de stylet par un anarchiste italien au moment où elle allait monter en bateau. Elle est morte. L'assassin est arrêté. L'individu souhaitait tuer le duc d'Orléans qu'il croyait à Genève. »

Telle est pour toujours la plus tragique histoire attachée au Beau-Rivage.

Voyageuse compulsive, Élisabeth d'Autriche, surnommée « l'impératrice de la solitude » ou « l'impératrice du voyage », adepte du train, possédait une voiture-lit-salon, construite pour elle à la demande de son époux (1873), qui pouvait être accrochée aux grands express européens. En juillet 1898, elle quitta l'Autriche pour la Suisse où l'empereur avait prévu de la rejoindre. Le 9, elle descendit à l'hôtel Beau-Rivage sous le pseudonyme de comtesse de Hohenembs. Elle avait fait réserver la suite 34-36. Elle renvoya son train à Montreux où elle devait se rendre en bateau à vapeur pour retrouver son amie, la baronne Julie de Rothschild. Elle fit une promenade, s'assit un moment dans le jardin Brunswick, situé à côté du Beau-Rivage, avec sa première dame d'honneur et confidente, la comtesse hongroise Irma Sztàray. Survint alors un événement anecdotique. Élisabeth tenait dans sa main une pêche achetée pour se rafraîchir. Au moment où elle allait mordre dans le fruit, un corbeau le fit tomber d'un battement d'ailes. L'impératrice se leva d'un bond. Livide, elle dit à sa dame d'honneur : « Un corbeau n'est pas bon signe. Il annonce toujours un malheur dans notre maison. »

Le lendemain, elle alla à pied à l'embarcadère, accompagnée de sa dame de compagnie. Elle avait refusé d'utiliser le yacht privé de la baronne de Rothschild, voulant voyager incognito. Le bateau *Genève* les attendait à 13 h 40, pour une croisière lacustre vers Territet, localité située entre Montreux et Veytaux. Elle ignorait qu'elle avait rendez-vous avec la mort. Les deux femmes allaient embarquer lorsqu'un jeune homme vint à leur rencontre. À l'instant où il les croisa, il frappa Élisabeth. Elle s'affaissa, sa tête heurta le quai. Elle se releva et monta à bord du bateau. Un instant après, elle se plaignit d'une douleur à la poitrine et perdit connaissance. Le vapeur fit demi-tour… Ramenée dans ses appartements au Beau-Rivage, Sissi, dont la dame de compagnie avait révélé la véritable identité, fut installée sur son lit. Elle rendit l'âme à 14 h 40 dans les bras de Fanny Mayer, l'épouse du propriétaire et belle-fille du fondateur de l'hôtel, Jean-Jacques Mayer. « L'impératrice était arrivée à l'hôtel, râlant, et rendit son dernier soupir environ vingt minutes après. La comtesse Irma Sztàray lui ferma les yeux et lui joignit les mains. […] Je restais jusqu'à l'arrivée de la suite qui vint dans les six heures », écrivit Fanny Mayer. Elle avait 24 ans. Elle demeura aux côtés de la dépouille de l'impératrice jusqu'à ce que sa suite prenne le relais.

Bouleversée, Fanny Mayer confia ses souvenirs au papier : « 10 septembre 1898. Hier, Sa Majesté l'impératrice Élisabeth d'Autriche a posé ses malles, nombreuses, dans sa suite située au premier étage. Caméristes, dames de compagnie et dames d'honneur, ministres et contrôleurs : sa cour, pourtant réduite au minimum, n'occupe pas moins de dix-sept chambres. Habituée des lieux, qu'elle chérit, Sissi vaque ici à ses occupations et à ses plaisirs, loin du protocole. Avec sa confidente la comtesse Sztàray, elle se promène sur le quai pour manger des glaces. Elle aime admirer les rives du Léman à l'abri des salons de l'hôtel, derrière les immenses fenêtres drapées d'étoffes soyeuses. Elle se rend aussi chez Bäker pour y acheter instruments et rouleaux de musique. C'est dans l'après-midi de cette journée buissonnière que, sur le quai du bateau emprunté pour se rendre chez la baronne de Rothschild, l'impératrice est poignardée par un extrémiste italien. [...] L'impératrice fut embaumée et mise dans son cercueil le soir. La comtesse me fit demander ainsi que mon mari, et me donna une rose qu'elle prit du cercueil et que je garde précieusement, ainsi qu'un petit bout de ruban mauve taché de sang. »

William McKinley. Tragique rencontre (1901)

Une longue file de personnes s'étirait à l'extérieur du Temple de la musique en cette fin d'après-midi du 6 septembre 1901. La ville de Buffalo accueillait l'Exposition pan-américaine durant un mois et la visite du président des États-Unis était attendue par nombre de visiteurs, dont ceux qui l'avaient réélu l'année précédente pour son second mandat.

William McKinley[1] et la première dame s'étaient rendus à l'exposition, la veille, dans une calèche découverte précédée par la troupe, une garde d'honneur et la fanfare. Le président avait prononcé un long discours à propos de la politique commerciale, sur l'Esplanade, avant de visiter les pavillons et complimenter chacun.

De retour d'une excursion en train aux chutes du Niagara, William McKinley commençait à serrer des mains. Leon Czolgosz patientait dans son petit costume gris un peu élimé, sa chemise de flanelle ornée d'une cravate noire. Personne n'avait prêté attention à sa main droite enveloppée dans un mouchoir qui dissimulait un revolver automatique Iver Johnson de calibre 32, acheté pour 4,50 $ à Walbridge Hardware sur Main Street.

1. William McKinley (1843-1901), président des États-Unis. Premier mandat en novembre 1896. Réélection en novembre 1900.

Le flot s'écoulait lentement. Le président McKinley n'était plus qu'à un mètre de lui. Son prédécesseur s'écarta laissant la place à Czolgosz. McKinley lui sourit, tendit la main vers lui. Leon Czolgosz leva le bras. Il tira deux balles à bout portant vers la poitrine de son vis-à-vis. La première ricocha sur un bouton du costume du président, l'autre le blessa gravement à l'estomac. L'homme qui attendait derrière Czolgosz, James Parker, un ancien policier afro-américain de Géorgie, le plaqua aussitôt au sol. Un agent s'empara du revolver. « J'ai fait mon devoir », criait Czolgosz alors que les policiers et les témoins le frappaient à coups de pied. McKinley, avant d'être évacué, eut le temps de dire : « Soyez indulgents avec lui, les gars. » À son secrétaire George Cortelyou[1], il murmura : « Ma femme… Faites attention à la façon dont vous lui dites… Oh ! faites attention ! » Il fut transporté à l'hôpital. Le chirurgien procéda à un examen sommaire, nettoya ses blessures avant d'inciser l'abdomen. La balle qui avait ricoché sur l'un des boutons de la veste de McKinley avait touché son sternum, ne causant que des dommages mineurs. L'autre lui avait traversé l'estomac. Le chirurgien parvint à suturer les blessures et à arrêter l'hémorragie. Il ne fut pas en mesure de localiser la balle. Il supposa qu'elle s'était logée quelque part dans le dos du président. Il le fit transporter, toujours inconscient, au domicile de John Milburn, le président de l'exposition. Le blessé sembla se rétablir. Les médecins se montraient confiants. Si bien que le vice-président, Theodore Roosevelt, était parti camper dans les montagnes Adirondack et déclarait aux journalistes : « Vous pouvez dire que je suis absolument sûr que le président se rétablira ». Hélas, le 13 septembre, apparurent les premiers

1. George Cortelyou (1862-1940), secrétaire particulier de William McKinley.

signes de défaillance cardiaque et difficultés respiratoires. La gangrène s'était développée le long de la trajectoire de la balle et avait engendré un empoisonnement du sang.

Un communiqué des médecins annonça le 14 : « Le président est mort à 2 h 15 ce matin. »

Leon Czolgosz, le 29 octobre, fut extrait de sa cellule de la prison d'Auburn et conduit en salle d'exécution où il fut installé sur une chaise. Les gardiens ajustèrent les électrodes, puis serrèrent les sangles autour de ses chevilles, son buste, ses bras, ses poignets, sa tête et son menton. Il prit la parole : « J'ai tiré sur le président parce que je pensais que cela aiderait les travailleurs et pour le bien des gens ordinaires. Je ne regrette pas mon crime. Je l'ai abattu parce qu'il était l'ennemi du peuple, des braves travailleurs ». À 7 h 30, 1 700 volts d'électricité traversèrent son corps.

Thomas Edison ne perdit rien de la scène et la fixa pour la postérité sur le film qu'il tourna à l'aide de sa caméra placée face au condamné.

Alexandre Ier Obrenovitch et Draga. Vendetta dans les Balkans (1903)

La Serbie vivait des temps chamboulés par une grande instabilité politique, le rejet de la monarchie et la démission du gouvernement. Le chaos s'installait. Deux dynasties se disputaient le trône. Cette querelle était née bien avant la prise de pouvoir de Milan Obrenovitch[1], père d'Alexandre Ier[2]. Il avait entraîné la Serbie dans une guerre

1. Milan Obrenovitch (1854-1901), prince de Serbie puis roi de Serbie sous le nom de Milan Ier.
2. Alexandre Obrenovitch (1876-1903), fils de Milan Ier et de Natalie Kesko.

contre la Turquie, libéré une partie du territoire et obtenu la reconnaissance internationale de l'indépendance en 1878. Milan Obrenovitch, en 1882, avait fait du pays un royaume. La Skoupchtina Nationale avait proclamé l'érection de la principauté en royaume, par la loi du 22 février/mars 1882. Le prince Milan, devenu le roi Milan Ier, avait été contraint de libérer le trône en 1889.

Son fils Alexandre Ier Obrenovitch, roi à douze ans, assisté d'un Conseil de régence, lassé de cette tutelle, eut recours en 1893 à un coup d'État qui lui permit de se libérer des régents et ministres. Il se proclama majeur – il avait 17 ans – et suspendit la constitution. Très mal conseillé en sous-main par son père, il se coupa des partis nationalistes et favorisa l'instauration d'un régime arbitraire. La crise atteignit son paroxysme quand Alexandre Ier renvoya le gouvernement, en 1899, et s'obstina à vouloir épouser une ancienne dame de compagnie de sa mère, la reine Nathalie[1], en exil à Biarritz.

Que reprochait-on à cette dame d'honneur ? En premier lieu, sa basse extraction. Draga Maschine[2] était la fille d'un notable de province. De plus, elle était veuve et beaucoup plus âgée que son prétendant. Impensable qu'une telle mésalliance puisse être tolérée. La reine Nathalie de Serbie était convaincue qu'elle avait séduit son fils aux seules fins de devenir la nouvelle souveraine de Serbie. Elle le manipulait à sa guise et lui laissait croire à un début de grossesse afin de hâter les noces. Le métropolite consulté par le roi lui refusa d'abord la dispense, arguant que « La Sainte Église considérait comme déraisonnable un mariage où le mari était beaucoup plus jeune que la femme et que le peuple serbe critiquerait celui d'un homme

1. Nathalie de Serbie, née Natalie Kesko (1859-1941). Fille du colonel Piotr Kesko et de la princesse Pulchérie Sturdza. Mariée, en 1875, au prince Milan Obrenovitch.
2. Draga Maschine (1861-1903), née Draga Lunjevica. Veuve de Svetozar Maschine.

s'unissant pour la première fois à une femme convolant en secondes noces. » Demeuré sourd aux raisons d'État et contre l'avis de ses parents, Alexandre s'était obstiné. Le tsar Nicolas II consentit à être témoin de cette union afin d'apaiser les tensions dans les domaines de politique intérieure et extérieure. Le mariage, qui eut lieu en août 1900, provoqua les pires moqueries dans les cours européennes. « Qui est le roi mécanicien ? C'est le Roi de Serbie, parce qu'il veut faire des enfants à la Maschine ! » La prétendue grossesse fit long feu. Le stratagème avait fonctionné. Point d'héritier pour Alexandre. Mais Draga était reine !

L'année suivante, le roi tenta de consolider sa popularité avec l'octroi d'une Constitution (août 1901). Cela ne dura guère. Le 8 avril 1903, la Constitution fut suspendue par décret, la Skupstina[1] dissoute, les mandats des sénateurs révoqués, les conseillers d'État mis en disponibilité. Les ambitions de la reine Draga, les faveurs dont elle comblait ses frères et sœurs insupportaient les ministres et les conseillers. Dans l'armée, la situation privilégiée de son frère, le lieutenant Nicodème Lunjevitch, provoquait d'amères jalousies, d'autant qu'Alexandre Ier signait, le 9 juin 1903, un décret accordant le titre d'héritier présomptif à son beau-frère, Nicodème Lunjevitch.

1. Skupstina = assemblée, conseil d'état.

Un groupe d'officiers d'état-major de l'Académie militaire, mais également l'ancien ministre de l'Intérieur Dorde A. Gencic, menés par les lieutenants Dragutin Dimitrievitch et Antonije Antic programmaient un coup d'État. Dragutin Dimitrievitch, spécialiste du renseignement militaire, avait été affublé du surnom de *Apis* le dieu taureau des Égyptiens, en raison de son gros cou et de sa sauvagerie. Une réputation assumée dont le roi Alexandre et son épouse Draga furent les malheureuses victimes. Dimitrievitch manœuvrait depuis des mois pour convertir l'armée à son projet. Au moment des manifestations de mars 1903, il fut certain qu'elle apporterait sa contribution au complot. Voyan Maschine, beau-frère de Draga, s'était joint à la junte d'officiers. Les multiples versions de l'action qu'ils menèrent diffèrent en tous points, des plus banales au plus saugrenues.

Deux heures de la nuit dans Belgrade endormie, le 11 juin 1903, les premiers coups de feu retentirent au sein du Konak et réveillèrent les habitants de la capitale. Les conjurés s'introduisirent dans le palais royal. Ils abattirent les gardes et assassinèrent sauvagement le roi et la reine. Difficile à avouer. Donc, le communiqué officiel fut ainsi rédigé : « Le roi, dans un accès de colère ou de démence, a tué deux de ses aides de camp, puis la reine, puis s'est suicidé ». Le ministre français Georges Benoit, suppléant le comte de Vauvineux en congé, put se rendre depuis son domicile à la légation « à trois heures et demie en traversant une ville où les plus matinaux reprenaient leurs activités comme si de rien n'était. Il expédia dès trois heures quarante un premier télégramme pour Paris. » Puis, il se rendit « à cinq heures du matin dans les environs de la demeure royale autour de laquelle stationnaient plusieurs régiments. Enfin, à six heures, la circulation était partout rétablie. Une demi-heure plus tard, l'information était télégraphiée depuis la ville de Semlin, alors en Hongrie de l'autre côté du Danube et se mit à circuler en Europe. » Les gouvernements se gardèrent bien de s'immiscer dans les affaires intérieures serbes. Le marquis de Reverseaux, ambassadeur de France à Vienne, exprima le sentiment général : « Les bizarreries du roi Alexandre, sa mobilité d'esprit, son mépris des lois et des hommes, son autocratie et les mauvais sentiments dont il a fait preuve au moment de la mort de son père, tout aussi bien que son mariage avec une femme ambitieuse et méprisée, lui avaient aliéné toutes les sympathies qui s'étaient portées vers lui dans les débuts de son règne. »

Très vite, un conte fantastique digne d'Edgar Allan Poe réjouit les esprits les plus pernicieux. Les conjurés, après avoir abattu les frères de la reine Draga et éloigné les fidèles du roi, auraient pris d'assaut le Konak. Ils auraient délogé Alexandre Ier et Draga cachés dans un grand placard, dissimulé dans une paroi. Le roi aurait été abattu tandis que Draga était percée de coups de sabre. On lui coupa une main pour en retirer les bagues avant de la jeter par une fenêtre.

Le correspondant du *Figaro,* quant à lui, télégraphiait à Paris : « Belgrade, 11 juin, midi. Une effrayante nouvelle secoua, ce matin, le réveil de notre ville le Roi et la Reine étaient morts ! Des officiers à cheval parcouraient les rues en l'annonçant à haute voix. Assassinés, disaient les uns ; ils s'étaient, selon d'autres, suicidés. On avait trouvé leurs cadavres dans leurs lits. Le bruit courait aussi que tous les ministres étaient tués. Les détails nouveaux tombaient dans la stupeur générale, souvent contradictoires, tous sanglants.

Il fut bientôt évident qu'un coup de force avait eu lieu dans la nuit. Le palais royal avait été envahi par des conspirateurs militaires. On cita des noms. Celui du colonel Mischitch, du 6e régiment d'infanterie, était, en général, donné comme celui du chef des conjurés, parmi lesquels on signala le colonel Naumovitch, M. Lubazikovitch, le commandant Ângykovitch et le colonel Machine, frère du premier mari de la reine Draga. Il pleut à verse, mais tout Belgrade est dehors, aux nouvelles. Les approches du château sont interdites. Des troupes de toutes armes sont postées dans les environs, des canons sont en batterie. Des informations fragmentaires que l'on recueille à droite et à gauche, on arrive à reconstituer la scène du meurtre. Elle est effrayante. »

D'heure en heure, des explications de plus en plus alambiquées couraient de bouche à oreille. On racontait avec moult détails que le couple avait été lardé de coups de sabre et criblé de balles avant d'être défenestré pour atterrir sur un tas de fumier. Comment imaginer que sous les balcons et fenêtres de la chambre royale était entreposé un tas d'excréments ! Le bon sens faisait visiblement défaut aux colporteurs de clabauderies. Plus sérieusement, les journalistes expliquaient : « À onze heures, le lieutenant-colonel Mischitch et plusieurs officiers furent introduits [...]. La garde fut chassée, massacrée ; l'aide de camp du Roi fut tué. On fit sauter à la dynamite une porte qui donne accès dans les appartements royaux. Les conjurés s'approchent du Roi, le somment d'abdiquer. Le colonel Naumovitch lui présente l'acte d'abdication, qui, est conçu dans les termes les plus violents, il y est dit que le Roi, par son mariage "avec une fille publique" a compromis l'honneur et les intérêts de la Serbie. À la vue de ce document, le Roi saisit son revolver et tue Naumovitch. Mais il aperçoit la fureur de ses ennemis. Il se sauve.

À demi vêtu il s'échappe, gagne les combles du palais. C'est là, dit-on, qu'il fut tué d'un coup de revolver.

La reine Draga l'avait-elle suivi dans sa fuite folle ? Quelques-uns le disent. D'autres récits la représentent comme tâchant de se cacher, puis découverte bientôt et frappée d'un coup de hache. Ses deux sœurs eurent le même sort. On raconte que la Reine est morte immédiatement le Roi aurait survécu quelques minutes. En tout cas, la lutte fut vive. On a retrouvé les rideaux des fenêtres arrachés, les vitres brisées, des lambeaux d'uniformes militaires. On assure que le meurtrier de la Reine est le colonel Mischitch. »

Belgrade était en liesse. « Il n'y a plus d'étendard sur le château royal. Mais toute la ville est pavoisée. Les fenêtres sont ornées de drapeaux, de fleurs, de guirlandes, Belgrade est en fête ! Des musiques militaires parcourent les rues et les emplissent de gaies fanfares. La populace suit, chante, se réjouit. » On pouvait lire, placardée sur les murs de la ville, cette déclaration : « Au peuple serbe. Cette nuit, ont été fusillés le Roi et la Reine. Dans ce moment anxieux pour les destinées de la Serbie, les amis de la patrie et du peuple sont unis pour former un nouveau gouvernement. » Il semble que personne ne s'émut de la disparition du couple royal, ne réagit à l'abomination d'un tel crime. Les Serbes au contraire manifestaient leur satisfaction : « On crie que le roi Alexandre était un Néron que les mœurs de la Reine faisaient de la Cour de Belgrade un lieu infâme. Le colonel Mischich, au sortir du palais, fut accueilli par des ovations ; la musique militaire lui donna une aubade. Une immense joie se manifesta, lorsque retentirent les premières acclamations de "Vive Karageorgevitch" [Pierre Alexandrovitch Karageorgevitch]. L'armée l'a choisi ! Les soldats qui passent sont acclamés eux aussi. Ils ont arraché de leur uniforme les insignes qu'ils portaient, le chiffre d'Alexandre Obrenovitch. En guise de cocardes, ils ont des fleurs, des feuilles. Ils chantent. [...] On dit que Karageorgevitch est à Belgrade. Des gens qui se donnent pour bien informés et qui cèdent à l'ardeur de leur imagination le devinent, l'ont vu. Et l'on crie "Vive Karageorgevitch Ier". »

Tout était donc prévu. De là à dire que Pierre Ier[1] trempa dans ce complot immonde, il n'y a qu'un pas que certains franchiront lorsque, installé sur le trône, en témoignage de reconnaissance, il fit de *Apis* le chef des services de renseignement de l'état-major serbe.

Les échotiers multipliaient les versions : « L'émeute n'aurait pas été dirigée contre le Roi, mais spécialement contre la Reine. Elle-même, on ne voulait pas l'assassiner on comptait s'emparer d'elle et l'écarter de Belgrade. Peut-être avait-on l'intention de déporter aussi le Roi. Mais au moment où les conjurés entrèrent dans les appartements du couple royal, le Roi se serait précipité sur les assaillants il se serait accidentellement tué lui-même en essayant de désarmer les officiers qui se proposaient de l'arrêter. On prétend encore que des soldats surexcités qui accompagnaient les organisateurs de l'attentat, tirèrent des coups de fusil qui tuèrent le Roi et la Reine. Quant à l'avènement du prince Karageorgevitch, le gouvernement provisoire aurait l'intention de faire sanctionner par la Skouptchina et le Sénat, le 15 juin, la proclamation militaire. D'autre part, on prétend que l'on solliciterait aussi la reconnaissance par la Russie et l'Autriche du nouveau règne. »

On remarquait que l'enthousiasme populaire ne cessait de se manifester en faveur des Karageorgevitch.

1. Pierre Alexandrovitch Karageorgevitch (1844-1921), fils d'Alexandre Karageorgevitch (1806-1885), prince de Serbie, et de Persida Nenadocic. Porté sur le trône de Serbie en 1903.

Les paroles les plus favorables étaient colportées : « C'est une revanche à l'assassinat de Kara George[1] Le libérateur. Ce n'est pas un crime, mais un acte de justice. » Les récits de l'assassinat abondaient : « Le colonel Naumovitch aurait été tué par la dynamite qui servit à faire sauter la porte de l'appartement royal. Le Roi criait au secours par la fenêtre. Personne ne répondit à son appel. Alors, sentant son heure venue, il étreignit la Reine et, ainsi enlacés, ils attendirent leurs meurtriers. Les cadavres du Roi et de la Reine sont, dit-on, conservés au palais ; on dit aussi qu'ils furent, dans des linceuls, descendus par une fenêtre, placés sur des fourgons et portés dans la chapelle du Palais. Cet après-midi, [11 juin 1903] le ministre de la Justice harangua le peuple du haut du balcon du ministère des Affaires étrangères. "Ne croyez pas, frères, déclara-t-il, qu'il s'agisse d'une simple émeute de soldats. Les soldats se sont inspirés de l'intérêt de la nation serbe tout entière. Ils n'entreprendront rien contre le peuple, ils n'agiront pas sans son consentement !" La date des obsèques est encore incertaine. On parle de dimanche comme du jour le plus probable. Le Roi serait inhumé au cloître de Bakovitsa ; les autres personnes au cimetière de Belgrade. »

Le Figaro du 12 juin 1903 rapportait : « Un drame de plus vient d'ensanglanter ce konak de Belgrade où, depuis vingt ans, l'histoire de Serbie se fait à coups d'intrigues, de guet-apens et de meurtres. […] les morts sont là. Alexandre Ier est mort, et morte la reine Draga. Mortes aussi ses deux sœurs et mort son frère, ce lieutenant Liunievitza, dont on l'accusait de vouloir faire un roi de Serbie. Morts également le général Zinzar Markovitch, président du Conseil le ministre de la guerre, général

1. Georges Petrovitch. Dorde Petrovic ou Karadorde en serbe. Connu sous le nom de Kara George le Libérateur (? 1762-1817) et Georges le Noir. Fondateur de la dynastie des Karageorgevitch.

Pavlovitch le ministre de la police, M. Todorovitch le général Petrovitch, aide de camp du Roi. [...] Dans les rues, les musiques militaires jouent leurs plus brillantes fanfares. Le peuple acclame les régiments qui passent. On crie "Vive Karageorgevitch !" Un gouvernement provisoire est constitué, qui n'a pas encore publié son dessein. »

La disparition d'Alexandre Obrenovitch laissait le champ libre aux Karageorgevitch. Pierre Ier fut couronné le 21 septembre 1904 en la cathédrale Saint-Michel de Belgrade.

Carlos Ier de Portugal. Le bouquet de Dona Amélia (1908)

Le prince Dom Manuel[1] fait les cent pas sur le débarcadère de la place du Commerce ce 1er février 1908. Il attend ses parents et son frère, le prince héritier Luiz[2]. Le petit vapeur qui assure la traversée de la Mer de paille entre Barreiro et Lisbonne accoste. Le roi Carlos Ier de Portugal[3], la reine Amélie[4] et Luiz en descendent. Sur le quai, le monarque débonnaire s'entretient avec son ministre Joào Franco. En cette période d'instabilité gouvernementale et de troubles politiques, il vient de signer le décret autorisant la relégation en Afrique des agitateurs. Dona Amélia, extrêmement populaire et aimée du peuple, tout sourire, remercie les personnes présentes, répond aux sollicitations. Une femme lui offre un beau bouquet de fleurs. La famille royale monte dans un landau découvert. La reine Amélie et le roi s'ins-

1. Manuel de Bragance (1889-1832), duc de Béja.
2. Luiz, duc de Bragance, prince héritier de Portugal (1887-1908).
3. Carlos Ier de Portugal (1863-1908).
4. Marie Amélie d'Orléans, princesse de France (1865-1951), reine de Portugal.

tallent face à leurs fils. Le cortège quitte le quai, contourne le ministère de la guerre, longe les arcades de la place du Commerce, tourne au coin de la rue de l'Arsenal devant le bureau des Postes et Télégraphes. Soudain, un homme surgit, il s'élance vers la voiture royale et tire à bout portant sur le roi. D'autres hommes, armes à la main, jaillissent de l'ombre. Ils mettent en joue le duc de Bragance et le duc de Béja. La foule hurle. Les détonations claquent. Les officiers à cheval maîtrisent à grand-peine leurs montures prises de panique. La reine Amélie se dresse. Debout, elle fait face aux assassins en brandissant son bouquet de fleurs. Elle se jette sur ses fils, les protège de son buste et de ses bras. Le roi Dom Carlos agonise sur les coussins. Une balle lui a traversé la nuque. Elle est ressortie par la carotide pour frapper le prince héritier. Le jeune homme cherche à saisir son pistolet pour défendre les siens alors qu'un homme monte sur le marchepied du landau. Il appuie le canon de sa carabine sur le visage du prince Luiz et fait feu.

Le projectile provoque de graves lésions au visage, fracasse une partie du crâne entraînant une hémorragie mortelle. Le duc de Béja reçoit un projectile dans le bras. Le criminel ajuste son arme, vise la reine. Elle couvre de son corps le jeune Manuel tout en repoussant l'arme avec son bouquet. Le trou du canon sous les yeux, elle comprend qu'une balle va la frapper. Sa dernière heure est venue. Heureusement, avant que le coup ne parte, l'homme vacille, tangue d'un pied sur l'autre puis chancelle. Il tombe au sol transpercé par le sabre d'un officier.

Le cocher parvient à se frayer un passage à travers la foule hurlante. L'attelage s'engouffre sous le porche de l'Arsenal de la Marine. Les portes sont refermées en hâte. La scène est abominable. Les corps sans vie du roi et du prince Luiz sont déposés sur des matelas de fortune. La reine Amélie, livide, muette, le regard fixe, couverte des sangs mêlés de son mari et de son fils aîné, soutient Manuel, blessé au bras. Ils affrontent cette vision d'épouvante.

Un officier informe la reine mère Maria-Pia[1] que le roi est grièvement blessé. Elle s'engouffre dans une voiture. On lui annonce en chemin que son fils est mort. Arrivée à l'Arsenal de la Marine, elle tombe à genoux près du cadavre. Des témoins la relèvent et la dirigent vers sa bru. Le visage baigné de larmes, hébétée, elle gémit :

— Mon fils, mon pauvre enfant.

— Mon fils, mon pauvre enfant, lui répond la reine Amélie.

— Votre fils ? interroge la reine Maria-Pia.

C'est alors qu'elle aperçoit le cadavre de son petit-fils. Le sol se dérobe sous ses pieds, elle perd connaissance.

1. Maria-Pia de Savoie (1847-1911), reine consort de Portugal, épouse du roi Luiz Ier de Portugal.

Le nouveau roi, Manuel II[1], et les deux reines sont évacués dans une voiture fermée. Afin d'éviter les émeutes, un autre véhicule transporte le cadavre du roi Carlos Ier, maintenu assis par le grand maréchal de la cour. Le corps du duc de Bragance, soutenu par son ancien gouverneur, est placé dans une troisième voiture. Les dépouilles sont transportées au palais des Necessidades où une chapelle ardente sera dressée. La reine Amélie, comme pour s'excuser d'être encore de ce monde après une telle tragédie, dira à la duchesse de Palmella : « Je me suis offerte et ils n'ont pas voulu de moi… Le petit roi, est-ce qu'ils me le laisseront ? »

Manuel II sera chassé du pouvoir le 5 octobre 1910 par une insurrection républicaine mettant fin au règne de la dynastie des Bragance et au système monarchique au Portugal.

Sophie Chotek et François-Ferdinand. La Main noire (1914)

Zdenka Chotek de Chotkowa et Wognin, dont le père diplomate appartenait à la noblesse de Bohême, avait été engagée comme dame d'honneur de l'archiduchesse Isabelle[2], épouse de l'archiduc Frédéric[3]. Confite en dévotion, Zdenka choisit d'abandonner sa fonction pour rentrer dans les ordres. Elle proposa pour la remplacer les services de sa sœur Sophie[4].

L'archiduc Rodolphe, unique fils de François-Joseph, avait trouvé la mort en 1889. L'empereur d'Autriche

1. Manuel II (1889-1832) succéda à son père le 1er février 1908.

2. Isabelle de Croy (1856-1931), fille du prince Rodolphe et de la princesse Nathalie de Ligne, mariée en 1878 à l'archiduc Frederic d'Autriche. Mère de 8 filles et un fils.

3. Frédéric (1856-1936), duc de Teschen, arrière-petit-fils de l'empereur François Ier d'Autriche.

4. Sophie, Marie, Joséphine, Albina Chotek von Chotkowa et Wognin (1868-1914), fille du comte Bohuslav Chotek de Chotkow et Wognin et de la comtesse Wilhelmine Kinsky de Wchnitz et Tettau.

avait alors désigné comme héritier son frère Charles-Louis. Lors d'un pèlerinage en Terre sainte, il mourut d'une fièvre typhoïde contractée après avoir bu l'eau du Jourdain (1896). Son fils, François-Ferdinand[1], l'aîné des neveux de l'empereur, devint de fait l'héritier du trône. Colonel d'un régiment de hussards, François-Ferdinand était le célibataire le plus convoité de l'empire. Toutes les mères ayant de jeunes filles à marier le courtisaient. Touché par la tuberculose, en 1892, il dut abandonner son commandement pour se soigner. Revenu au service actif en 1898, il était le représentant pour les affaires militaires de l'empereur d'Autriche. Grand amateur de chasse, il avait accepté à plusieurs reprises les invitations de l'archiduchesse Isabelle. Elle cultivait l'espoir de le marier à sa fille aînée Marie-Christine. Si l'archiduc se montrait aussi assidu, c'est tout simplement parce qu'il avait fait la connaissance à un bal, à Prague, en 1896, de la charmante comtesse Sophie Chotek, dont il était tombé amoureux.

Une indiscrétion de l'archiduchesse Isabelle mit à jour la « scandaleuse » liaison. Elle découvrit le portrait de sa dame de compagnie dans la montre à gousset de son hôte. Aussitôt, elle expulsa Sophie Chotek et révéla cette information à François-Joseph et à la cour. Elle imaginait pouvoir disposer de l'avenir de l'héritier du trône. Ses actes produisirent l'effet contraire. François-Ferdinand proposa le mariage à l'élue de son cœur. François-Joseph s'opposa fermement à l'union de son neveu, car la femme qu'il aimait n'appartenait pas à une maison souveraine... L'archiduc s'obstina. L'empereur consentit finalement au mariage sous certaines conditions. Sophie ne deviendrait pas archiduchesse et ne serait pas considérée comme

1. François-Ferdinand (1863-1914), fils de l'archiduc Charles Louis (frère cadet de l'empereur François-Joseph) et de la princesse Marie Annunziata de Bourbon-Deux-Siciles.

un membre de la famille impériale. La descendance du couple ne serait pas dynaste. Sophie Chotek et François-Ferdinand se marièrent le 1er juillet 1900, en Bohême, au château de Zákupy. La famille impériale boycotta la cérémonie. Seule l'archiduchesse Marie-Thérèse assista à la noce avec ses deux filles. La mariée était ainsi décrite dans la presse : « Une femme aux grands yeux sombres, à la belle chevelure aux reflets bleutés à force d'être noire, avec un sourire ravissant dévoilant une jolie fossette, portant une robe de satin blanc, une couronne de myrte et d'oranger, avec un diadème de diamants offert par l'Archiduc. » L'empereur titra Sophie, princesse souveraine de Hohenberg, puis duchesse de Hohenberg avec prédicat d'Altesse (1909). Cela ne suffit pas à la faire accepter. Elle n'était pas autorisée à s'asseoir aux côtés de son époux en public, ni à l'accompagner dans ses déplacements à l'étranger. Nommé inspecteur général des forces armées austro-hongroises, en 1913, François-Ferdinand fut invité, avec sa femme, à assister aux manœuvres des troupes de Bosnie-Herzégovine. Il était au comble de la joie, car Sophie serait enfin traitée à égalité avec lui. Il s'empressa d'accepter, mais le gouvernement s'y opposa, arguant que cette petite ville du sud était un véritable nid d'anarchistes. Passant outre, l'archiduc maintint son déplacement. Hélas, cette première sortie officielle sera fatale au couple.

Sophie et François-Ferdinand n'eurent pas droit à un cortège d'accueil et surtout, ne bénéficièrent pas de la protection de l'armée. Vienne, soi-disant pour des raisons budgétaires, n'avait envoyé que deux officiers de sécurité au lieu des 40 prévus pour ce genre de déplacement à haut risque. Nul n'ignorait que la situation était très tendue en Bosnie-Herzégovine. D'autre part, le 28 juin était une date hautement symbolique pour les indépendantistes serbes. Elle correspondait à la bataille de Kosovo où les troupes serbes furent vaincues par les Ottomans (1389). La visite d'un Habsbourg apparaissait comme une provocation.

Les manœuvres des 26 et 27 juin se déroulèrent normalement. La visite du camp militaire terminée, le couple autrichien fut conduit vers l'Hôtel de ville. À 10 h 15, installés dans une voiture landau *Gräf und Stift*, décapotable, Sophie et François-Ferdinand échappèrent à un premier attentat. Un groupe de sept conspirateurs, membres de la *Tsrna Rouka* (la Main noire), organisation terroriste serbe, avait disposé ses tueurs sur le parcours. Le major Vova Tankovitch, bras droit du colonel Dimitriévitch[1], chargé des attentats de la *Tsrna Rouka*, avait recruté à Belgrade les Bosniaques Nedeljko Cabrinovic et Trifko Grabez, ainsi que Gavrilo Princip[2]. À Sarajevo, ils furent rejoints par Danilo Ilitch, Veljko Cubrilovitch, Cvjetko Popovitch et Mohamed Mehmedbasitch. Ils furent équipés de grenades militaires, de Browning et de capsules de cyanure à avaler en cas de capture.

Placé sur le quai Appel qui longeait la rivière, Nedeljko Cabrinovic lança sa bombe en direction de la décapotable de l'archiduc. Elle ricocha sur une autre voiture et explosa en blessant neuf personnes, dont l'aide de camp du gouverneur. François-Ferdinand fit stopper la voiture, donna des ordres pour secourir les blessés. « Allons, c'était un fou, dit-il. Poursuivons notre route. À l'Hôtel de ville. »

Cabrinovic avala sa capsule de cyanure qui fut sans effet. Il se jeta dans la Miljacka où il fut repêché. Le cortège repartit. Il passa devant Cubrilovitch et Grabez

1. cf. assassinat Alexandre Ier Obrenovitch et Draga.
2. Gavrilo Princip (1894-1918).

paralysés par la peur, puis devant Popovitch qui prit la fuite. Arrivé à l'Hôtel de ville, pour la réception donnée en son honneur par le bourgmestre Fehim Effendi Curcic, l'archiduc l'apostropha : « Ainsi, quand on vient vous voir, on est reçu à coups de bombes ! Je vous parie qu'au lieu de mettre cet homme en prison, vous le décorerez, comme feraient de vrais Autrichiens ! »

Les discours prononcés, la visite terminée, François-Ferdinand exprima le souhait de se rendre au chevet des blessés. Le général Potiorek ne jugea pas utile d'attendre des soldats pour encadrer le cortège. Le parcours retenu par le chef de la police municipale Gerber fut modifié, mais on oublia d'en informer Franz Urbain, conducteur de la voiture du couple princier. Le gouverneur et Gerber montés dans la première voiture précédaient celle des Habsbourg accompagnés du général Potiorek et du comte Franz von Harrach. Les véhicules démarrèrent. Ils passèrent devant Grabez, toujours sans réaction.

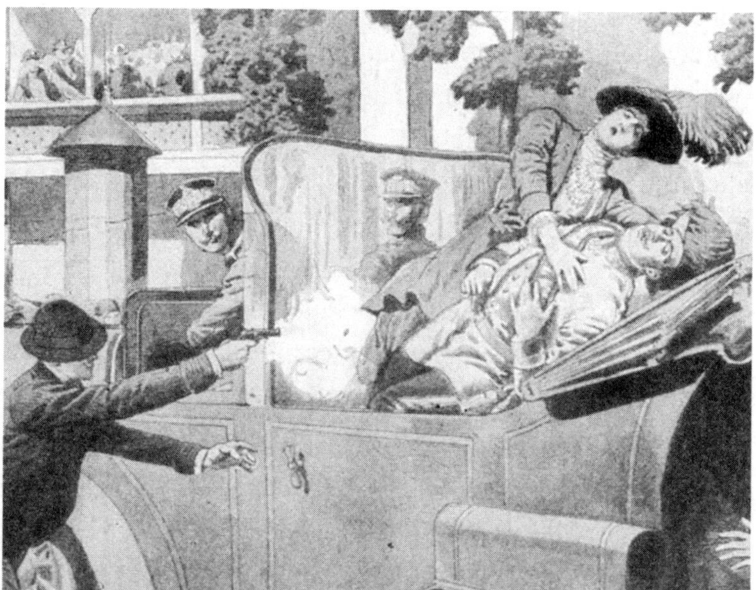

Parvenu à un carrefour Franz Urbain hésita. Il stoppa, amorça une manœuvre pour faire demi-tour. Gavrilo Princip se trouvait là devant l'épicerie Schiller dans laquelle il avait acheté une pâtisserie à avaler pour réguler son hypoglycémie. Lancer sa bombe lui sembla hasardeux. Il n'était qu'à quelques mètres de ses cibles. Il sortit son Browning M1910, visa, tira cinq balles. Une première fois, il toucha la duchesse Sophie à l'abdomen. La seconde balle traversa le cou de l'archiduc. La duchesse cria : « Pour l'amour de Dieu ! Franz, que nous est-il arrivé ? » avant de glisser sur son siège. Sa tête se posa sur les genoux de son mari.

Dans ses *Mémoires*, le comte Franz von Harrach, raconta le drame et rapportera les dernières paroles de l'archiduc.

« Sophie, Sophie, ne meurs pas, reste en vie pour les enfants. Ce n'est rien, ce n'est rien… »

Sophie s'était vidée de son sang. L'archiduc succomba dès son arrivée à la résidence du gouverneur. L'archevêque de Sarajevo, Monseigneur Stadler, veilla les corps jusqu'au 29, où, dans l'après-midi, un cortège funèbre accompagna les cercueils à la gare de Sarajevo. Un article du *Figaro* rapporta : « Le 29 juin, de violentes manifestations anti-serbes ont éclaté à Sarajevo. Plusieurs magasins serbes ont été mis à sac. Le café de l'Europe fréquenté par les Serbes a été saccagé. L'état de siège a été proclamé à Sarajevo et dans son district. Le commissaire du gouvernement a prescrit la fermeture des restaurants à huit heures, et les cafés à dix heures. Les rassemblements de plus de trois personnes sont interdits. Les cercueils sont bénis à nouveau vers 18 heures puis descendus pour être placés dans des fourgons. Vingt-quatre coups de canon sont tirés lors du départ du cortège constitué de bataillons d'infanterie, et de membres du clergé. Dans la nuit, les corps sont transportés par train spécial de Sarajevo à Metcovitch, port de la Dalmatie. »

Grigori Raspoutine. Duperie au cyanure (1916)

L'idée de supprimer Grigori Raspoutine[1] a fait son chemin au sein d'un petit cercle d'aristocrates et de membres de la famille Romanov. L'importance grandissante prise par le starets auprès du couple impérial dérange, d'autant plus que les proches du tsar le jugent faible et soumis à la volonté de son épouse. Raspoutine, le moujik, occupe de plus en plus de place auprès d'elle, comme confident et conseiller. Le tsar absent, il l'influence pour la nomination des ministres. Son ombre scandaleuse règne sur l'imagination des foules. Le mécontentement grandit. Il est devenu dans l'esprit du peuple le symbole de tous périls guettant l'empire.

Les conspirateurs ont choisi le palais Youssoupoff, sur la Moïka, et le poison pour éliminer Raspoutine. Le scénario est au point. Seul, à Saint-Pétersbourg, sa femme et ses parents étant en Crimée, le prince Félix Youssoupoff[2] a invité le starets Grigori chez lui, depuis le temps qu'il souhaite faire la connaissance de la princesse Irina. Le prince est terrorisé. Raspoutine est rusé. Il n'est pas si simple de le manipuler, de l'abuser. Or, il n'est plus temps de s'abreuver de paroles ni d'idéaux, mais d'agir. Son devoir et sa loyauté envers les Romanov et la Sainte Russie impliquaient cette prise de risque. Si quelqu'un pouvait les libérer de Raspoutine, c'était bien lui.

Jamais le prince Félix ne lèvera le voile sur ce qui s'est passé ce jour-là. Il choisit et accepta de prendre toute la responsabilité du crime à son compte, et à partir de là

1. Grigori Efimovitch Raspoutine (1869-1917).

2. Félix Youssoupoff (1887-1967). Marié à Irina Alexandrovna (1895-1970), fille de la grande-duchesse Xenia, sœur de Nicolas II.

il « fabriqua » son propre mythe. Son habile manipulation historique conduira toute sa vie. Mais sa narration romancée ne survit pas aux recoupements des divers témoignages et à l'analyse scientifique. Si, elle satisfit la grande majorité de la famille impériale, qui, comme Ponce Pilate, s'en lava les mains, des zones d'ombres planeront toujours même dans ses *Mémoires*.

Si l'on accepte la version de Félix, les faits sont les suivants.

Ses proches au loin, Félix est libre de ses mouvements. Un appartement en sous-sol du palais de la Moïka, alors en travaux, est agencé à la hâte. Depuis celui-ci, un escalier tournant monte à l'appartement de Félix en rez-de-chaussée. Grigori Boujinsky et son valet de chambre Ivan l'aident à disposer des meubles. Puis, il va dîner avec ses beaux-frères chez le grand-duc Alexandre Mikhaïlovitch. À 23 heures, quai de la Moïka, il fait entrer discrètement ses amis dans le palais. Des cristaux de cyanure de potassium sont introduits dans des gâteaux et une carafe de Porto. Félix va chercher Raspoutine chez lui, conduit par le docteur Lazovert[1] travesti en chauffeur. Malgré tout, en chemin, « Une immense pitié pour cet homme s'empara tout-à-coup de moi, écrira-t-il. J'eus honte des moyens abjects, de l'horrible imposture auxquels j'avais recours. À ce moment, je fus saisi d'un sentiment de mépris pour moi-même. Je me demandais comment j'avais pu concevoir un crime aussi lâche. Je ne comprenais plus comment je m'y étais décidé. [...] Je regardais avec effroi ma victime, tranquille et confiante devant moi. Qu'était devenue sa clairvoyance ? À quoi lui servait le don de prédire l'avenir, de lire la pensée des autres s'il ne voyait pas le terrible piège qu'on lui tendait ? On aurait dit que

1. Stanislas Étienne Lazovert (1887-1976), médecin.

le destin jetait un voile sur son esprit pour que justice se fasse ». L'irrésolution le taraude. Puis, « … tout-à-coup je revis comme dans un éclair toutes les phases de la vie infâme de Raspoutine. Mes remords de conscience, mon sentiment de repentir s'évanouirent et firent place à la ferme détermination de mener à bout la tâche commencée ».

Arrivés au palais de la Moïka, Raspoutine entend des voix et le son d'un gramophone.

« Ma femme reçoit quelques amis, explique Félix, qui vont bientôt partir, allons dans la salle à manger prendre une tasse de thé. » Raspoutine semble perturbé.

Félix poursuit ainsi son récit :

« À mon grand désappointement il commença par refuser le vin et le thé. Aurait-il deviné quelque chose ? pensai-je. Mais aussitôt je pris la ferme décision que quoiqu'il advint il ne sortirait pas vivant de la maison ».

La conversation s'éternise autour de banalités, de la beauté des objets, de leur valeur. Le starets examine avec attention une petite armoire aux multiples tiroirs. Il l'ouvre, la ferme, la contemple sous tous les angles. « Au bout de quelque temps, après avoir épuisé ses sujets habituels de conversation, Raspoutine me pria de lui donner du thé. Je m'empressai de le faire et lui présentai l'assiette de biscuits. Pourquoi lui ai-je offert précisément les biscuits qui n'étaient pas empoisonnés ? C'est à quoi je ne saurais répondre. Ce n'est qu'un moment après que je lui passai l'assiette aux gâteaux contenant le cyanure. “Je n'en veux pas, dit-il, ils sont trop doux". Pourtant il en prit bientôt un, puis un autre. Je le regardai avec effroi. L'effet du poison devait se manifester tout de suite, mais à ma grande stupeur, Raspoutine continuait à me parler comme si de rien n'était. Je lui proposai alors de goûter de nos vins de Crimée. Il refusa de nouveau. » Le prince sent qu'il perd contenance. La situation lui échappe. Saura-t-il garder son sang-froid ? « Le temps passait. Je devenais nerveux. Malgré son refus, je pris deux verres qui ne contenaient pas de poison ; je remplis l'un pour lui, l'autre pour moi. Pourquoi répétai-je la même manœuvre ? Je ne puis me l'expliquer ! » Le poison est inefficace. Félix remonte les étages en courant pour demander de l'aide à ses amis. Qu'on lui donne une arme ! Il redescend avec le browning du grand-duc Dimitri, dissimulé derrière son dos. Conscient qu'il ne maîtrise plus les événements, Félix fixe une ancienne croix italienne posée sur un meuble.

« Qu'as-tu à regarder si longtemps ce crucifix ? me demanda Raspoutine.

— Il me plaît beaucoup, répondis-je. Il est si beau.

— En effet, dit-il, il est très beau. Combien l'as-tu payé ?

En disant ces mots, il fit quelques pas vers moi et sans attendre ma réponse ajouta :

— Quant à moi, l'armoire avec le labyrinthe me plaît davantage.

En allant vers elle il l'ouvrit et se remit à l'examiner.

— Grégoire Efimovich, lui dis-je, vous feriez mieux de regarder le crucifix et de dire une prière.

Raspoutine jeta sur moi un regard étonné, presque effrayé. J'y vis une expression nouvelle que je ne lui connaissais pas. Ce regard avait quelque chose à la fois de doux et de soumis. Il vint tout près de moi et me regarda bien en face. On aurait dit qu'il avait lu enfin dans mes yeux quelque chose à quoi il ne s'attendait pas. Je compris que le moment suprême était venu. Seigneur, implorai-je, donnez-moi la force d'en finir. D'un geste lent, je tirai le revolver de derrière mon dos. Raspoutine se tenait toujours debout devant moi, immobile, la tête penchée à droite, ses yeux hypnotisés par le crucifix restaient fixés sur lui. Où faut-il viser pensai-je, à la tempe ou au cœur ? Un frisson me secoua tout entier. Mon bras s'était tendu, je visai au cœur et pressai la détente…[1] »

En entendant le coup de feu, les conjurés se précipitent dans les escaliers. Ils rejoignent le prince. Ils constatent que Raspoutine gît, mort, sur une peau d'ours. Dimitri et Pourichkevitch[2] le tirent sur les dalles. L'électricité est éteinte et la porte fermée à clef. Tous montent à l'étage reprendre leurs esprits. Il est prévu que Dimitri, Serge Soukhotine[3] et Lazovert feignent de ramener le starets chez lui, dans la voiture découverte de Pourichkevitch, Soukhotine se faisant passer pour lui. Revenus au palais, ils transporteront le cadavre jusqu'à l'île Petrovski d'où il sera jeté dans le fleuve. Le véhicule sort de la cour du palais et s'enfonce dans la nuit. Félix et Pourichkevitch attendent le retour de leurs complices. Pris d'une étrange intuition, le prince retourne auprès du cadavre. Il l'observe, le prend aux épaules, le secoue. Or, Raspoutine n'est pas mort. Il saute au cou de Félix et tente de l'étrangler. Dans la lutte, le starets lui arrache une épaulette. « Je vis alors les deux yeux de Raspoutine, deux yeux verts de vipère, fixés sur moi avec une expression de haine satanique », rapporte-t-il dans ses *Souvenirs*. Le prince le repousse, il retombe au sol, râle comme un damné. Il essaie de

1. Prince Félix Youssoupoff, *La Fin de Raspoutine*, Paris, Plon, 1927.
2. Vladimir Mitrofanovitch Pourichkevitch (1870-1920), monarchiste, député réactionnaire de la Douma d'État de l'Empire russe.
3. Serge Mikhaïlovitch Soukhotine (1887-1926).

s'enfuir en rampant. Il franchit la porte. Pourichkevitch, arrivé à la rescousse, l'achève dans la cour enneigée au moment où il allait réussir à s'échapper. Félix, sous le coup de la terreur, pris d'un accès de folie, se met à frapper le cadavre avec une matraque en caoutchouc fournie « à tout hasard par le député Maklakoff ». Les amis enveloppent le corps dans une toile épaisse, l'attachent avec une corde, le chargent dans la voiture du grand-duc Dimitri qui prend le volant. Lazovert, Pourichkevitch, Soukhotine et l'un des domestiques de Félix montent dans le véhicule. Ils roulent jusqu'à l'île Petrovski d'où ils jettent dans la Neva le cadavre, la pelisse et les bottes. Dans la précipitation, ils oublient de le lester avec les chaînes qu'ils avaient emportées.

Telle est la version adoptée par les protagonistes.

Elle va très vite devenir sujette à caution.

La première histoire répandue dans Petrograd le jour de la découverte du cadavre repêché dans la Neva gelée est plutôt loufoque (19 décembre 1916/1er janvier 1917). L'enquête de police réunit des preuves incriminant Dimitri, Félix et Pourichkevitch…

Les conclusions de l'autopsie révèlent : « L'hémorragie provenant d'une blessure au foie et d'une blessure au rein droit a amené le déclin rapide des forces. La mort a dû arriver en dix ou vingt minutes. On a jeté à l'eau un cadavre. Au moment de la mort, le défunt était en état complet d'ivresse. La première balle a traversé l'estomac et le foie. Ce coup mortel a été tiré à une distance de vingt centimètres. La blessure du côté droit, faite presque en même temps que la première, était aussi mortelle. Elle a traversé le rein droit. La victime, au moment du meurtre, était debout, sans pelisse ; quand on a tiré au front, le corps était déjà par terre. Les balles provenaient de revolvers de calibres différents. »

D'autre part, en plus des trois blessures par balles, il est relevé de nombreuses traces de coups, une oreille déchirée, les testicules écrasés. Il n'est pas trouvé de poison dans les organes de la victime. Contrairement aux multiples légendes colportées, il n'y a pas d'eau dans les poumons. (Aujourd'hui, l'original de l'expertise est introuvable dans les archives russes.)

Les nombreuses incohérences entre les récits de Félix Youssoupoff, Pourichkevitch et Lazovert éveillent bien des doutes, notamment l'appartenance de l'arme dont se serait servi Félix. Celui-ci a d'ailleurs changé plusieurs fois de version tout au long de sa vie. En réalité, plusieurs coups de feu furent tirés, provenant de trois armes différentes. Une balle toucha Raspoutine au centre du front. Une photographie retrouvée aux archives russes en donne la preuve. Or, ni Youssoupoff ni Pourichkevitch ne mentionnent dans leurs *Mémoires* une balle tirée en plein front. Il semble plus vraisemblable que Dimitri, le seul sachant utiliser une arme à feu correctement, ait achevé Raspoutine. Mais, il nia toujours officiellement s'en être servi. Tous se mirent d'accord pour faire porter la responsabilité au prince afin de ne pas entacher la réputation d'un membre de la famille impériale. Félix prend le crime à sa charge, il semble persuadé que ni lui ni Dimitri ne courent de grands risques. Leur popularité joue en leur faveur. L'opinion publique les protège en quelque sorte. Le tsar n'osera jamais l'affronter directement. Pourtant, les sanctions tombent. D'après la loi russe, les membres de la famille impériale dépendent de la justice du tsar ; le député Pourichkevitch, des tribunaux. Nicolas II ordonne que son neveu Dimitri soit envoyé en Perse, à Kazvin, où il sera attaché à l'état-major d'une des armées combattantes. Le prince Félix Youssoupoff est placé en résidence surveillée à Rakitnoïe, près de Kiev. Le très populaire député Pourichkevitch n'est même pas inquiété. Et il ne le sera jamais, car le procès pour l'assassinat de Raspoutine n'aura jamais lieu en raison de la révolution bolchevique.

Nous sommes en droit de nous interroger sur la véritable implication du prince Youssoupoff. Ne fut-il qu'un prête-nom ? Certes complice, mais étranger aux actions entraînant la mort de Raspoutine. Ceci expliquerait en partie avec quelle aisance il assuma les responsabilités de l'assassinat.

Les Romanov. Tuez-les tous (1918)

« On a exécuté d'abord. On va juger maintenant », annonce le comité central des soviets le 21 juillet 1918 après avoir fusillé le tsar Nicolas II, la tsarine, leurs cinq enfants et ceux qui partageaient leur captivité en Sibérie. Selon le communiqué officiel, « l'élimination » – on ne parle pas d'assassinat – a eu lieu dans la nuit du 16 au 17 juillet 1918, à Ekaterinbourg.

L'ordre de tuer la famille impériale arriva de Moscou par le biais d'un télégramme de Iakov Sverdlov[1]. Alexandre Beloborodov[2] signa la condamnation à mort prononcée par le Soviet. Elle fut transmise à la personne responsable pour l'administration générale à Ekaterinbourg : Shaya Goloshtchekin. Gueorgui Safarov, membre du présidium du Soviet régional de l'Oural, confia cette sinistre mission

1. Iakov Sverdlov, né Iankel Solomon (1885-1919).
2. Alexandre Beloborodov, président du Comité exécutif du Soviet régional de l'Oural.

à Yourovski[1], commandant de la maison Ipatiev, geôlier de la famille du tsar Nicolas II et de leurs serviteurs. À dix-neuf heures, le 16 juillet, Yourovski réunit dans sa chambre ses hommes, compte leurs revolvers et leur annonce : « Cette nuit, nous les tuons tous ! La famille et les autres [les domestiques et le docteur]. Prévenez les gardes dehors, de ne pas s'inquiéter s'ils entendent du bruit ». Son mode opératoire est simple, sous prétexte de protéger les occupants, car la maison risque d'être attaquée, il demandera à la famille de descendre dans la cave. Une pièce voûtée de 24 m², en demi-sous-sol, vidée de son mobilier, est prête pour une exécution collective. La paroi du fond aura l'avantage de limiter les ricochets des balles et le vacarme ne sera pas entendu à l'extérieur. Peu avant d'aller se coucher, Alexandra Fedorovna[2] écrit dans son journal : « Une matinée grise après un beau soleil. Baby [le tsarévitch Alexis] a pris un peu froid. Tatiana me lit la Bible. Aujourd'hui, elle m'a lu le livre du prophète Amos. Chaque matin, le commandant vient dans notre chambre. À huit heures, nous avons soupé et j'ai joué au bésigue avec Nicolas. Au lit à 10 h 30. 15 degrés. »

Un camion Fiat arriva à la maison Ipatiev, rebaptisée « Maison à usage spécial », vers 2 heures du matin. Il servirait à transporter les corps des victimes après le massacre. Son moteur continua de tourner pour couvrir les détonations et les cris. Yourovski secoua le docteur Botkine qui réveilla le reste des prisonniers. Yourovski expliqua que tout le monde devait se réfugier au rez-de-chaussée afin de se mettre à l'abri. Une attaque de la maison pouvait avoir lieu, car des troubles avaient éclaté en ville. Les préparatifs de la famille prirent environ 40 minutes avant que

1. Iakov Mikhaïlovitch Yourovski (1878-1938), membre du soviet de l'Oural.
2. Alexandra Fedorovna, née Alix de Hesse-Darmstadt (1872-1918).

les onze personnes ne suivent Yourovski en file indienne jusqu'au lieu de leur exécution. Le tsar portait dans ses bras Alexis. L'enfant ne pouvait marcher depuis sa crise d'hémophilie. La tsarine suivait avec les quatre grandes-duchesses et les quatre domestiques. Medvedev[1], Grigori Nikouline[2], Piotr Ermakov[3], et sept lettons fermaient la marche, munis de douze revolvers nagans, d'un revolver colt de grand calibre, de deux pistolets de calibre moyen, un mauser et un browning. Tout un arsenal !

Yourovski s'adressa au groupe face à lui : « Vos parents et vos proches, dans le pays comme à l'étranger, ont tenté de vous libérer. Le Soviet des députés ouvriers a pris la décision de vous fusiller ». Le tsar suffoqué demanda : « Comment ? ». Les tireurs pointèrent les malheureux et commencèrent à les cribler de balles. Viktor Netrebine[4], le plus jeune, n'avait que dix-sept ans ! Ermakov, le plus sanguinaire de tous, était ivre mort. Les participants à ce massacre qui témoignèrent indiquèrent que Nicolas II s'effondra comme le docteur Botkine, Ivan Kharitonov et Alexis Trupp. Alexandra Fedorovna et la grande-duchesse Olga furent fauchées par Ermakov alors qu'elles tentaient de faire le signe de croix. Selon Mikhaïl Medvedev, l'une des grandes-duchesses, placée sur le côté, voulut s'élancer vers la porte fermée. Elle tomba sous les balles d'Ermakov.

Une épaisse fumée se forma. Il devint difficile de distinguer les corps. Une fois dissipée, les assassins constatèrent qu'il y avait des survivants. Le tsarévitch Alexis, encore assis sur sa chaise, fut abattu par Yourovski. Les grandes-duchesses Anastasia et Maria ou Tatiana [les

1. Mikhaïl Medvedev, tchekiste, membre de la garde de la Maison à usage spécial.
2. Grigori Nikouline, assistant de Yourovski.
3. Piotr Ermakov, commandant de l'Armée rouge.
4. Viktor Netrebine écrivit ses mémoires : *Souvenirs de Viktor Nikiforovitch Netrebine, participant à la fusillade des Romanov.*

deux noms figurent dans les rapports plutôt confus] reçurent de nouvelles balles puis Ermakov se servit de la baïonnette, mais ne parvint pas à les transpercer. Elles furent achevées à coups de crosses de fusil dans le visage. Les bourreaux inspectant les cadavres entendirent un cri : « Dieu merci ! Dieu m'a sauvée ». Anna Demidova, à l'angle droit de la pièce, se releva. Elle fut achevée à coups de baïonnette. Ermakov témoigna du rôle de Stepan Vaganov[1] : « Vaganov s'est payé les princesses : elles gisaient face au sol et gémissaient, mourant... Vaganov continuait à tirer sur Olga et Tatiana... Je ne pense pas que l'un d'entre nous ait touché la femme de chambre. Elle s'est effondrée sur le sol, se cachant dans les oreillers. L'un des gardes, Vaganov, lui a ensuite transpercé la gorge avec une baïonnette ».

1. Stepan Vaganov, marin, principal assistant d'Ermakov.

Ces criminels ont laissé à la postérité leurs commentaires : le tchékiste Issaï Rodzinski[1] rapporta que les Romanov « avaient senti d'instinct que quelque chose n'allait pas. Ils se dirigeaient là-bas, vers l'étage inférieur, à contrecœur. » Pavel Medvedev est précis : « Le Tsar et l'héritier étaient habillés de vareuses militaires. Ils étaient coiffés de leurs casquettes. L'impératrice et ses filles portaient des robes, sans vêtements de dessus. Elles ne portaient pas de chapeaux. [...] Il n'y avait ni larmes, ni sanglots. [...] On les conduisit dans la pièce d'angle du rez-de-chaussée, voisine du débarras sous scellés. Yourovski ordonna d'apporter des chaises : son adjoint apporta trois chaises. On donna l'une des chaises à la Tsarine, une autre au Tsar, la troisième à l'héritier. La Tsarine s'assit près du mur où se trouve la fenêtre, plus près du pilier arrière de l'arche. Trois de ses filles se placèrent derrière elle. [...] L'héritier et le Tsar s'assirent l'un à côté de l'autre, presque au milieu de la pièce. Le docteur Botkine se plaça derrière la chaise de l'héritier. La servante [...] se tint près du montant gauche de la porte qui menait au débarras sous scellés. L'une des filles du Tsar, la quatrième, se plaça à côté d'elle. Les deux serviteurs se tinrent dans le coin gauche à partir de l'entrée, près du mur mitoyen du débarras. La servante tenait un coussin. Les filles du Tsar avaient aussi apporté de petits coussins ».

Les hommes chargèrent les corps, enveloppés de draps, dans le camion qui partit vers les bois des « *Quatre-Frères* », à proximité du village de Koptiaki, à une vingtaine de kilomètres d'Ekaterinbourg. La région possédait des mines laissées à l'abandon, dont l'une fut choisie, car elle était toujours noyée par de l'eau. En déshabillant

1. Issaï Rodzinski, officier de la Tcheka.

les dépouilles, les pilleurs de cadavres trouvèrent près de 8 kg de bijoux et pierres précieuses cousus par la tsarine et ses filles dans la doublure de leurs vêtements. Yourovski expliquera dans son rapport qu'il s'agissait de « couches compactes » qui empêchèrent les balles et les baïonnettes de transpercer les corps. Descendus dans le puits de mine à l'aide de cordes, les cadavres furent dissimulés par de vieilles branches et des planches pourries sur lesquelles furent jetées des grenades.

La nuit suivante, avec l'aval de Filipp Golochtchekine[1], Yourovski sortit extraire les dépouilles. Remontées par des cordes fixées à leurs jambes, chargées dans un camion, elles partirent vers une nouvelle destination jamais atteinte, car les roues du camion s'embourbèrent après le passage d'une voie ferrée. Yourosvki choisit de les enterrer sur place, sous la route. Il y avait urgence, car on entendait au loin la canonnade. Les troupes de l'armée Blanche n'étaient plus qu'à quelques kilomètres. Démembrés à la hache, défigurés avec de l'acide sulfurique, les restes humains furent jetés dans un trou recouvert de terre damée par les passages du camion. Certains furent brûlés dont celui du tsarévitch afin qu'aucune relique ne puisse être récupérée par les partisans du tsar. L'un des corps brûlés était celui d'une femme. Son identité diffère selon les témoignages. Il s'agirait soit de la tsarine, d'Anna Demidova ou de la grande-duchesse Anastasia. On note beaucoup de contradictions. Il est fait état de deux à six corps suivant les versions. Selon les récentes découvertes, il s'agissait en réalité des restes de la grande-duchesse Maria, jamais évoquée dans les rapports des meurtriers. En effet, les corps brûlés à l'air libre furent enterrés sur place, les autres inhumés dans

1. Filipp Golochtchekine, membre du soviet régional de l'Oural.

une fosse commune. Aucun témoignage valable, aucune preuve ne furent présentés concernant le décès de l'ensemble des membres de la famille impériale russe.

Les journaux bolcheviks annoncèrent la mort de Nicolas II à la mi-juillet 1918 : « Nicolas Romanov, ayant fait une tentative pour s'enfuir, a été tué par les gardes rouges qui le surveillaient. Le soviet de Moscou approuve cette mesure ». Il n'était pas question de la tsarine Alexandra ni des enfants du couple impérial. « Par cet acte de châtiment révolutionnaire, la Russie soviétique a donné un avertissement solennel à tous les ennemis qui rêvent du rétablissement du vieux tsarisme, ou même qui osent lui porter atteinte les armes à la main ». L'article précise par ailleurs que « la femme et le fils de Nicolas Romanov ont été mis en lieu sûr ». Cette première version bolchevique laisserait sous-entendre que seul le tsar aurait été exécuté. Ce qui est faux.

Alexandre Vassilievitch Koltchak avait levé une armée en Sibérie pour lutter contre les bolcheviks et libérer la famille impériale prisonnière à Ekatérinbourg. Hélas, il arriva trop tard. Il était question de les faire passer en Angleterre où ils seraient accueillis par la famille royale, mais le roi George V, ce cher « Georgie », cousin si proche de Nicolas II, l'abandonna de la plus infâme façon…

Trotski dans son *Journal d'exil*[1] a noté : « Lors de mes brefs passages à Moscou – je crois que c'était quelques semaines avant l'exécution des Romanov –, je fis remarquer en passant au Politburo qu'étant donné la mauvaise situation dans l'Oural il conviendrait d'accélérer le procès du tsar. Je proposai un débat judiciaire public, qui devait étaler le tableau de tout le règne (politique paysanne, ouvrière, nationale, culturelle, les deux guerres, etc.) La radio devait transmettre dans tout le pays le déroulement

1. Trotski, *Journal d'exil*, extraits des 9 et 10 avril 1935.

du procès ; aux chefs-lieux de “volost” [canton], des comptes rendus du procès devaient être lus et commentés chaque jour. Lénine exprima l'opinion que ce serait très bien si c'était réalisable. Mais… le temps pouvait manquer… Il n'y eut pas de débat, car je n'insistai pas sur ma position, absorbé que j'étais par d'autres affaires. Et puis nous n'étions à cette séance, autant que je me souvienne, que trois ou quatre : Lénine, moi, Sverdlov… Kamenev, me semble-t-il, n'y était pas. Lénine, à cette époque, était d'humeur assez sombre, mais croyait fermement qu'on arriverait à mettre debout une armée…

Ma visite suivante à Moscou survint alors qu'Ekatérinbourg était déjà tombé. Causant avec Sverdlov, je lui demandai en passant : – Où est le tsar ? — Fini, me répondit-il : on l'a fusillé. – Et la famille, où est-elle ? – Fusillée avec lui. — Tous ? demandai-je, apparemment avec une nuance d'étonnement. — Tous, répondit Sverdlov, et alors ? Il attendait ma réaction, je ne répondis rien. — Et qui a décidé ? demandai-je. – C'est nous, ici, qui avons décidé. Ilyitch considérait qu'on ne pouvait pas leur laisser un drapeau vivant, surtout dans les conditions actuelles… Je ne posai pas davantage de questions, et fis une croix sur l'affaire. De fait, la décision était non seulement expédiente, mais indispensable. La férocité de cette justice sommaire montrait à tous que nous mènerions la lutte impitoyablement, sans nous arrêter devant rien. L'exécution de la famille impériale était nécessaire non seulement pour effrayer, frapper de stupeur, priver d'espoir l'ennemi, mais aussi pour secouer les nôtres, leur montrer qu'il n'y avait pas de retraite possible, que ce qui les attendait, c'était la victoire totale ou la perte totale. »

Les intentions de Lénine et de sa clique ont toujours été claires. D'ailleurs, l'élimination systématique de la famille impériale se poursuivit. Michel Alexandrovitch, tsar d'un jour, avait ouvert le bal en juin ! Avec son secrétaire Nicolas Johnson, ils avaient été écroués en la prison de Perm. En pleine nuit, le 12/26 juin 1918, ils furent emmenés de force par la Tcheka dans un bois. Nicolas Joujgov, membre de la Tcheka de Perm, chef adjoint de la milice de Motovilikha, leva son browning et tira sur Michel tandis qu'Andreï Markov, commissaire pour les nationalisations de Perm, visait Nicolas Johnson. Les assassins enterrèrent les cadavres après les avoir dépouillés et dévêtus. Les corps ne furent jamais retrouvés.

Le prince Vladimir Pavlovitch Paley[1], qui avait refusé de renier son père, fut envoyé en exil, à Viatka (avril 1918) avec les grands-ducs Serge Mikhaïlovitch, et les trois frères Constantinovitch[2]. Transférés à Ekaterinbourg, en mai, on les conduisit à Alapaïevsk où, le 18 juillet 1918, ils sont précipités vivants, avec la grande-duchesse Élisabeth et la moniale Barbara, dans un puits de mine. Des grenades sont lancées sur eux, des poteaux, des rondins de bois, de la chaux vive. Certains sont restés en vie après leur chute. Serge Mikhaïlovitch fut abattu d'une balle dans la nuque, puis son corps jeté dans le puits.

Lorsque les troupes de l'amiral Koltchak s'emparèrent de la ville d'Alapaïevsk, le policier Malshikov donna l'ordre de rechercher les cadavres des malheureux. Les dépouilles des martyrs furent retrouvées entre le 21 et le 24 octobre 1918. Autopsiées, elles révélèrent que certaines des victimes étaient mortes rapidement après leur chute, d'autres survécurent et, après une lente agonie, moururent des suites de leurs blessures ou de faim.

---

1. Vladimir Pavlovitch Paley (1896-1918), fils du grand-duc Paul Alexandrovitch et d'Olga Karnovitch.
2. Les princes Constantin Constantinovitch, Ivan Constantinovitch et Igor Constantinovitch.

À Petrograd, le 27 janvier 1919, furent exécutés dans la cour de la forteresse Pierre et Paul, les grands-ducs : Nicolas Mikhaïlovitch, petit-fils de Nicolas Ier ; Georges Mikhaïlovitch, petit-fils de Nicolas Ier ; Dimitri Konstantinovitch, petit-fils de Nicolas Ier. Paul Alexandrovitch, fils d'Alexandre II, assassiné sur une civière.

Aucun témoignage valable, aucune preuve ne furent présentés concernant le décès de l'ensemble des membres de la famille impériale russe. Très vite, de soi-disant survivants apparurent. Les versions les plus improbables émergèrent et les mystificateurs affluèrent.

Le document russe « *Poslye Rasstrela*[1] » répertorie le nombre incroyable d'individus se revendiquant « enfants de la famille impériale russe » depuis 1918. Il fut enregistré :

Grande-duchesse Olga Nicolaïevna : 28

Grande-duchesse Tatiana Nicolaïevna : 33

Grande-duchesse Maria Nicolaïevna : 53

Grande-duchesse Anastasia Nicolaïevna : 33

Tsarévitch Alexis Nicolaïevitch : 81

Soit 228 jeunes gens ayant survécu au massacre de juillet 1918 !

Talaat Pacha. Opération Némésis (1921)

L'homme, assez corpulent, marche tranquillement en ce jour de printemps dans la Hardenbergstrasse, en direction du jardin zoologique, dans le quartier de Charlottenburg, à Berlin. Il est 11 heures ce 15 mars 1921, un coup de

1. Poslye Rasstrela = Après l'exécution.

feu éclate. Il s'effondre, une balle logée dans la tête au-dessus de l'œil gauche. Un individu prend la fuite au pas de course. Les passants se lancent à sa poursuite. Ils parviennent à le mettre à terre et l'immobiliser. Ils le molestent en attendant l'arrivée de la police. « Je suis arménien. Il est turc. Cela ne concerne pas l'Allemagne », clame l'assassin.

La victime, Ali Salieh Bey, domiciliée au numéro 4 de la Hardenbergstrasse, serait un homme d'affaires. La police ne tarde pas à découvrir qu'il utilisait une fausse identité. Il s'agit en fait de Mehmet Talaat Pacha[1], l'ancien Grand vizir, ministre de l'Intérieur du gouvernement Jeunes-Turcs, condamné à mort par contumace par la cour martiale turque en 1919, exilé dans l'Allemagne de Weimar depuis 1918.

Cette exécution stupéfie d'autant plus la presse que le meurtrier s'est laissé arrêter sans opposer de résistance. Le *Morgen Post* ne se mouille pas, il titre : « L'ex-Premier ministre turc assassiné pour raisons politiques ». Les journalistes de *La Meuse* n'ont pas la langue de bois : « Un Turc pro-boche assassiné en Allemagne. » *Le Figaro* se lâche : « Le 14 octobre 1918, quand Franchet d'Esperey, ébranla le front de Macédoine, puis l'enfonçant, sonna le glas des armées turques, le ministère que Talaat présidait dut se démettre. Le 14 novembre, il prit la fuite d'abord en Suisse, puis en Hollande d'où, menacé d'extradition, il passa en Allemagne. C'est là que ce tyran de petite envergure, mais d'ambitions démesurées, est venu expirer par le geste vengeur d'un opprimé. »

La Turquie, alliée à l'Allemagne et à l'Autriche-Hongrie durant la Première Guerre mondiale, avait été vaincue en 1918. Talaat Pacha, ministre de l'Intérieur, principal

1. Mehmet Talaat Pacha (1874-1921).

responsable du génocide des Arméniens, comme nombre de dignitaires, avait démissionné et fui avec six des principaux leaders Jeunes-Turcs. Il avait embarqué clandestinement dans la nuit du 2 au 3 novembre 1918 à bord du torpilleur allemand Lorelei pour se réfugier en Suisse.

La Fédération révolutionnaire arménienne (ARF) lors de son IXe Congrès, tenu en septembre 1919, à Erevan, capitale de la République d'Arménie, avait décidé de former un commando secret afin d'organiser une traque et d'exécuter les peines prononcées envers les responsables du génocide arménien. Il était entendu que l'ambassadeur d'Arménie auprès des États-Unis, Armen Garo, superviserait cette mission militaire spéciale, baptisée « *Opération Némésis* ».

La famille de Soghomon Tehlirian avait été exterminée alors qu'il combattait contre les Turcs dans le Caucase, dans un bataillon de l'armée russe. Prêt à donner sa vie pour venger la nation arménienne, Soghomon, à Constantinople, en mars 1920, avait abattu Haroutioun Meguerditchian, collaborateur de Talaat Pacha, qui avait dressé la liste des intellectuels arméniens de Constantinople déportés le 24 avril 1915 puis par la suite exécutés. Ainsi avait débuté la déportation à marche forcée et l'extermination à grande échelle des populations arméniennes.

Les membres du commando *Némésis* étaient déterminés, pas un de ces dirigeants criminels ne devait survivre. À Constantinople toujours, Vahe Ihsan, avait été tué par Archavir Chiragian, le 27 mars 1920. Puis, à Tiflis, en juin 1920, ce fut le tour de Fath Ali Khan Khoiski, le Premier ministre d'Azerbaïdjan, responsable de pogroms anti-arméniens, supprimé par Aram Yerganian. Mehmet Talaat, Ismail Enver, Ahmed Djemal, le triumvirat de Jeunes-Turcs, de la bande de criminels en fuite, sont en priorité les hommes à abattre. Mais Behaeddin Chakir, Mehmet Nazim, Osman Bedri et bien d'autres sont aussi dans le collimateur de la Fédération révolutionnaire arménienne.

Soghomon Tehlirian n'avait pas hésité à se rendre à Boston pour recevoir sa nouvelle mission de Armen Garo : occire Talaat Pacha. Soghomon, titulaire d'un visa de séjour en règle, à son nom, repartit pour l'Allemagne, sans connaître un traître mot d'allemand. Peu lui importait. Au début de décembre 1920, il se fit enregistrer comme étudiant en mécanique et approcha ses contacts berlinois. Hratch Papazian, un agent infiltré dans la communauté des Jeunes-Turcs en exil à Berlin, sous le faux nom de

Mehmed Ali, avait débusqué Talaat. Lorsque le groupe eut la certitude que Talaat Pacha usurpait l'identité de Ali Salieh Bey, un commerçant décédé, ils mirent en place une surveillance. L'appartement qu'il occupait avait été loué par Chiah bey, le secrétaire d'ambassade de Turquie en Allemagne. Étrange, non ? Soghomon Tehlirian, dix jours avant de passer à l'action, avait trouvé à se loger juste en face de l'entrée de son domicile. Il l'espionnait jour et nuit, pendant que d'autres le filochaient. Talaat était routinier. Tous les jours, vers 11 heures, il sortait de son logement, empruntait la Hardenbergstrasse pour une petite promenade.

Ainsi, ce jour de mars 1921, emmitouflé dans un pardessus gris, il marche d'un pas lent en assurant sa démarche avec sa canne. Ce qui, croit-il, est un signe supplémentaire de distinction sociale. Soghomon, chapeau rabattu sur les yeux, traverse la rue devant l'école de musique, et emboîte le pas de sa victime. Arrivé à la hauteur de Talaat, devant le numéro 17, il tire sur lui puis il jette son pistolet à huit coups de 9 mm, de 1915, dans le caniveau. Il tourne dans la rue des Faisans, vers la Kantstrasse…

À Berlin, au tribunal, les avocats de Soghomon orientent rapidement l'accusation vers un procès politique, celui du monstrueux génocidaire Mehmet Talaat Pacha. L'accusé plaide un coup de folie et sa condition d'épileptique. Il a fondé sa défense sur l'article 51 du Code pénal allemand qui prévoyait : « Il n'y a pas d'acte punissable si le criminel était inconscient au moment de l'acte ou présente un trouble pathologique de l'activité mentale, en raison duquel sa volonté est exclue. » Le 3 juin 1921, les jurés le déclarent non coupable de meurtre avec préméditation.

Pour les membres de l'opération *Némésis*, la traque à l'homme pour châtier les responsables politiques ne fait que commencer. Behbud Khan Djavanchir, ministre de l'Intérieur de la République d'Azerbaïdjan, responsable des pogroms anti-arméniens de Bakou, est tué le 28 juillet 1921, à Constantinople. Archavir Chiragian se charge de l'exécution de Said Halim Pacha, ex-grand vizir, à Rome, le 5 décembre 1921. Avec un complice, à Berlin, le 17 avril 1922, ils éliminent Cemal Azmi, ancien préfet de Trébizonde, surnommé le « bourreau de Trébizonde », mais aussi Behaeddin Chakir, responsable des unités de tueurs de l'Organisation spéciale dans les provinces orientales. Cemal Pacha, ministre de la Marine, est assassiné, à Tiflis, le 25 juillet 1922.

Walther Rathenau. Le bouc émissaire (1922)

L'Organisation Consul (OC) avait été créée, à Munich, par le capitaine Hermann Ehrhardt, à partir de son ancienne brigade, la « Brigade Ehrhardt », une unité de Freikorps, formée en 1919, avec des membres de l'ancienne marine impériale allemande. Ultranationaliste et antisémite, elle assurait la liaison entre les groupements nationalistes et des corps-francs clandestins, se chargeait d'éliminer les indésirables.

Ces soldats rêvaient d'une action d'éclat, d'un complot remarquable, de vengeance, de meurtre. Parmi eux, on trouvait le lieutenant de vaisseau Erwin Kern[1]. Ancien membre de la Brigade Ehrhardt, il était l'un des premiers activistes d'Allemagne dont le réseau assurait l'approvisionnement en armes, les évasions de prisonniers et les

1. Erwin Kern (1898-1922), officier de marine.

attentats. Son comparse Ernst von Salomon[1], membre de l'Organisation Consul, rapportait à son sujet, dans *Les Réprouvés*[2], « Toujours trois projets en tête et un autre dans la poche prêt à être réalisé, il apportait partout un regain d'énergie. Il brûlait d'un feu intérieur, dont la flamme n'admettait pas la tiédeur autour de lui. » Ses diatribes galvanisaient ses comparses lors des réunions de groupe. « Si nous ne risquons pas tout maintenant, peut-être sera-t-il trop tard pour des siècles. [...] Nous sommes action pure, avec toute la brutalité de la force primitive. C'est pour cela qu'il nous appartient de faire le premier pas, d'ouvrir la première brèche. [...] Nous ne sommes pas destinés à gouverner, mais à donner l'impulsion. [...] Ce que nous avons fait jusqu'ici a eu un effet stimulant, mais ne suffit pas. Coup sur coup, tous les principaux représentants d'une politique qu'il faut abolir à tout prix sont tombés, mais nous avons frappé les membres, non pas la tête, non pas le cœur. J'ai l'intention de tuer l'homme qui dépasse tous ceux qui sont réunis autour de lui. Ratheneau. Le sang de cet homme doit séparer irréductiblement ce qui doit être séparé à jamais[3]. »

Hermann Willibald Fischer[4], ancien officier, responsable de l'OC pour la Saxe, approuvait cette détermination tout comme Ernst Werner Techow[5], photographe, ancien de la Ehrhardt, membre de l'OC de Berlin. Leur objectif étant de provoquer un sursaut dans la société allemande, la déstabiliser et accélérer la chute du gouvernement pour plonger le pays dans un chaos prérévolutionnaire, les trois hommes avaient choisi d'opérer en plein jour à

1. Ernst von Salomon (1902-1972), écrivain, activiste de l'Organisation Consul.
2. Ernst von Salomon, *Les Réprouvés*, Plon, Paris, 1931.
3. Ernst von Salomon, *Les Réprouvés*, Plon, Paris, 1931.
4. Hermann Willibald Fischer (1896-1922).
5. Ernst Werner Techow (1901-1945).

la manière des gangs de bandits. Techow était chargé de conduire la voiture prêtée par Johann Küchenmeister, un industriel de Freiberg, en Saxe. Ils s'étaient munis d'une grenade et d'un pistolet automatique *Mauser 96*, fourni par Christian Ilseman, secrétaire de la section du *Schutz und Trutzbund*[1].

Leur victime Walther Rathenau[2] nommé le 31 janvier 1922, ministre des Affaires étrangères de la République de Weimar, était l'artisan allemand du traité de Rapallo. Un accord par lequel Allemands et Soviétiques renonçaient entre eux au paiement de toutes dettes ou réparations de guerre. Il officialisait aussi la reprise des relations diplomatiques et économiques entre les deux pays. À trente-cinq ans, Walther Rathenau dirigeait AEG l'entreprise contrôlant la distribution de l'électricité en Allemagne, en Angleterre, en Suisse, en Espagne, en Italie, etc. Il s'était engagé en politique et avait accepté le ministère des Réparations, en 1921. L'écrivain Stephan Zweig qui le connut bien le percevait ainsi : « Toute son existence n'était qu'un seul conflit de contradictions toujours nouvelles. Il avait hérité de son père toute la puissance imaginable, et cependant il ne voulait pas être son héritier, il était commerçant et voulait se sentir artiste, il possédait des millions et jouait avec des idées socialistes, il était très juif d'esprit et lorgnait du côté du Christ. [...] J'ai rarement éprouvé plus fortement que chez lui la tragédie de l'homme juif qui, avec toutes les apparences de la supériorité, est plein de trouble et d'incertitude ».

Réunis pour une veillée d'armes à Berlin, les camarades de l'OC révisèrent leur itinéraire. Kern prit le pistolet mitrailleur et Fischer la grenade à main. Peu de temps

1. Schutz und Trutzbund = Alliance de protection et de défense des Nationaux allemands. Organisation antisémite.

2. Walther Rathenau (1867-1922), industriel, homme politique.

avant d'exécuter leur noir dessein, Ernst von Salomon demanda à Kern : « Quels motifs devrons-nous donner si l'on nous attrape ? » Kern lui répondit le plus sereinement du monde : « Si l'on nous prend, rejetez bravement toute responsabilité sur moi. À aucun prix ne dites la vérité. Dites n'importe quoi, ça a tellement peu d'importance. Dites quelque chose que les gens sont habitués à lire dans les feuilles du matin. Dites si vous voulez que Rathenau était un des Sages de Sion ou qu'on a marié sa sœur avec Radek[1], enfin, n'importe quelle chose idiote. Dites tout ce que vous voudrez, mais dites-le de façon la plus plate ; c'est seulement ainsi que l'on vous comprendra. Le motif qui nous a poussés, ils ne le comprendront jamais ».

1. Karl Radek (1885-1939), né Karol Sobelsohn, juif ashkénaze, dirigeant bolchevik qui fut, après la révolution de 1917, le représentant des soviets en Allemagne.

Ce matin-là, Walther Rathenau quittait son domicile de Grunewald pour se rendre, comme chaque jour, au ministère des Affaires étrangères dans la Wilhelmstrasse. Avec l'aide de l'architecte Johannes Kraaz, il avait fait construire cette charmante demeure, en 1910, sur la Koenigsallee. L'année précédente, il avait racheté Freienwalde, le château de la reine Louise[1], édifié en 1798 pour la reine douairière.

« Vers 10 h 45, rapportera un témoin oculaire, le maçon Krischbin, deux automobiles descendirent la Königsallee, venant de la direction de Hundekehle. Dans la première, moins rapide, qui tenait le milieu de la route, il y avait un monsieur assis sur la banquette du fond. On le voyait très distinctement, car la voiture était entièrement découverte, sans aucune capote. Dans la seconde voiture une grosse torpédo à six places, gris foncé, également toute découverte, il y avait deux messieurs en manteaux de cuir et casquettes assorties qui laissaient juste voir leur visage. Ils étaient tous deux imberbes et ne portaient pas de lunettes d'auto. [...] La grosse voiture rejoignit la plus petite qui avait ralenti, presque sur les rails du tramway, pour prendre le double virage sur la droite, et la repoussa fortement sur le côté de la route. [...] Lorsque la grosse voiture fut à environ une demi-longueur devant l'autre, et comme l'occupant de cette dernière regardait vers la droite s'il n'allait pas y avoir de collision, un des messieurs en beaux manteaux de cuir se pencha en avant, saisit un long pistolet, dont il mit la crosse sous son aisselle, et le braqua sur le monsieur assis dans l'autre voiture. Il n'eut pas besoin de viser, tant il était près. [...] Les détonations éclatèrent très vite, comme celles d'une mitraillette. Lorsque l'homme qui tirait eut fini, le second se dressa,

1. Frédérique-Louise de Hesse-Darmstadt (1751-1805), seconde épouse de Frédéric-Guillaume II.

balançant quelque chose – c'était une grenade "citron" – et la lança dans l'autre voiture. Le monsieur s'était déjà écroulé sur la banquette, couché sur le côté. À ce moment le chauffeur s'arrêta juste au coin de la Erdenerstrasse et cria "Au secours ! au secours !" La grosse voiture partit aussitôt à pleins gaz et fila dans Wallotstrasse. L'auto, avec le blessé, était arrêtée au bord de la route. Au même moment, il y eut une détonation et la grenade explosa. Le monsieur, dans le fond, fut soulevé et l'auto fit même un petit bond. » Les passants se précipitèrent. Une jeune infirmière monta à côté du blessé et demanda au chauffeur de foncer jusqu'au poste de police qui se trouvait à une trentaine de mètres. Elle déclarera durant le procès que Rathenau saignait abondamment, mais qu'il vivait encore. Ramené dans sa demeure, porté dans son cabinet de travail, le blessé regarda son domestique qui aidait à l'étendre avant de perdre connaissance. Le médecin arrivé rapidement constata le décès. Le corps portait les traces de cinq balles. La mâchoire et la colonne vertébrale étaient brisées.

La voiture des meurtriers était tombée en panne à cent mètres du lieu de l'attentat. Les trois hommes choisirent de se tasser dans le fond pour laisser passer les véhicules de police lancés à leur poursuite. Les agents, voyant cette automobile stationnée le long du trottoir, n'y prêtèrent pas attention. Ils filèrent vers la direction indiquée par les témoins. Kern et Fischer se cachèrent en ville, Techow chez un de ses oncles.

Lorsque la nouvelle fut connue, les partis de gauche invitèrent les leurs à envahir la rue et réclamer la tête de « L'ennemi de droite ». Le gouvernement promit un million de marks pour la capture des trois hommes. Le jour des funérailles de Walther Rathenau, plus d'un million d'individus défilèrent à Berlin. Tandis qu'était lancée la traque des criminels, la répression s'abattait sur les mouvements nationalistes.

Une dénonciation permit de localiser la cachette de Kern et Fischer, et débusquer Techow, qui fut arrêté. Le 17 juillet, le château de Saaleck, près de Bad Kösen en Thuringe, propriété de l'écrivain Hans Wilhelm Stein, fut cerné par une compagnie de Schupos. Lors de l'assaut, Erwin Kern, posté près d'une fenêtre, fut tué d'une balle dans la tête. Herman Fischer se replia avec sa dépouille dans la pièce qui leur servait de chambre. Il étendit son ami sur un lit et s'assit à ses côtés pour se tirer une balle dans la tempe.

Symon Petlioura. La victime devenue l'accusé (1926)

Sholem Schwartzbard[1], auteur quelques mois plus tôt de l'assassinat, au Quartier latin, à Paris, du leader nationaliste ukrainien Symon Petlioura[2], qu'il tenait pour responsable des pogroms commis, entre 1918 et 1920, par l'Armée populaire d'Ukraine, comparaît devant ses juges le 18 octobre 1927.

À l'angle de la rue Racine et du boulevard Saint-Michel, il avait déchargé son pistolet sur la victime, le 25 mai 1926, puis s'était laissé appréhender sans opposer de résistance. Ce jour-là, Samuel Schwartzbard quittait son domicile au milieu du repas. Vêtu de sa blouse blanche d'horloger, il remonte le boulevard Saint-Michel. Il est

1. Sholem (Samuel) Schwartzbard (1886-1938), anarchiste, naturalisé français en 1925.
2. Symon Petlioura (1879-1926), président de la République populaire ukrainienne.

un peu plus de 13 heures lorsqu'il aperçoit la devanture du *Bouillon* Chartier. Il sait que Petlioura y est attablé. Seul, sans sa femme ni sa fille. Le *Bouillon* Chartier où il prend son repas est une sorte de cantine, où l'on déjeune pour quatre francs dans un très beau décor de style Art Déco. La cuisine sans prétention est généreuse, familiale. De bons plats mijotés comme à la maison, servis dans une salle parée de boiseries, de vitraux, de carreaux de céramiques, de miroirs biseautés, de cuivres étincelants sous la lumière de lustres. Schwartzbard décide de l'attendre à sa sortie de l'établissement et de le tuer dans la rue. Aux policiers qui l'interrogeront, il expliquera qu'étant en avance, il prend le temps de se rendre au bureau de poste de l'Hôtel de Ville envoyer un pneumatique à sa femme pour l'informer de sa résolution. Revenu à son poste d'observation, à l'angle de la rue Racine, il surveille les entrées et sorties des clients. Vers 14 heures, la porte du *Bouillon* s'ouvre. Petlioura sort. Il se dirige vers le boulevard Saint-Germain. Schwartzbard s'avance vers lui. Il l'interpelle en ukrainien : « Pan Petlioura ? » Puis en français : « Vous êtes monsieur Petlioura ? » Il sort un revolver de sa poche et tire deux coups de feu en criant : « Défends-toi, canaille ! » Petlioura tente de le repousser avec sa canne. Cinq nouvelles balles l'atteignent tandis que Schwartzbard crie : « Assassin ! Voilà pour les massacres ! Voilà pour les pogroms ! » La victime chancelle puis s'abat sur le trottoir. Au gardien de la paix arrivé sur les lieux, il remet son arme et lui annonce calmement : « J'ai tué un grand assassin. » Il répète cette phrase tout au long du trajet menant au commissariat de l'Odéon, où il est mis en cellule. L'ataman[1] ukrainien est à ses yeux responsable de la mort de cent mille Juifs, dont quatorze membres de sa famille.

Écroué à la prison de la Santé, Schwartzbard réaffirme qu'il a agi seul et de sa propre initiative. Il écrit ces lignes qui dépeignent son état d'esprit et résument son geste : « J'ai fait un premier acte par un lucide et beau jour, dans le centre de la ville du monde, à Paris, devant l'univers entier. J'ai été trop magnanime pour cet assassin, sous le commandement duquel ont été exterminés des milliers, des dizaines de milliers de Juifs, des enfants à la mamelle et des vieillards à cheveux blancs, des hommes et des femmes, sous les ordres duquel des bandes ont violé, pillé, extorqué, incendié. »

Transporté à l'hôpital de la Charité, Petlioura meurt, vingt minutes plus tard, à 14 h 35, sans avoir repris connaissance. Cinq projectiles l'ont atteint, causant une plaie à l'abdomen, trois perforations de l'intestin et une de la fesse gauche. L'autopsie révélera que la cinquième balle a provoqué une mort rapide en traversant de part en part le poumon gauche, le poumon droit et le cœur. Ses obsèques ont lieu trois jours plus tard au cimetière du Montparnasse, en présence d'au moins deux mille personnes. Il était « le héros national connu de toute l'Ukraine, célèbre dans les chansons populaires et résumant tous les espoirs de son pays », proclament les réfugiés politiques.

1. Ataman = chef communautaire chez les Cosaques. Commandant, capitaine.

Henry Torrès, l'une des figures du barreau de Paris, défend l'accusé devant la cour en octobre 1927. Durant l'audience, le premier policier à avoir entendu l'accusé affirme qu'il lui a dit « s'être levé brusquement au milieu du repas qu'il prenait avec son épouse dans le petit logement attenant à la boutique. Tête nue et sans retirer sa blouse blanche, il est sorti précipitamment pour, dit-il à sa femme, “effectuer un travail urgent” ». Sa femme, quant à elle, prétend qu'il a reçu un appel téléphonique avant de quitter la maison. Ce qui pourrait expliquer comment Schwartzbard a su que Petlioura déjeunerait seul, ce jour-là, à cette heure précise. Au cours de la perquisition, le pneumatique adressé par Schwartzbard à sa femme a été retrouvé. Son texte est le suivant : « Ma chère Anna, j'accomplis le devoir de notre pauvre peuple. Je vais venger tous les pogroms, le sang et la honte des Juifs. Petlioura est coupable du malheur de notre peuple. Il doit payer de son sang. Quant à toi, conduis-toi en héros, hardiment. Je ne t'oublierai jamais, si tu es courageuse. N'accuse personne. C'est moi seul qui suis coupable, mais je ne pouvais vivre sans venger cette grande offense. » Un détail est relevé par l'accusation : sur le document, le cachet a été apposé à l'aide du composteur mobile du bureau de poste de l'Hôtel de Ville. Ce bureau est éloigné d'un kilomètre environ du lieu du crime, alors qu'il existe des bureaux de poste plus rapprochés. L'indication exacte de l'heure du dépôt du pneumatique est 14 h 35. Or, les numéros horaires sont changés toutes les cinq minutes, et le crime a été commis à 14 h 10 ! À 14 h 20, Schwartzbard était conduit au commissariat de police de l'Odéon. Bizarre, non ? Il semble évident que Schwartzbard n'a pu envoyer lui-même le message à sa femme. Un tiers s'en est donc chargé… Schwartzbard n'aurait donc pas agi seul comme il le prétend. D'ailleurs, une lettre de Lavrenti Beria[1] de 1930 prouvera l'implication de la Guépéou[2] dans cet assassinat. La personne ayant prévenu Schwarzbard par téléphone que Petlioura déjeunait seul au *Bouillon*, a depuis été identifiée. Il s'agit de l'agent tchékiste Mikhaïl Volodin.

Sholem Schwartzbard est loin d'être un enfant de chœur, son passé criminel en témoigne : avec un groupe d'anarchistes, il a participé au braquage d'une banque à Vienne en 1908, puis celui d'un restaurant à Budapest l'année suivante. Condamné aux travaux forcés, il s'est évadé. Arrivé en France, il s'est engagé dans la Légion étrangère, puis a rejoint l'Armée rouge en 1917. Il a servi dans la Garde rouge, puis dans la Tchéka[3] en Ukraine…

Son avocat, Henry Torrès, parvient à retourner le procès pour en faire celui des pogroms d'Ukraine. Cette stratégie conduit à l'acquittement de Schwartzbard, acclamé par un public largement acquis à sa cause.

Yang Kai-hui. Laissez voguer le Grand Timonier (1930)

Yang Chang-chi, ancien professeur de Mao Tsé-toung à Pékin, avait conservé des liens avec son élève. Il hébergeait régulièrement chez lui ce fils de paysans de la vallée de Shaoshan dans la province du Hunan. Yang Kai-hui[4], sa fille, n'était pas particulièrement charmée par ce garçon de huit ans son aîné, mal dégrossi, sûr de

1. Lavrenti Pavlovitch Beria (1899-1953), bras droit de Joseph Staline.
2. GPU (Guépéou), police politique soviétique.
3. Tchéka = commission extraordinaire panrusse pour la répression de la contre-révolution et du sabotage. Police politique.
4. Yang Kai-hui (1901-1930).

lui, dragueur. Il portait un double prénom qui voulait dire « qui brille sur l'Est » reflétant l'espoir nourri par ses parents de le voir réussir dans la vie. *Tsé* signifie « briller sur » et *toung* désigne l'Est. Il avait aussi reçu un petit nom affectueux : *Shi san ya-zi* (le garçon de pierre). Il lui écrivait des lettres passionnées auxquelles elle n'attachait pas d'importance. Pourtant, lorsque Yang Chang-chi disparut en 1920, Kai-hui réalisa qu'elle éprouvait peut-être des sentiments pour lui. « J'avais un homme que j'aimais. [...] J'en étais devenue amoureuse, après avoir beaucoup entendu parler de lui et avoir lu un grand nombre de ses articles et de ses journaux intimes ». Marié une première fois à l'âge de 14 ans, Mao était veuf de Luo Yixiu[1]. Obligés de se cacher, les jeunes gens, devenus amants, se retrouvaient dans le logement de Mao, alors directeur de l'école de Changsha où se succédaient ses maîtresses. Ils se marièrent à la fin de 1920. Sans pour autant que Mao ne renonçât à ses liaisons. Révolutionnaire professionnel, subventionné par Moscou, il organisait grèves et manifestations tandis que Kai-hui mettait au monde leurs fils An-ying (1922), An-ching (1923) et An-long (1927). Il menait grand train, servi par un personnel nombreux : intendant, cuisiniers palefrenier, secrétaires, ordonnance, coursier. Quatre mois à peine après avoir quitté Kai-hui et leurs fils, bien que le divorce ne soit pas prononcé, il s'offrit, en 1928, une toute jeune femme, Gui-yuan[2].

Kai-hui était retournée avec ses enfants dans la maison de sa famille à Changsha, gouverné par le Hunanais Ho Chien, ennemi juré des communistes. Elle vivait dans le plus extrême dénuement, sans aucune aide de Mao. Il les

1. Luo Yixiu (1889-1910).
2. Gui-yuan (1910-1984), connue sous le nom de He Zizhen. Mariée à Mao de 1928 à 1937.

avait abandonnés trois ans plus tôt au prétexte de prendre part à l'« *Insurrection de la Moisson d'Automne* ». Au printemps 1927, Tchang Kaï-chek avait libéré Shanghai des communistes et syndicalistes. Mao promulgua des lois agraires en décembre 1928, confisquant les terres aux propriétaires pour les rétrocéder aux petits paysans. Il réorganisa ses troupes à Yongxin, chef-lieu du Jiangxi et, en 1930, lança une attaque sur Changsha. Il aurait pu avertir Kai-hui, la mettre à l'abri avec leurs enfants, les faire évacuer. D'autant qu'il empruntait chaque jour la route menant à la ville et passait devant sa maison. Mao demeura sur place trois semaines, veillant à durcir le siège. Il ne chercha pas à les voir. Il ne se manifesta pas. Kai-hui n'avait aucune activité communiste. Elle réprouvait les meurtres commis par Mao et rejetait son idéologie. Elle fut néanmoins arrêtée par les nationalistes, avec son fils aîné, An-ying, le 24 octobre 1930, jour du 8e anniversaire du garçonnet. Mao prit ses jambes à son cou sans se soucier des représailles. Vogue la galère ! Celui qui se ferait bientôt appeler « le Grand Timonier » prenait le large. Ho Chien, le général nationaliste, fit une proposition à Kai-hui : elle serait remise en liberté si elle acceptait d'annoncer publiquement son divorce d'avec Mao et condamnait ses actions. Dans sa longue robe bleu foncé, elle fut traînée devant un tribunal improvisé au quartier général de l'armée. Toujours amoureuse de son mari, elle refusa de renier le père de ses enfants. Les bourreaux lui enlevèrent sa robe pour la vendre et se partagèrent les deux yuan et demi trouvés dans une poche. Elle fut promenée dans les rues et menée au milieu des tombes des condamnés sans famille pour réclamer leur corps, où elle fut exécutée le 14 novembre 1930. Avant de l'abattre, on lui retira ses chaussures et

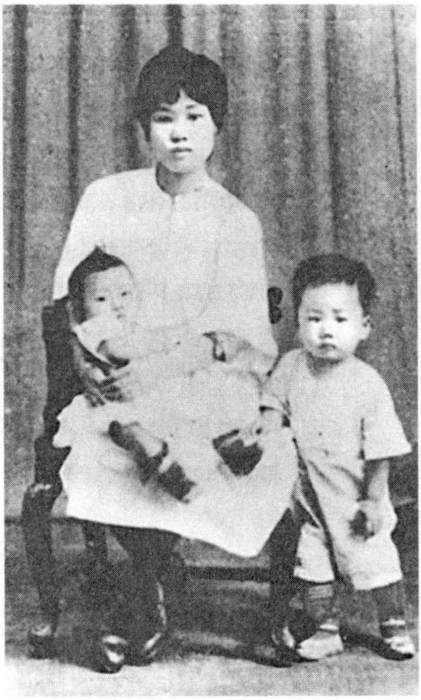

on les jeta très loin. Sinon, d'après une légende, son fantôme suivrait ses bourreaux pour les hanter. Mais Kai-hui n'était pas morte. Des témoins l'entendirent gémir de douleur durant sa longue agonie. Ils remarquèrent qu'elle creusait le sol de ses ongles. Sept soldats furent envoyés pour l'achever. « La femme de Mao Tsé-toung a été exécutée hier ; tout le monde applaudit et crie sa satisfaction », annonça le *Quotidien républicain* du Hunan, le lendemain.

Mao ignora toute sa vie que sa femme avait laissé des écrits, enveloppés dans du papier huilé pour les protéger de l'humidité. Ils furent découverts à l'occasion de travaux dans sa maison en 1982 et 1990. La plupart sont encore tenus secrets. Ils révèlent la grande souffrance de son auteure, abandonnée par le champion du communisme, indifférent au sort de sa famille comme celui des défavorisés. Kai-hui, malgré tout, cultivait l'espoir qu'il renonçât à ses activités avec ses « troupes de bandits » occupés à « brûler, tuer, enlever, et piller ». Elle écrit en février 1929 : « Si la situation financière le permet, il faudrait que j'aille là-bas [Shanghai] pour faire quelques années d'études [...] je veux sortir de chez moi et trouver du travail. [...] Autrement, je ne peux que sentir les souffrances du vide et me dire que je n'ai rien sur quoi m'appuyer. Cette lettre semblable à un testament, je ne l'ai pas envoyée. Si tu peux rentrer chez nous une fois, c'est tout ce que j'ose espérer. »

Les trois fils de Kai-hui, An-ying, An-ching (atteint d'une maladie mentale) et le benjamin An-long, âgé de trois ans, furent emmenés à Shanghai pour être pris en charge par l'appareil clandestin du Parti. An-long mourut peu de temps après.

Le Dictateur vert assassine Paul Doumer (1932)

À la vente de bienfaisance des écrivains anciens combattants, hôtel de Rothschild, à Paris, le 6 mai 1932, un homme se présentant sous le nom de Paul Brède rodait autour du stand de Claude Farrère. Il lui acheta un livre en attendant l'arrivée du président de la République française qui devait procéder à l'inauguration. Lorsque Paul Doumer pénétra dans la seconde salle, un, puis deux coups de feu retentirent. Le président fléchit les genoux et s'écroula. Les officiels se précipitèrent vers lui. Ils constatèrent qu'une balle avait traversé la base du crâne. Elle était sortie au niveau de la pommette droite. L'autre, entrée au niveau de l'aisselle, était ressortie derrière l'épaule en sectionnant l'artère axillaire. Le président fut transporté à l'hôpital Beaujon tout proche, sis 208 rue du faubourg Saint-Honoré. Il succomba à ses blessures dans la soirée.

L'agresseur tabassé par les témoins, après avoir été arrêté par la police, fut conduit au commissariat voisin de Saint-Philippe-du-Roule où il fut interrogé. M. Fougery, doyen des juges d'instruction, fut chargé d'instruire l'affaire. Il découvrit assez rapidement la véritable identité du criminel connu des services de police. L'homme avait usé d'un pseudonyme lorsqu'il s'était présenté à la vente de bienfaisance avec une carte de visite au nom de Paul Brède, journaliste. On sut qu'il avait publié sous ce nom, à Berlin, en 1925, un recueil de prose et poésie, « Le secret de la vie des Scythes ». On trouva sur lui un carnet avec l'inscription « Docteur Paul Gorguloff, chef président de la partie politique des fascistes russes qui a tué le président de la République française ». On pouvait y lire : « … et à présent, écoute-moi, ô France ! Moi, chef des fascistes russes, je tue moi-même le président de la République française Paul Doumer… Et maintenant, j'ai accompli mon devoir envers ma patrie, la Russie nationale ! »

Pavel Timofeïevitch Gorguloff, né le 29 juin 1895, dans une stanitsa de la ville de Labinsk dans le Caucase, était issu d'une famille de paysans aisés. Il commença des études de médecine à Ekaterinodarsk, mais fut mobilisé en 1914 dans un régiment de cosaques.

Après la première révolution de 1917, il se rallia à Alexandre Kerinski porté à la tête du Gouvernement provisoire, puis, en novembre, il rejoignit les Armées blanches. Contraint à l'exil, il passa en Pologne et à Prague (1921). Il y vécut avec ses deux épouses ! Il obtint son diplôme de médecin et ouvrit un cabinet. Interdit d'exercice puis expulsé pour avoir pratiqué des avortements clandestins, il publia divers ouvrages. Lancé en politique, il fonda un parti fasciste « vert ». Il prévoyait la création d'un triumvirat dont il aurait été le président.

Banni de Tchécoslovaquie en 1930, Gorguloff se réfugia en France, à Billancourt, chez un certain Nekrassoff, dans ce quartier alors peuplé d'ouvriers russes employés par les usines Renault. Gorguloff prit une chambre à Paris dans l'hôtel « Pensez-y » sis au 31 rue du Commerce. Il exerça comme médecin, soignant les émigrés russes du quartier. Il fit paraître diverses annonces dans le quotidien monarchiste d'extrême droite « La Renaissance » pour organiser les réunions politiques de son parti. Raccompagné à la frontière française, en décembre 1931, pour exercice illégal de la médecine, il revint à Paris le 4 mai 1932. Il loua une chambre rue Victor Cousin dans un hôtel proche de la Sorbonne. La veille de l'assassinat, selon des témoins, il serait allé prier à Notre-Dame puis s'enivrer dans les bars.

Apparurent les soupçons de complot politique. Pour certains membres du gouvernement, il ne faisait aucun doute que Gorguloff était un agent provocateur inspiré par la Troisième Internationale. Cet assassinat, en pleine campagne électorale, deux jours avant le deuxième tour des législatives, posait question. Le pays plongé dans une grave crise économique s'inquiétait de la montée de la xénophobie. En Tchécoslovaquie puis en France, Gorguloff avait rédigé plusieurs mémoires et organisé quelques réunions où il se présentait comme « le Dictateur vert », chef du Parti russe fasciste agrarien, dit Parti populaire pan-russe paysan des verts. Il appelait à un soulèvement général en Russie pour sauver le pays en le débarrassant de ses dirigeants soviétiques, en premier lieu des Juifs.

Face aux policiers, Gorguloff affirmait avoir agi seul, poussé à tuer Paul Doumer en raison d'une force quasi hypnotique correspondant à une idée fixe : sauver la Russie du bolchevisme. À la question « Pourquoi s'en prendre au président français ? », il répondit : « La France est complice des autorités soviétiques, elle a laissé tomber les Armées blanches qui combattaient le bolchevisme, elle a reconnu le gouvernement soviétique en 1924, elle a signé des traités avec l'URSS. » Les experts psychiatres conclurent que Gorguloff était un psychopathe délirant, une sorte de « demi-fou lucide de type régicide ». Les journalistes décrivirent un être à l'apparence bestiale, aux « mains énormes, aux méplats accentués, au regard de bête traquée sous le cheveu rebelle ». « Gorguloff ne serait-il pas un simulateur ? » titra *Le Figaro* du 27 juillet 1932. Un journaliste donna la réponse : « Gorguloff n'est pas fou, son comportement tient simplement au fait qu'il appartient à une ethnie différente de la nôtre ». Pavel Gorguloff fut condamné à mort le 27 juillet. Son pourvoi fut rejeté par la Cour de cassation. Le 13 septembre, le président de la République refusa sa grâce. Le 14 septembre, à l'aube, il fut guillotiné devant la prison de la Santé. Ses dernières paroles furent : « Russie, sainte Russie, ma patrie ! »

Alexandre Ier de Yougoslavie et Louis Barthou. Deux pour le prix d'un (1934)

L'attentat du 9 octobre 1934, à Marseille, coûta la vie au roi Alexandre Ier[1] Karageorgevitch de Yougoslavie, certes, mais aussi au ministre des Affaires étrangères français Louis Barthou[2]. On releva sept blessés, dont le gardien de la paix Célestin Gally et le général Alphonse Georges[3].

Débarqué du destroyer *Dubrovnik* sur le quai des Belges où était déployé un bataillon de l'infanterie coloniale en garnison à Aix-en-Provence avec drapeaux et musique, et un peloton de dix-huit gardes mobiles à cheval, le roi-dictateur échangea une cordiale poignée de main avec Louis Barthou. Celui-ci l'invita à prendre place dans la vieille Delage décapotée, rangée à deux pas.

L'opérateur de la Fox Novietone, Georges Méjat, l'œil collé sur sa caméra, filmait la liesse populaire. Son frère, depuis la fenêtre d'une chambre d'hôtel, enregistrait lui aussi les vues d'ensemble de cette arrivée un peu désordonnée sur le Vieux port, noir de monde. Journalistes, photographes, badauds grouillaient autour des personnalités que le service d'ordre ne parvenait pas à préserver. Louis Barthou s'assit à la gauche d'Alexandre Karageorgevitch et le général Georges sur un strapontin face à Barthou. Une première voiture avec les chefs de la police ouvrit le cortège s'engageant sur la Canebière. Les gardes à cheval suivaient. Deux cavaliers de la garde d'honneur accompagnaient la Delage. Au pas des chevaux, les véhicules avaient débuté le parcours quand, au niveau de la Bourse, la voiture d'Alexandre Ier se

1. Alexandre Ier Karageorgevitch (1888-1934), fils de Pierre Ier de Serbie et de Zorka de Monténégro.
2. Louis Barthou (1862-1934), ministre des Affaires étrangères.
3. Alphonse-Joseph Georges (1875-1951), chef des armées françaises en 39/40.

déporta pour contourner un refuge placé au milieu de la chaussée. En caméra portée, Georges Méjat continuait son reportage. Il suivait la voiture sur les bas-côtés de l'avenue sans difficulté. À aucun moment, le service d'ordre ne se préoccupa de sa présence. À 16 h 15, un homme sortit de la nuée, courut vers la Delage. Il se glissa sous l'encolure du cheval du colonel Piollet et sauta sur le marchepied en hurlant : « Vive le roi ! ». De son *Mauser Schnellfeuer* 7,63 mm à vingt coups, doté d'un sélecteur de tir automatique, jaillirent plusieurs balles. Le général Georges tenta de détourner l'arme, mais fut atteint au thorax par un projectile et aux avant-bras. L'agent Célestin Gally ceintura l'assaillant qui, tournant son arme vers lui, lui décocha un projectile. Le colonel Piollet, du haut de sa monture, frappa de son sabre le crâne de l'agresseur, adossé à la voiture, jusqu'à ce qu'il s'effondre sur la chaussée.

Les policiers, désorientés, couraient en tous sens et tiraient à l'aveuglette. La Delage roulait vers le coin de la rue Saint-Ferréol. Mijo Krajli, alias « Malny », placé là par son complice, distingua la voiture ensanglantée, Alexandre Ier étendu sur la banquette. Il remballa la grenade qu'il tenait en main et prit la fuite en profitant de la panique générale. L'assassin, d'abord tiré sans ménagement vers un kiosque, fut emmené dans les locaux de la Sûreté. On découvrit sur lui un *Walther* P38, des dizaines de cartouches et une grenade offensive. Il fut laissé agonisant sur le sol d'une cellule. Il mourut à 19 heures.

Le général Georges, conduit à l'hôpital militaire, y fut soigné. Louis Barthou, livré à lui-même, ce qui, si on y songe, est singulier, blessé au bras, perdant son sang en abondance, sollicita un taxi pour être transporté à l'Hôtel-Dieu. Les médecins constatèrent qu'une artère avait été sectionnée. Une transfusion ne put le sauver. Il rendit l'âme à 16 h 40. Le comble fut révélé durant l'enquête : le ministre avait été tué par l'arme d'un policier français ! Le rapport d'expertise du docteur Béroud et de l'expert armurier Gatinel, du 9 octobre 1935, est formel : « La balle trouvée dans la voiture royale du côté gauche où était assis le président Barthou constitue le projectile blindé de cuivre d'une cartouche de 8 mm, modèle 1892. Cette balle est du même calibre que celles tirées par les agents de police. Elle n'a pas été tirée par l'un ou l'autre des pistolets trouvés en la possession de Kalemen [pseudonyme de Vlado]. Donc cette balle correspond aux balles tirées par les revolvers des agents de police. » Vlado s'était en effet muni d'un *Mauser Schnellefeuer* avec lequel il avait tiré et d'un *Walther PP*.

Nous connaissons le tueur du 9 octobre 1934 sous le nom d'emprunt de Petrus Kelemen, alias Vlado

Tchernozemski[1] ou Vlada-le-Macédonien. Qui était cet homme ? Surnommé par les siens le « Loup du Vardar », selon la police yougoslave, il s'appelait Vladimir Dimitri Kérim, né le 18 octobre 1897 à Kamenica, en Macédoine. D'autres sources le reconnaissent sous le patronyme de Georgiev Tchernozemski, né à Othin (Madédoine), et bien d'autres encore. Membre dévoué de l'ORIM[2], il entretenait des liens étroits avec les « Oustachis », membres du mouvement croate Oustacha[3]. L'enquête de la police judiciaire démontra que l'assassinat du roi de Yougoslavie était l'œuvre du mouvement séparatiste croate pour le compte de l'organisation révolutionnaire intérieure macédonienne (VMRO). Trois complices de Petrus Kelemen furent arrêtés dans un hôtel de Thonon-les-Bains, et en gare de Longjumeau-Avon. L'organigramme reconstitué révéla que Eugen Kwaternik dit « Le beau Dido », nom d'emprunt Egon Kramer – l'adjoint d'Ante Pavelic[4] – était le chef de l'opération. Un couple formé par les Croates Anton et Stana Godina s'était chargé de la logistique. Mijo Krajli (alias Malny), Ivo Rajitch (alias Benès) et Zvonimir Pospishil (alias Nowak), envoyés à Marseille, s'étaient fondus dans la masse des badauds prêts à intervenir en cas d'échec pour achever le travail.

Ivan Mihajlov Gavrilov[5], dans une interview de 1989, justifiera l'exécution du roi Alexandre Ier : « l'opération conduite par lui [Vlado Tchernozemski] à Marseille ne peut pas être qualifiée d'assassinat. Cela est parfaite-

1. Vladimir Dimitri Kérim = Velitchko Dimitrov Kerin = Vlado Gueorguiev Tchernozemski, surnommé « Vlado le chauffeur » (1897-1934), révolutionnaire bulgare. Noms d'emprunt : Petrus Kelemen, Stopianov, Dimitrov.

2. ORIM = organisation révolutionnaire intérieure macédonienne. Organisation fondée en 1893 par un groupe de révolutionnaires macédoniens et bulgares, pour obtenir l'autonomie des régions ottomanes.

3. Oustacha : mouvement séparatiste croate, anti-yougoslave, fondé en 1929.

4. Ante Pavelic (1889-1959), fondateur de l'Oustacha, mouvement nationaliste croate.

5. Ivan Mihajlov Gavrilov, alias Vancho Mihajlov (1896-1990), révolutionnaire bulgare, dirigeant de l'ORIM.

ment clair pour tous ceux qui connaissent le régime du roi Alexandre et les projets de Belgrade. En fait, l'assassin, c'était Alexandre et la politique de Belgrade. Vlado a seulement joué le rôle d'exécutant de la peine qui, à travers des milliers de malédictions, des fleuves de larmes et de sang, avait été prononcée contre lui par toutes les nations – les Bulgares de Macédoine, les Croates, les Albanais comme des millions d'autres habitants mécontents des villes et des campagnes parmi les autres nationalités de cet État, dont bon nombre de Serbes. »

Le bilan de cette journée désordonnée fut de quatre morts et sept blessés dont deux enfants de treize et quatorze ans. Le film tout à fait exceptionnel réalisé par Georges Méjat est le premier assassinat politique fixé sur la pellicule. Il est diffusé, sans censure, le jour même par les journaux et le lendemain par les actualités cinématographiques. Questionné sur le sang-froid dont il fit preuve, Georges Méjat témoigna de sa sidération face à la victime et son assassin : « Il [le meurtrier] était presque à mes pieds, traîné, lynché par la foule, le sang giclait, j'en avais plein ma chemise. Il m'a fallu quatre fois charger cette bagnole pour y arriver. Pendant que je tournais cette scène, comme un intrus, comme un monsieur qui n'a rien à faire ici, alors que c'est l'affolement général, qu'on pense à soigner le roi… Je me cramponnais à ma portière et je ne voulais pas la lâcher, je tournais, je tournais, je tournais et je filmais le roi dont la bouche était ensanglantée, c'était les derniers spasmes. J'étais tiré à droite, tiré à gauche, je recevais des coups un peu partout. Enfin, je fus évacué plus que je n'avais envie d'évacuer moi-même, je me retrouvais dehors. À ce moment-là, je rencontrais un policier qui tenait le pistolet à la main. Je filmais ce pistolet, complaisance de sa part, gentiment, camarade. On a interprété ce pistolet comme étant l'arme du crime au poing du criminel, ce n'est pas exact. C'est l'arme du crime, mais elle était dans les mains d'un policier à ce moment-là qui l'avait ramassée. Et puis la voiture partit, je rentrais. C'est là que je rencontrais mon frère qui s'était réfugié là-haut à l'hôtel du Mont Ventoux et qui accourait affolé en me criant : "George, on a assassiné le roi !" J'ai dit : "Mon vieux, écoute, je sais, je crois... je crois qu'on a l'histoire." Et puis tous mes camarades étaient là réunis, déchargeant leur film, car déjà nous apprenions qu'on nous courait après pour obtenir ce film, l'avoir, nous le confisquer. »

Trotski. Le piolet autrichien (1940)

Léïba Davidovitch Bronstein, né dans une famille juive ukrainienne, étudiant à l'université d'Odessa, militant révolutionnaire condamné à la déportation en Sibérie (1900) avait épousé Alexandra Lvovna Sokolovskaïa qui mit au monde leurs deux filles. Décidé à s'évader pour rejoindre la Russie d'Europe, il laissa derrière lui femme et enfants (1902). On lui avait procuré un faux passeport pour lequel il choisit de prendre le pseudonyme de Léon Trotski, empruntant le patronyme d'un geôlier. Il rejoignit Lénine à Londres puis Paris où il connut Natalia Sedova[1], une jeune émigrée russe étudiante en histoire de l'Art à la Sorbonne. En 1903, il l'épousait. Le mariage ne fut pas enregistré, car Trotski n'était pas divorcé. Anna et David Bronstein, ses parents, élevèrent ses filles Zinaïda et Nina, en Russie. Natalia mit au monde deux fils Lev[2] et Sergueï[3].

1. Natalia Ivanovna Sedova (1882-1962).
2. Lev Lvovitch Sedov (1906-1938).
3. Sergueï Lvovitch Sedov (1908-1937).

Président du soviet de Saint-Pétersbourg après la révolution russe de 1905, complice de Lénine lors de la révolution d'Octobre 1917, fondateur de l'Armée rouge et de la IVe Internationale, commissaire du peuple aux affaires étrangères, Trotski s'opposa à Staline dès la mort de Lénine (1924). En novembre 1927, exclu du Parti communiste, envoyé en exil, expulsé d'URSS, il erra en Europe. Réfugié à Mexico en janvier 1937, il s'installa avec Natalia dans une belle maison, fortifiée pour la circonstance, dans le quartier de Coyoacan. Une gigantesque antenne a été installée sur le toit pour recueillir le maximum d'informations sur les opérations militaires, les mouvements politiques. Condamné à mort par contumace, l'ancien homme fort du régime soviétique n'était plus qu'une bête traquée par la haine de Staline pour qui la liquidation de ses ennemis et des ennemis du pouvoir soviétique était l'une des principales préoccupations. Victime de nombreuses tentatives d'attentats, Trotski apprit la mort de son fils Sergueï (1937), éliminé par Staline pendant les purges puis celle de Lev (1938) dans des circonstances suspectes à la suite d'une intervention chirurgicale bénigne. Cinq mois plus tard, on lui annonçait la découverte dans la Seine, à Paris, du cadavre décapité de son ancien secrétaire Rudolf Klement[1]. La Grande Faucheuse rôdait autour de lui.

Staline avait enclenché l'élimination systématique des opposants réels ou imaginaires, les « ennemis du peuple », en s'appuyant sur les agents de la répression, les réseaux de renseignement et le NKVD. *La Grande Terreur* débutée en août 1936 avec le procès contre les dirigeants historiques du parti touchera non seulement la

1. Rudolf Klement (1908-1938), secrétaire et traducteur de Trotski.

première génération révolutionnaire, mais tous les opposants à Staline à travers le monde.

Ramón Mercader[1], d'origine catalane, secrétaire d'une cellule communiste de Barcelone, jouissait d'une bonne réputation grâce à sa mère Caridad Mercader[2], maîtresse et complice de Leonid Eitingon[3], bras droit du général Orlov, le chef du NKVD en Espagne. Officier supérieur des Services secrets, Eitingon – nom de code Leonid Kotov – dirigeait le secteur des activités clandestines. Caridad Mercader entraîna son fils aîné à sa suite dans le groupe terroriste mené par son amant. Il fit suivre à Ramón un entraînement très pointu, relayé par les spécialistes du NKVD qui se chargèrent de sa formation d'espion et de tueur et lui forgèrent une nouvelle identité. Ramón maîtrisait parfaitement l'anglais et le français.

Un beau jour d'été 1938, à Paris, Jacques Mornard, alias Ramón Mercader, fut présenté à Sylvia Ageloff[4], militante trotskiste appartenant au parti des travailleurs américains, l'organisation trotskiste américaine. Ramón était beau, séduisant, prétendait n'avoir aucun intérêt pour la politique. Ce fut un jeu d'enfant pour lui de la séduire et la manipuler. Il partit la retrouver à Brooklyn et lui fit gober sa nouvelle identité. Muni d'un faux passeport américain, il s'appelait désormais Frank Jacson ! Envoyé à Mexico en octobre 1939, avec mission d'infiltrer l'entourage de Trotski, Jacson fut rejoint par Sylvia en janvier 1940. Grâce à elle, il rencontra ses amis français, Alfred et Marguerite Rosmer[5]. Intimes de Trotski, ils avaient ramené de Paris son petit-fils. En effet, Alfred, qui avait

1. Ramón Mercader (1913-1978), nom de naissance : Jaime Ramón Mercader del Río Hernández.
2. Caridad Mercader (1892-1975), communiste espagnole, agent du NKVD.
3. Nahum Isaakovitch Eitingon (1899-1981), connu aussi sous le nom de Leonid Alexandrovitch Eitingon. Nom de code Léonid Kotov.
4. Sylvia Ageloff (1910-1995).
5. Alfred Rosmer/Griot (1877-1964). Marguerite Rosmer, née Thévenet (1879-1962).

été expulsé du PCF en 1924, grand ami de Trotski, était le tuteur de Sieva[1]. De fil en aiguille, Jacson fut tout naturellement présenté comme « le mari » de Sylvia aux habitants de la villa de Coyoacan où logeait aussi le couple Rosmer. Fin observateur, il donna à ses contacts quantité de petits détails concernant les habitudes des résidents et des policiers chargés de les protéger.

Les services spéciaux soviétiques déclenchèrent l'opération OUTKA[2], complot visant à assassiner Trotski. Ce curieux nom de code avait été suggéré par « Eitingon-Kotov ». En russe, le mot *Outka* (le canard) est aussi utilisé pour désigner la désinformation. La formule « quand les canards volent » signifie que les journaux répandent de fausses nouvelles.

Kotov, durant la nuit du 23 au 24 mai 1940, lança à l'assaut de la demeure de Trotski un groupe d'une vingtaine d'hommes, des communistes mexicains dirigés par Alfredo Siqueiros, armés de pistolets mitrailleurs et de grenades incendiaires. Réfugiés sous leurs lits, les occupants des chambres échappèrent au pire. Trotski témoignera : « Nous pouvions nous rendre compte que le tir, dirigé vers l'intérieur de la pièce, partait à la fois de la porte de la chambre de Sieva, mon petit-fils, de celle de mon bureau, de la fenêtre de notre propre chambre et de celle de la salle de bains. C'était un feu croisé, apparemment sans issue, pour nous. Nous sommes restés étendus sur le sol, immobiles, jusqu'à ce que les coups de feu aient cessé. Nous nous sommes aperçus alors qu'on avait placé une bombe incendiaire juste à la porte de communication entre notre chambre et celle de mon petit-fils. Nous craignions que l'enfant eût péri… Aussi inexplicable que cela

1. Vsevolod (Sieva) Platonovitch Volkov, ou Esteban (Sieva) Volkov (1926-2023), fils de Zinaïda, la fille de Trotski et du révolutionnaire Platon Volkov.
2. Outka = canard en russe.

paraisse, Sieva nous a rejoints après les derniers coups de feu. Il est indemne, seulement égratigné au pied par le frôlement d'une balle. »

La sécurité fut renforcée et les effectifs policiers affectés à la surveillance multipliés. Fataliste, Trotski confiait à un journaliste : « Je suis déjà familier avec la mort. J'ai été poursuivi par la haine noire de Staline à travers la moitié du monde. »

Moscou n'apprécia pas du tout cet échec. Le NKVD donna l'ordre à Jacson de passer à l'action. Sans grande difficulté, par l'intermédiaire des Rosmer, il avait lié des relations avec les gardes de service. Alfred Rosmer, tombé malade et hospitalisé, l'avait chargé de récupérer divers objets à lui ramener. Il avait approché Sieva, le petit-fils de Trotski et échangé quelques mots avec Natalia. Avec régularité, deux fois par semaine, Jacson se rendait à la villa où il avait de loin en loin des échanges avec l'adversaire politique de Staline.

« *Le Vieux* » comme on le surnommait, pris de sympathie pour ce jeune homme, s'était engagé à faire de lui un de ses disciples. Quatre jours après l'attentat, Jacson proposa aux Rosmer de les conduire à Veracruz où ils devaient embarquer pour New York. Le secrétaire de Trotski narrera : « Trotski se trouvait dans le patio. Il serra la main de "Jackson". Puis, il poursuivit ses occupations dans le poulailler. "Jackson" se retira et se mit à bavarder avec Sieva, le petit-fils de Trotski, à qui il fit cadeau d'un petit planeur… Trotski, toujours prévenant, demanda alors à Natalia s'il n'y avait pas lieu de prier "Jackson" d'entrer. Natalia répondit qu'il devait avoir déjà pris son petit déjeuner. Il fut cependant invité, par politesse, à s'asseoir à table. Il accepta une tasse de café. » Jacson, convoqué par le NKVD, repartit pour New York en juin. Le 29 juillet, à 14 h 40, il se présenta chez Trotski pour reprendre sa Buick laissée à disposition pendant son absence. Au cours des semaines suivantes, il se rendit cinq fois à la villa de Coyoacan.

Au prétexte de lui demander conseil concernant un article qu'il voulait envoyer à New York, Jacson rendit visite à Trotski le 20 août vers 17 h 20. Dissimulés dans son imperméable, il emportait une matraque, un pistolet et un piolet, fabriqué en Autriche, dérobé à un ami alpiniste. *Le Vieux* était en train de nourrir ses lapins et proposa d'aller dans son bureau pour examiner le texte. Les deux hommes entrèrent dans la maison, passèrent dans le bureau où Trotski prit place dans son fauteuil face à sa table de travail. Sur celle-ci, un pistolet calibre 6,35 chargé était à sa disposition. Dans le tiroir en dessous, un *Colt* calibre 38 voisinait avec le bouton permettant de déclencher le système d'alarme.

Trotski débuta la lecture penché sur les feuilles de papier. Jacson se saisit d'un piolet dissimulé dans la poche de son imperméable posé sur le bureau et en assena un coup sur le crâne de sa victime. « L'homme poussa un cri tel que je ne l'oublierai plus jamais de ma vie entière, racontera le criminel. C'était un Aaaaaa très long, infiniment long, et il me semble que ce cri me perce encore le cerveau. Je vis Trotski se lever comme un fou. Il se jeta sur moi et me mordit la main. [...] Je le repoussai alors, et il tomba sur le sol. Il se releva tant bien que mal, puis, courant et trébuchant je ne sais comment, sortit de la pièce. »

Deux gardes arrivés en trombe immobilisèrent Jacson et le rouèrent de coups. Trotski de plus en plus affaibli, chancelant dans les bras de Natalia, leur dit : « Tu sais... j'ai senti... compris ce qu'il voulait faire... Il voulait me frapper... une fois de plus... Non... interdit de le tuer. Il faut qu'on le force à parler... » avant de sombrer dans le coma. Kotov et Caridad Mercader attendaient devant la maison dans des voitures séparées, pour permettre à Mercader de s'enfuir. Ils quittèrent les lieux à l'arrivée de la police.

Transporté à l'hôpital, trépané, le « *Père de la révolution permanente* » mourut le lendemain sans avoir repris connaissance. Le piolet avait pénétré de huit centimètres dans le cerveau.

Interrogé par la police, Jacson-Mercader prétendit s'appeler Jacques Mornard van den Dresche, de nationalité belge, puis se mura dans le silence. Il comparut devant la Cour de Mexico le 17 avril 1943. Il fut condamné à vingt ans de prison et 3 485 pesos d'amende. Il interjeta appel. La peine fut confirmée le 19 mai 1944.

Remis en liberté en mai 1960, Ramón Mercader gagna La Havane. Ensuite, dans le plus grand secret, il se rendit en bateau de Cuba à Riga puis à Moscou. Au Kremlin, il fut fait Héros de l'Union soviétique, le plus haut titre honorifique de l'Union soviétique et décoré de l'Ordre de Lénine. On lui attribua une maison dans la cité-jardin moscovite de Sokol, une pension de 400 roubles et la jouissance d'une datcha. En mai 1974, il fut autorisé par le pouvoir à partir pour Cuba où Fidel Castro lui offrit une villa confisquée à « un riche » et l'embaucha comme conseiller au ministère des Affaires intérieures.

LA GUERRE FROIDE

Folke Bernadotte. Mort pour l'ONU (1948)

Un convoi composé de trois voitures américaines blanches portant les drapeaux de l'ONU et de la Croix-Rouge entre dans le quartier Katamon de Jérusalem, le 17 septembre 1948. Il ne bénéficie d'aucune protection militaire. Folke Bernadotte[1] s'est opposé à ce que l'officier de liaison israélien, le capitaine Moshé Hillman, conserve son arme. Il a rejoint le convoi à la porte Mandelbaum, point de passage de la ligne de démarcation du cessez-le-feu, entre Jérusalem-Est et Jérusalem-Ouest, tenue par l'armée israélienne. Les véhicules roulent dans la rue Hapalmah.

Le comte Folke Bernadotte a pris place sur la banquette arrière de la dernière voiture, avec son adjoint le colonel français André Sérot, chef des observateurs des Nations unies à Jérusalem, et le général suédois Age Lundström, chef de la supervision de la trêve en Palestine.

Médiateur des Nations unies pour la Palestine, nommé le 20 juin 1948, le comte Bernadotte, neveu du roi de

1. Folke Bernadotte (1895-1948), fils du prince Oscar Bernadotte, fils du roi Oscar II de Suède.

Suède Gustave V[1], a refusé le gilet pare-balles qu'on lui a proposé. Il a demandé à André Sérot de ne pas prendre son pistolet. « Vous êtes sous la protection de l'ONU, lui a-t-il rappelé. Lorsque vous êtes sous la protection de l'ONU, vous ne pouvez pas porter une arme. Personne dans le convoi n'est armé. »

Soudain, une Jeep sort d'une rue transversale et coupe la route du convoi. Trois hommes vêtus de l'uniforme de l'armée israélienne en sortent. Le comte Bernadotte descend sa vitre et passe la tête pour se faire connaître. Yehoshua Cohen se place face à lui et actionne son pistolet mitrailleur Schmeisser. Folke Bernadotte reçoit à bout portant six balles dans la gorge, la poitrine et le bras gauche. André Sérot est abattu de dix-huit balles. Les deux hommes meurent sur le coup.

Les tueurs appartiennent au groupe d'action clandestin Stern, réunis sous l'appellation Lehi[2], une division de l'Irgoun[3]. Depuis le décès d'Avraham Stern, abattu par les Britanniques en février 1942, le Lehi était dirigé par Israël Eldad, Nathan Yelin-Mor et Yitzhak Shamir[4], qui deviendra Premier ministre d'Israël. Après cet assassinat, le Premier ministre d'Israël, David Ben Gourion[5], démantela le Lehi et l'Irgoun.

1. Gustave V, né Oscar Gustave Adolphe Bernadotte (1858-1950), roi de Suède en 1907.
2. Lehi = Lohamei Herut Israël « Combattants pour la liberté d'Israël ». Groupe paramilitaire et terroriste sioniste (1940-1948). Une division de l'Irgoun.
3. Irgoun = Irgoun Zvaï Leoumi « Organisation militaire nationale ». Organisation armée de la droite sioniste en Palestine, dirigée par Menahem Begin (1913-1992), futur Premier ministre.
4. Yitzhak Shamir (1915-2012).
5. David Ben Gourion (1886-1973), l'un des fondateurs de l'État d'Israël.

Abdallah de Jordanie. Sanglante mosquée (1951)

« L'assassinat d'Abdallah de Jordanie vient grandir la liste des dirigeants du Proche-Orient abattus par des fanatiques, déclare un article du *Monde*[1]. C'est une des plus grandes figures du Moyen-Orient qui disparaît. À soixante-dix ans cet étonnant petit homme, trapu, agile, avec son collier de barbe poivre et sel, ses petits yeux vifs en amande, son turban immaculé de chérif, ses robes brodées d'or, tireur et cavalier émérite, dévot, respectant à la lettre l'enseignement coranique, y compris les facilités matrimoniales, fidèle aux lois de l'honneur et de l'hospitalité de son Hedjaz natal, alliant le faste à la simplicité, en un mot ce digne descendant de Hachem, le neveu du Prophète, offrait l'image même du grand seigneur arabe. »

Le roi Abdallah Ier pénétrait dans la cour de la mosquée d'Al Aksa, à Jérusalem, le vendredi 20 juillet, un peu avant midi, à l'heure de la prière. Des centaines de fidèles s'y pressaient comme à leur habitude. Ils s'écartèrent pour laisser passer le souverain hachémite qui prenait plaisir à échanger quelques mots avec les uns et les autres. Il franchit le seuil, suivi par son escorte. Un homme surgit de derrière la porte de la mosquée, un pistolet à la main. Il tira sur le roi Abdallah. Une balle l'atteignit à la tête, pénétra derrière l'oreille et sortit par l'orbite. Le monarque tomba en avant. Son turban blanc roula sur le sol. Il était mort. Mustapha Choukri Ashu, son assassin, un apprenti couturier palestinien de 21 ans, fut abattu par les gardes du corps. Hussein, le petit-fils du roi, âgé de quinze ans, figé devant la dépouille de son grand-père, était secoué

1. Le Monde, 23 juillet 1951.

par des tremblements. Les soldats soulevèrent le corps de leur souverain et le portèrent vers une voiture qui partit en trombe vers l'hôpital de la vieille ville.

La décision du roi Abdallah d'annexer la Cisjordanie, territoire de la Palestine limitrophe du Royaume hachémite de Jordanie, proclamé le 26 avril 1949, lui avait attiré l'inimitié des chefs d'États arabes. Il avait organisé une réunion secrète avec deux représentants d'Israël, Reuven Shiloah et Moshe Sasson, à la suite des prières du vendredi, car il n'abandonnait pas son ambition et ses efforts pour parvenir à une paix avec les Israéliens.

Nous ne savons pas vraiment qui a commandité ce crime. Ce qui est certain, c'est que Mustapha Ashu était un partisan de Mohammed Amin al-Husseini, l'ex-grand mufti de Jérusalem, dont la rivalité avec le roi Abdallah était notoire. Ashu avait adhéré à une organisation de résistance à la colonisation sioniste de la Palestine, appelée « Al Jihad Al Mokadass » ou « la Guerre sacrée ».

Il considérait le roi de Jordanie comme un « traître, un vieil agent des Anglais, un collaborateur des sionistes » qui méritait la mort. Abdul Qader Farhat, propriétaire du café où les conspirateurs se réunissaient, lui avait fourni un pistolet British Army Webley 38. Les soldats jordaniens, en fouillant ses poches, trouvèrent un papier sur lequel figurait la retranscription d'une fatwa, autorisant le porteur du message à éliminer le roi de Jordanie avec la promesse du paradis pour son assassin.

Lavrenti Beria. L'exterminateur exterminé (1953)

Joseph Staline n'était pas tout à fait réduit à l'état de cadavre qu'une poignée d'hommes, concurrents à sa succession, avait posé les jalons d'un nouveau gouvernement. Gueorgui Malenkov[1] présidait le Conseil des ministres. En l'absence du camarade Staline, une direction collective avait été constituée : Lavrenti Beria[2] à la tête du ministère de la Sécurité et des Affaires intérieures (MVD) contrôlait l'ensemble de l'appareil policier cher à Staline. Molotov[3] était ministre des Affaires étrangères, Mikoïan ministre du Commerce intérieur et extérieur, Boulganine ministre de la Défense, avec comme adjoints les maréchaux Vassilevski et Joukov[4] tout juste rappelé à Moscou par Staline qui venait de mettre fin à son exil. Vorochilov[5]

1. Gueorgui Malenkov (1901-1988), homme politique.
2. Lavrenti Pavlovitch Beria (1899-1953), bras droit de Joseph Staline, il dirigea les purges politiques.
3. Viatcheslav Mikaïlovitch Molotov (1890-1986).
4. Gueorgui Constantinovitch Joukov (1896-1974), officier de l'Armée rouge, général.
5. Kliment Iefremovitch Vorochilov (1881-1969).

était président du Soviet suprême. Nikita Khrouchtchev[1] avait hérité du secrétariat du Comité central du parti. Staline est emporté le 5 mars 1953 par une congestion cérébrale. Si les Soviétiques se demandent ce que va devenir le pays sans lui, le dernier cercle de ses intimes s'organise. Beria, le tout puissant chef de la police secrète et du Goulag, qui a pris aussitôt le contrôle des services spéciaux, dans son discours du 9 mars, affirme sa volonté de « garantir à chaque citoyen soviétique les droits de la personne affirmés dans la Constitution ». Il voulait obtenir la libération de plus d'un million de prisonniers du goulag. Khrouchtchev craint Beria, « Il était intelligent et très intelligent, dira-t-il. Il réagissait instantanément à n'importe quelle situation. » Khrouchtchev donne rendez-vous à quelques « amis » dans la rue – les murs ont des oreilles – pour trouver le moyen d'évincer Beria. Mikoïan propose de l'envoyer dans l'Outre-terre en tant que secrétaire du comité de district ou directeur d'une ferme collective. Molotov est radical, il doit être éliminé physiquement. Joukov, nommé vice-ministre de la Défense, est chargé de la sale besogne durant la réunion du 26 juin 1953, du Présidium du Comité central du Parti communiste. Il se rend au Kremlin avec un groupe de généraux, Moskalenko, Batitski, Baksov, Zoub, et le lieutenant-colonel Iouferev. Boulganine, ministre de la Défense, s'est arrangé pour qu'ils puissent parvenir armés jusqu'à la salle de réunion. Il est convenu qu'ils procéderont à l'arrestation de Beria et le placeront en détention. Khrouchtchev a fait inscrire « la question Beria » à l'ordre du jour. Les accusations pleuvent. Khrouchtchev racontera : « Dix personnes sont entrées dans le bureau.

1. Nikita Serguïevitch Khrouchtchev (1894-1971), premier secrétaire du Parti communiste de l'URSS.

Et Malenkov dit doucement, en s'adressant à Joukov : "Je suggère que vous, en tant que chef du Conseil des ministres de l'URSS, déteniez Beria." Joukov ordonna : Levez les mains ! Beria se précipita vers sa mallette, qui se trouvait sur le rebord de la fenêtre derrière lui. J'ai attrapé la main de Beria pour qu'il ne puisse pas utiliser son arme si elle était dans la mallette. Puis les gens ont vérifié : il n'y avait pas d'arme, ni dans la mallette, ni dans ses poches. Il a simplement fait une sorte de mouvement réflexe ». Piégé ! Le camarade Beria, rusé, retors, vigilant, entre tous, est fait comme un rat.

Gardé au Kremlin jusqu'au crépuscule, le prisonnier immédiatement privé de ses fonctions, grades et récompenses, est emmené dans le bunker du quartier général de la défense aérienne du district militaire de Moscou. Sa chute n'est annoncée que le 10 juillet, le temps de procéder à une vaste épuration des forces de police et surtout de récupérer les dossiers compromettants concernant les uns et les autres.

Le pays est informé de l'ouverture d'un procès, dirigé par le maréchal Ivan Koniev, devant une session spéciale de la Cour suprême, le 18 décembre. Beria y est accusé de trahison, de complot pour prendre le pouvoir, d'avoir commis des actes de terrorisme, d'avoir coopéré avec les services de renseignements anglo-saxons. Mais n'obéissait-il pas aux ordres donnés par Staline pour assouvir les pires horreurs de sa dictature ? Qui se souvient qu'avant de partir pour la conférence de Potsdam, Staline décerna à Beria, le 9 juillet 1945, le titre de maréchal, dont les seules activités militaires ont consisté à organiser les déportations d'une douzaine de peuples de l'URSS ? Motus. Les audiences se déroulent à huis clos. Le 23 décembre, Beria est condamné au « châtiment suprême » avec « six complices ». Il est exécuté d'une balle dans la tête le jour même. Son fils unique, Sergo, diplômé de l'Académie militaire des communications de Leningrad, est placé à l'isolement durant un an, puis, avec sa mère Nina, ils sont envoyés en exil administratif dans l'Oural. Il est autorisé à travailler sur la conception de missiles. Ils ont changé de patronyme de peur d'être lynchés par leurs voisins. Ils se font appeler Gueguetchkori, nom de naissance de sa mère.

John Fitzgerald Kennedy. Les roses rouges de Dallas (1963)

Il faisait si beau le 22 novembre à Dallas. Le président John Fitzgerald Kennedy avait demandé qu'on enlève le toit amovible de sa voiture ainsi que les marchepieds sur lesquels prenaient appui les membres de la sécurité.

Il voulait être vu des habitants de Dallas et les saluer à son passage. Au pied de la passerelle de l'avion présidentiel qui s'était posé sur le tarmac de Love Field, Elizabeth Cabell, l'épouse du maire de Dallas, tout sourire, avait offert un bouquet de roses rouges à Jackie Kennedy. Étrange. L'emblème de la ville de Dallas n'est-il pas la rose jaune ? La première dame, superstitieuse, conçut-elle une appréhension en déposant ce bouquet écarlate sur la banquette arrière de la voiture prête à les emmener au cœur de la grande ville ? Personne n'en sut rien. La première dame est un modèle de perfection, d'élégance et d'éducation.

Des centaines de texans attendaient le couple le plus glamour des États-Unis sur le parcours et à Dealey Plaza, une esplanade bordée de pelouses et d'immeubles. Les véhicules de l'escorte roulaient lentement derrière les motards de la police.

La Lincoln Continental décapotable bleu nuit du président était passée devant un bâtiment de sept étages abritant un entrepôt de livres scolaires, censé être vide et fermé. Un coup de feu avait éclaté. John F. Kennedy, touché à la gorge, n'avait pas bougé. Jackie s'était tournée vers lui. Une autre balle avait frappé John Connally à la poitrine et au bras. Puis, un nouveau tir avait atteint le président américain à la tête. Il s'était affaissé sur le côté.

Nous connaissons tous la scène où l'on voit Jackie Kennedy ramper sur l'arrière de la Lincoln alors que Clint Hill, un agent du Secret Service, tentait de rattraper le véhicule. Nous savons que la voiture présidentielle était arrivée vers 12 h 35 à l'hôpital Parkland Memorial puis que le décès de JFK fut constaté. La prestation de serment de Lyndon Johnson en tant que 36e président des États-Unis à bord d'Air Force One avec la veuve Kennedy dans son tailleur rose maculé de sang à ses côtés est dans toutes les mémoires. Mme Kennedy avait refusé de se changer. « Je veux qu'ils voient ce qu'ils ont fait à mon mari », avait-elle déclaré. La photographie de Jack Ruby tirant à bout portant sur Lee Harvey Oswald, l'assassin supposé de Kennedy, hante les souvenirs de millions d'individus.

Huit mois après ce terrible drame, un paquet était arrivé aux Archives nationales américaines. Les employées trouvèrent à l'intérieur les vêtements en l'état, portés par Jackie Kennedy à Dallas, son tailleur rose, son chapeau assorti, ses bas, ses gants, son sac à main, ses chaussures. Caroline Kennedy, en 2003, en fit don officiellement aux Archives, en demandant qu'ils ne soient pas exposés au public pendant encore 100 ans « afin d'éviter toute utilisation indigne ou sensationnelle ou causer un chagrin ou une souffrance inutile aux membres de la famille ».

Martin Luther King. Le rêve assassiné (1968)

L'église du Mason Temple à Memphis, Tennessee, est comble le mercredi 3 avril 1968. Ceux qui sont venus écouter le pasteur King[1] l'ignorent, mais il donne son ultime sermon. Il dresse le bilan des douze dernières années de sa vie et conclut ainsi : « Je suis allé au sommet de la colline. » Il paraît épuisé, las, tel « Moïse au sommet du col qui lui interdit d'atteindre Canaan ». Pourtant, il invite son auditoire à supporter sa destinée, à avancer vers la victoire qu'il espère toute proche : « Comme chacun, je voudrais vivre une longue vie. La longévité a sa place. Mais, je ne me sens pas concerné maintenant par ce problème. Je veux accomplir la volonté de Dieu. Et, Il m'a permis d'aller sur la montagne. Et j'ai regardé au-delà. Et j'ai vu la Terre promise. Il se peut que je n'y aille pas avec vous. Mais, je veux que vous sachiez ce soir que nous, en tant que peuple, atteindrons la Terre promise. Ainsi je suis heureux, ce soir. Je ne m'inquiète de rien. Je ne crains aucun homme. Mes yeux ont vu la gloire de la venue du Seigneur. »

En pleine nuit, épuisé, de retour au Lorraine Motel, il s'effondre sur son lit dans la chambre 306, qu'il partage avec son meilleur ami Ralph Abernathy. Le service de sécurité est réduit : deux personnes à la place des huit habituellement chargées de sa protection. Le lendemain, il se réveille assez tard. Il est frais et dispo, empli d'enthousiasme pour organiser la manifestation prévue le lundi suivant. Andrew Young, en fin d'après-midi, annonce la bonne nouvelle : le juge a donné son autorisa-

1. Martin Luther King junior, né le 15 janvier 1929 à Atlanta dans le Tennessee. Fils du pasteur baptiste Martin Luther King et d'Alberta Williams.

tion du défilé pacifique. Pour se détendre, King chahute sur le parking de l'hôtel avec ses camarades. « Nous nous battions avec des coussins, il jouait comme un enfant », dira Andrew Young. À 17 h 30, il regagne sa chambre, il est temps de se préparer pour aller dîner. Abernathy accompagne Martin chez un de leurs amis, le pasteur Samuel « Billy » Kyles, qui a tenu à leur faire déguster un poisson frit façon *soul food* dont il raffole. Sur le parking, Jesse Jackson les attend avec le saxophoniste Ben Branch chargé d'interpréter *Precious Lord, Take my Hand*, lors du meeting. King sort de sa chambre, s'avance sur le balcon pour saluer Jesse et Ben. À 18 h 08, un coup de feu claque. Martin Luther King s'effondre. Abernathy se précipite vers son ami ensanglanté. Une balle est entrée par la joue droite. L'autopsie révélera qu'elle a sectionné la colonne vertébrale et s'est logée au bas de la nuque. Les témoins pointent du doigt un bâtiment de l'autre côté de la cour d'où semble être parti le coup de feu. D'autres voient un homme blond s'enfuir à bord d'une mustang.

Le révérend King meurt à 19 h 05, le 4 avril 1968, à l'hôpital Saint-Joseph. L'enquête menée sur les chapeaux de roues identifie un tireur isolé : James Earl Ray[1], locataire d'une chambre face au Lorraine Motel dans laquelle ont été retrouvées des jumelles et une carabine Remington Model 760 Gamemaster. Il est arrêté à Londres le 8 juin. Lors de son procès, il plaide coupable. Il prétend avoir agi conformément aux ordres d'un certain « Raoul » et son frère Johnny, connus à Montréal (Québec). En 1969, il est condamné à 99 ans de prison.

La nouvelle de cet assassinat embrase le pays. Des émeutes éclatent dans divers états, une centaine de villes, à Memphis, Washington, Chicago, Baltimore, Boston,

1. James Earl Ray (1928-1998).

Detroit... Lorsque le couvre-feu sera levé, le 1er août, on comptera 43 morts, près de 1 200 blessés et 2 000 bâtiments détruits. Or, à Atlanta, le 9 avril, c'est une foule recueillie et silencieuse qui suit le cercueil du révérend King, tiré par deux mules jusqu'à l'église Ebenezer. On reconnaît le vice-président Robert Humphrey, Jacqueline Kennedy, le sénateur Edouard Kennedy, le sénateur de l'état de New-York Robert Kennedy, le gouverneur du Michigan George Rommey, le maire de New York John Lindsay, Sammy Davis Junior... 300 000 personnes massées aux abords du lieu de culte entendent un enregistrement de la voix du pasteur King après l'oraison : « Je voudrais que quelqu'un dise ce jour-là [le jour de ses funérailles] que j'ai essayé d'aimer et de servir l'humanité. »

Six ans plus tard, le 30 juin 1974, à Atlanta, Alberta King, la mère de Martin Luther King, assise à l'orgue de l'église baptiste Ebenezer où son fils officiait, est abattue par Marcus Wayne Chenault.

Lord Mountbatten. 50 livres d'explosifs (1979)

Une explosion déchire la quiétude de la baie de Mullaghmore, en Irlande, cet après-midi du 27 août 1979. Le *Shadow V*, un bateau vert et blanc, vient de se désintégrer. Les marins pêcheurs se portent au secours des passagers. La douairière Lady Brabourne[1], Lord et Lady Brabourne – Lady Patricia[2], comtesse Mountbatten of Burma, et son mari, John Knatchbull –, et Timothy Knatchbull, l'un de leurs jumeaux[3], âgé de 14 ans, sont pris en charge et évacués vers l'hôpital. Parmi les débris du bateau encore visibles, les sauveteurs repêchent trois corps terriblement mutilés. Ils reconnaissent Lord Mountbatten[4], le propriétaire du *Shadow V*, son petit-fils Nicholas Knatchbull et un jeune pêcheur irlandais de 15 ans, Paul Maxwell. Il y avait à peine cinq minutes que le bateau avait levé l'ancre pour pénétrer dans la baie de Donegal lorsque l'explosion a fait voler l'embarcation en éclats. La douairière Lady Brabourne succombe à ses blessures quelques heures plus tard. Timothy Knatchbull survit, mais perd un œil.

La famille de Lord Mountbatten était réunie pour des vacances au château de Classiebawn, près du village de Mullaghmore, dans le comté de Sligo, en République d'Irlande, proche de la frontière de l'Ulster. La région est au centre de la guérilla que l'IRA, interdite des deux côtés de la frontière, livre aux Britanniques, pour le ratta-

1. Lady Doreen Geraldine Browne (1896-1979), veuve de Michael Knatchbull (1894-1939), baron Brabourne.

2. Patricia Mountbatten (1924-2017), comtesse Mountbatten of Burma, baronne Brabourne, fille de Lord Louis Mountbatten et de Edwina Ashley. Mariée à John Knatchbull (1924-2005), baron Brabourne.

3. Timothy et Nicholas Knatchbull.

4. Louis Mountbatten (1900-1979), dernier vice-roi des Indes britanniques, amiral de la Flotte britannique.

chement de l'Ulster à la République irlandaise. L'INLA, forte d'une centaine de membres, a été également interdite par le gouvernement britannique, après l'attentat du 30 mars contre Aikrey Neave, un député conservateur, pulvérisé par une voiture piégée, devant la Chambre des Communes. La veille, Louis Mountbatten avait placé des casiers à homards au large du port de Mullaghmore. Au moment d'aller les relever, cinq parents avaient décidé de l'accompagner pour une vivifiante sortie en mer. Ce que tous ignoraient, c'est que, durant la nuit, « 50 livres d'explosifs » – selon les précisions de l'IRA – avaient été dissimulés dans la coque du bateau par des membres du groupe terroriste.

Une dépêche A.F.P. (Dublin) tombe. Elle bouleverse le Commonwealth : « Lord Mountbatten of Burma, arrière-petit-fils de la reine Victoria et oncle de la Reine Elizabeth, qui fut le dernier vice-roi des Indes, a été tué ce lundi 27 août dans l'explosion de son bateau, au large des côtes irlandaises, annonce la police de Dublin, qui ne pouvait pas déterminer, en fin de matinée, si l'explosion, qui a également tué un membre de l'équipage, avait un caractère accidentel. Cependant, l'Armée de libération irlandaise, groupe dissident de l'IRA "provisoire", a revendiqué la responsabilité de la mort de Lord Mountbatten dans un coup de téléphone, lundi après-midi, au groupe de journaux l'Irish Independent, à Dublin. »

Au moment de la déclaration faite aux organes de presse en Irlande et en Grande-Bretagne, cinq heures après l'assassinat de Louis Mountbatten, deux autres explosions tuaient 18 soldats britanniques et un civil, et blessait grièvement huit autres soldats près du village de Warrenpoint dans le comté de Down, de l'autre côté de la frontière de l'Ulster.

Deux heures avant l'explosion qui coûta la vie à Lord Mountbatten et les siens, à l'occasion d'un contrôle de police, Thomas McMahon, membre de l'IRA, suspecté de conduire un véhicule volé, avait été arrêté. La nouvelle de l'attentat meurtrier parvient à la police alors qu'il était soumis à un interrogatoire. Sur ses vêtements, il fut retrouvé des traces de nitroglycérine et de peinture provenant du *Shadow V*. Il était connu pour être l'un des chefs de la brigade de la South Armagh ayant assassiné de nombreux soldats britanniques. De plus, il avait été envoyé en Libye pour se former à l'utilisation des explosifs, des détonateurs et des dispositifs de chronométrage. Il fut prouvé que la bombe placée dans le *Shadow V* avait été déclenchée à distance depuis la côte. Aucun des complices de McMahon ne put être identifié, si bien que le 23 novembre 1979, il fut le seul à être reconnu coupable des meurtres du 27 août. Il fut condamné à la réclusion à perpétuité. Il a été libéré en 1998 en vertu d'une disposition de l'accord du « Vendredi saint » ou « Accord de Belfast », signé le 10 avril 1998.

« Dickie », cousin très aimé de la reine Elizabeth II, arrière-petit-fils de la reine Victoria, eut des funérailles nationales, le 5 septembre à Westminster. Entre autres titres de gloire, le vice-roi des Indes avait reconquis la Birmanie sur les Japonais. Victoire qui lui valut le prestigieux titre de Lord Mountbatten of Burma. S'il était le mentor du prince Charles, il était avant tout l'oncle du prince Philip d'Édimbourg[1]. En effet, Philip était le fils de sa sœur aînée, la princesse Alice de Battenberg, et du prince André de Grèce. Il l'avait toujours considéré comme son fils adoptif et guidé de ses précieux conseils.

Indira Gandhi. La vengeance des Sikhs (1984)

« Si je dois mourir au service de la nation, je le ferai avec fierté. Si je meurs aujourd'hui, chaque goutte de mon sang, j'en suis sûre, rendra l'Inde plus forte », déclarait Indira Gandhi à la veille de son assassinat. Qui aurait pu imaginer que la vengeance armerait le bras de ses assassins ? Indira Gandhi était devenue, en 1966, la première femme à diriger l'Inde.

Indira, née en 1917, grandit dans l'opulence durant la colonisation anglaise, dans le palais de son grand-père, à Allahabad, au nord de l'Inde. Elle était la fille du Premier ministre Jawaharlal Nehru[2], disciple de Gandhi, apôtre de la non-violence et de la décolonisation, qui présida à l'indépendance de l'Inde. Comme son père, elle fit ses études à l'étranger. Rentrée au pays, elle émit le désir d'épouser

1. Philip Mountbatten, duc d'Édimbourg, né Philippe de Grèce (1921-2021).
2. Jawaharlal Nehru (1889-1964).

Feroze Gandhi[1]. Malgré la différence de milieu séparant Indira de Feroze, un parsi, issu de la classe moyenne inférieure, Jawaharlal consentit au mariage. Indira participa aux manifestations en faveur de l'indépendance, ce qui lui valut un séjour en prison, de septembre 1942 à mai 1943. Elle donna naissance à deux fils Rajiv (1944) et Sanjay (1946). Elle vivait à Lacknau, dans l'état d'Uttar Pradesh, où son mari Feroze était journaliste. Son père nommé Premier ministre de l'Union indienne indépendante, en 1947, l'appela auprès de lui dans sa demeure de Teen Murti, à New Delhi. Elle s'investit dans la vie politique et lui servit de secrétaire. Elle fut élue à la présidence du Congrès en février 1959. Au décès de Nehru, en mai 1964, elle devint ministre dans un gouvernement de transition, puis fut placée à la tête du gouvernement indien, en 1966. Elle hérita d'un pays rongé par les tensions religieuses. Alors que la guerre dévastait le Pakistan, l'Inde s'invita dans le conflit et soutint le Pakistan oriental (futur Bangladesh) en quête d'indépendance. La popularité d'Indira et les lois d'urgence lui permirent d'éliminer l'opposition et demeurer à son poste jusqu'en 1977. Mais les élections ne lui furent pas favorables, elle subit une lourde défaite électorale en raison de son autoritarisme. Après trois ans passés dans l'opposition, elle revint aux affaires en 1980. « À qui sert son peuple rien d'impossible », proclamait-elle. Elle se heurta aux mouvements séparatistes, en particulier celui des sikhs des plus extrémistes. Elle parvint à affaiblir les coalitions sikhes revendiquant un Pendjab indépendant, mais les séparatistes narguèrent l'état, retranchés à Amritsar dans le Temple d'Or, Darbar Sahib[2], réputé inviolable.

1. Feroze Gandhi (1912-1960).
2. Darbar Sahib = Cour divine.

Indira dut se résoudre à faire donner l'assaut au sanctuaire transformé en bastion fortifié. Le 2 juin 1984, elle prononçait un discours radiotélévisé de plusieurs minutes dans lequel elle annonça sa détermination : « Le Pendjab est dans tous nos esprits. Le pays entier est concerné par ce qui s'y passe. Après de longues discussions, nous avons acquis la certitude que le temps des négociations est terminé. » Un appel fut lancé, le 5 juin, à 16 heures. Il était demandé aux civils présents dans le Temple d'Or de quitter les lieux avant le soir et aux insurgés de rendre les armes. Cent vingt-six pèlerins, hommes et femmes, sortirent. L'offensive fit plus de sept cents victimes sikhes favorables à l'indépendance du Pendjab, dont leur leader Jarnail Singh Bhindranwale, et détruisit l'Akal Takht[1], le siège de l'autorité temporelle du sikhisme. Les sikhs ne lui pardonnèrent pas ce sacrilège. « Ce jour-là, confessera sa belle-fille, épouse de Rajiv, une ombre est entrée dans nos vies. » Averti de la menace de mort qui pesait sur elle, son entourage l'exhortait à porter un gilet pare-balles, à se séparer de ses gardes du corps sikhs. Indira s'obstina à leur accorder sa confiance alors qu'ils mettaient au point un traquenard. À cette période, elle nota dans un carnet intime : « Si je meurs d'une mort violente comme certains le craignent et d'autres le projettent, je sais que la violence sera dans la pensée et le geste de l'assassin, mais pas dans ma mort. Car aucune haine n'est assez sombre pour assombrir la force de mon amour pour mon pays et mon peuple : aucune force n'est assez puissante pour me détourner de mon objectif de faire progresser mon pays. »

Beant Singh, Satwant Singh, Balbir Singh et Kehar Singh se retournèrent contre elle le 31 octobre 1984. Ils l'assassinèrent sauvagement, à 9 h 18, devant sa résidence

1. Akal Takht = Trône de l'Éternel.

de Safdarjung Road à New Delhi. Sur l'allée de gravier longeant un parterre de fleurs, deux sikhs s'avancèrent vers elle. Beant Singh pointa un revolver et tira plusieurs balles. Atteinte à la poitrine et à l'estomac par sept balles, elle s'écroula. Satwant Singh brandit une mitraillette Sten et arrosa le corps recroquevillé à terre de plusieurs rafales. « J'ai fait ce que j'avais à faire. Faites ce que vous avez à faire », cria Beant Singh avant d'être abattu. Un coup de téléphone anonyme revendiqua l'attentat : « Nous avons pris notre revanche. Longue vie à la religion sikhe. »

Transportée à l'hôpital et en salle d'opération, Indira Gandhi fut confiée à douze médecins et chirurgiens. Ils tentèrent l'impossible. À 13 h 20, heure locale, 8 h 50, heure française, son décès fut annoncé au monde. L'Inde perdait une figure politique majeure ayant profondément marqué le pays. Durant les jours qui suivirent, à Delhi, une série d'émeutes visant les sikhs, orchestrées par des cadres du Congrès, firent trois mille morts.

REMERCIEMENTS

« La reconnaissance est la mémoire du cœur. »

HANS CHRISTIAN ANDERSEN

Merci à :

Michel. « The road is long with many a winding turn that leads us to who knows where. But I’m strong. Strong enough to carry him. He ain’t heavy, he’s my brother... So on we go... It’s a long long road from which there is no return... And the load doesn’t weigh me down at all. He ain’t heavy, he’s my brother... » Bill Medley, *He’s ain’t heavy, he’s my brother* (Bob Russell and Bobby Scott).

Joëlle Couvidat. « Si on me presse de dire pourquoi je l’aimais, je sens que cela ne se peut exprimer, qu’en répondant : “Parce que c’était lui ; parce que c’était moi.” » Michel de Montaigne, *Essais*, « De l’Amitié ».

Frédéric Thibaud, Anne Coucogne, Morgane Talbotier, Sébastien English, Carine Pintas et toute l’équipe de City éditions. « Nous ne savons rien. Le seul espoir de savoir, c’est de savoir tous ensemble. » Lev Tolstoï.

DU MÊME AUTEUR

Uzerche, historique, Nouvelles Éditions Latines, 1981
D'ombres et de lumière, CIPAF, Grand Prix de l'œuvre éditée, 1991
Les Mots noctambules, CIPAF, 1992
La Coccinelle bleue, CIPAF, 1995
En passant par l'Ariège, Éditions Lacour, 1995
Amélie, Princesse de France, Reine de Portugal, Éditions J & D-Atlantica, 1996
Neige écarlate, Éditions APL, 1996
L'homme qui écoutait pousser les fleurs, Nouvelle Pléiade, 1998
Ultimes certitudes, Éditions du CIPAF, 1998
Les Oubliées de l'Histoire, Éditions Atlantica, 1999
Amélie de Portugal, Éditions Atlantica, 2000
D'Ariège et d'ailleurs, Éditions Lacour 2000
La Tsarine martyre, dernière impératrice de Russie, Éditions Atlantica, 2001
La Chine impériale, Histoire des dynasties, Éditions Atlantica, 2002
Autrefois Toulouse, Éditions Atlantica, 2002
Résurgence, Collection Saphir. Éditions du CIPAF, 2002
Le Démon bleu du tsar. Katia Dolgorouky, l'épouse du tsar libérateur, Éditions Atlantica, 2003
Autrefois Carcassonne, Éditions Atlantica, 2003
Wallis la magnifique ! L'extraordinaire destin de la duchesse de Windsor, Éditions Atlantica, 2004
Autrefois Albi, Éditions Atlantica, 2004
Autrefois Lourdes, Éditions Atlantica, 2005
Valeureuse Pologne, Éditions Atlantica, 2005
Eva Perón, la Révolutionnaire, Séguier, 2005
Autrefois Montpellier, Éditions Atlantica, 2006
Rosemonde Gérard. La fée d'Edmond Rostand, Séguier, 2006
La Marche du destin ou l'Icône de Korsun, Éditions Atlantica, 2007
La Merveilleuse Histoire du thé, Éditions Atlantica, 2008
Madame Pouchkine. Les malheureuses amours d'Alexandre Pouchkine, Séguier, 2008
Bleu, Collectif Saint-Bertrand-de-Comminges, 2009
Le Souffle du chaman, Éditions Atlantica, 2010

Toulouse de A à Z, Éditions Alan Sutton, 2011
Albi de A à Z, Éditions Alan Sutton, 2011
Bayonne de A à Z, Éditions Alan Sutton, 2012
Toulouse en 100 dates, Éditions Alan Sutton, 2012
Requiem pour une ombre, Éditions Alan Sutton, 2013
Toulouse en 100 questions, Éditions Alan Sutton, 2013
Les Dernières Années de Tchaïkovski, Éditions Tatamis, 2013
Amélie de Portugal, Éditions Atlantica, seconde édition, 2013
Rosemonde Gérard. La fée d'Edmond Rostand, Séguier, seconde édition, 2013
La Cépière. Hippodrome de Toulouse, Éditions Alan Sutton, 2013
Contes et légendes du Pays basque, Éditions Alan Sutton, 2014
Contes et légendes du Limousin, Éditions Alan Sutton, 2014
Le Limousin en 200 questions, Éditions Alan Sutton, 2015
Noël en France, Éditions Alan Sutton, 2015
L'Auvergne en 200 questions, Nouvelles Éditions Sutton, 2016
Toulouse de A à Z, Nouvelles Éditions Sutton, réédition 2016
L'Auvergne en 100 dates, Nouvelles Éditions Sutton, 2016
La Corrèze en 100 dates, Nouvelles éditions Sutton, 2016
Limoges en 100 dates, Nouvelles Éditions Sutton, 2017
Les secrets parisiens de Lénine, Éditions Sutton, 2017
Contes, légendes et récits d'Auvergne, Éditions Sutton, 2017
Le Quercy en 200 questions, Éditions Sutton, 2018
Princesses de France, reines en Europe, Éditions Sutton, 2018
La France insolite et secrète, Éditions Sutton, 2019
Créatrices de légende, Éditions Bartillat, 2019
Joailliers de légende, Éditions Bartillat, 2020
Bijoutieri de Legenda, Éditions Baroque Books, Roumanie, 2020
Dis-moi Céline, City Éditions, 2023
24 de Creatoare, Éditions Baroque Books, Roumanie, 2024
Rosemonde Gérard, Éditions Triartis, 2024
Goldman, City Éditions, 2024
Histoires insolites des rois, empereurs et autres tsars, City Éditions, 2025
Céline Dion, Mots à mots, City Éditions, 2025

Retrouvez-nous sur les réseaux sociaux :

City Éditions

www.city-editions.com
@cityeditions
www.facebook.com/cityeditions/
@CityEditions
@cityeditions

Achevé d'imprimer en mai 2025
sur les presses de la Nouvelle Imprimerie Laballery
58500 Clamecy

Numéro d'impression : 505394

Imprimé en France

La Nouvelle Imprimerie Laballery est titulaire de la marque Imprim'Vert®